"跨文化研究"丛书（第二辑）

[法] 金丝燕　董晓萍　总主编

中国客家地方社会研究（一）

闽西客家社会——长汀

[法] 劳格文（John Lagerwey）　谭伟伦　主编

中国人民大学出版社
·北京·

教育部人文社会科学重点研究基地重大项目
"跨文化学理论与方法论"
（项目批准号：16JJD750006）

综合性研究成果

同步执行项目：

香港特别行政区研究资助局优配研究金支持计划
"中国东南部的地方仪式传统"
（计划编号：港中大 2110235）

教育部人文社会科学重点研究基地
北京师范大学民俗典籍文字研究中心
资助出版

EFEO
École française
d'Extrême-Orient

本书获法国远东学院授权许可出版

"跨文化研究"丛书编辑委员会

乐黛云　［法］汪德迈（Léon Vandermeersch）　王　宁
程正民　［法］白乐桑（Joël Bellassen）　陈越光　李国英　李正荣
［法］金丝燕　王邦维　董晓萍　王一川　周　宪　赵白生
［英］白馥兰（Francesca Bray）　［法］劳格文（John Lagerwey）
［爱沙尼亚］于鲁·瓦尔克（Ülo Valk）　［日］尾崎文昭

总　序

本丛书属于教育部十三五规划"高校人文社会科学重点研究基地重大项目"，由教育部人文社会科学重点研究基地北京师范大学民俗典籍文字研究中心承担执行。

跨文化学发端于北京大学，学科奠基人是乐黛云先生，乐先生同时也是我国比较文学专业的开创者，以往我国跨文化研究的成果也大都集中于这个领域。在法国，由新一代汉学家金丝燕教授领衔，已经开展跨文化学研究多年。北京师范大学跨文化学学科建设之不同，在于将跨文化学由原来的比较文学研究向以中国文化为母体的多元文化研究全面推进，让这一吸收世界前沿学说并提倡平等对话的学科在中国本土扎根更牢，同时也让中国文化研究成果通过跨文化的桥梁与世界对话。这种学科的转向是经过长期准备的。

北京师范大学近年连续举办了"跨文化学研究生国际课程班"一级平台教学课程，乐黛云先生、法国著名汉学家汪德迈（Léon Vandermeersch）先生、中国传统语言文字学家王宁先生和民俗学家董晓萍教授等联袂教学，将跨文化研究向传统语言文字学和民俗学等以使用中国思想材料为主的学科推进，促进多元文化研究与跨文化学学科建设的整体关联理论付诸实践。令人欣喜的是，此观点得到了加盟此项目的海外汉学家的一致响应，因此，这套丛书，也可以说，是在这批中外教授的共同努力下，在他们以跨文化为视野和从中外不同角度研究中国文化的学术成就中，在经过中外师生对话的教学实践后，所精心提炼的一部分研究成果。

与开拓跨文化学学科一道，我们同步进行了跨文化学研究生的培养工作，此项工作得到了北京师范大学研究生院的大力支持。我们希望通过这种双向推进，为跨文化学理论和方法论的建设积跬步之力，也为中外高校跨文化学研究生的高级人才培养履行社会责任。希望这套丛书的出版能够帮助我们接近这个目标。

"跨文化研究"丛书编辑委员会

2016年10月27日

目　录

前　言 ………………………………………… 劳格文　谭伟伦 1

长汀县的宗族、经济与民俗 ……………………………… 劳格文 1
　　一、长汀经济 ……………………………………………… 2
　　二、长汀宗族 ……………………………………………… 5
　　三、会期的组织 …………………………………………… 10
　　四、会期与神明 …………………………………………… 11
　　五、朝山与取火 …………………………………………… 16
　　六、其他民俗和故事 ……………………………………… 18
　　七、长汀妇女 ……………………………………………… 21
　　八、结语 …………………………………………………… 22

汀江商业航运的调查 ……………………………………… 张鸿祥 25
　　一、汀江及其开发 ………………………………………… 25
　　二、长汀城传统商业情况 ………………………………… 28
　　三、汀江船运情况 ………………………………………… 31
　　四、汀江货物运输的安全 ………………………………… 49
　　五、船运的习俗 …………………………………………… 52
　　六、汀江艄公掌故传奇及历史事件 ……………………… 56
　　附录 ………………………………………………………… 59

古城镇传统社会调查 …………………………… 张鸿祥　李积发 69
　　一、古城概况 ……………………………………………… 69
　　二、古城镇中都村、古城村概况 ………………………… 73

三、古城的传统经济 ………………………………………… 76
　　四、古城墟市 ………………………………………………… 84
　　五、古城的神明信仰和庙会 ………………………………… 89
　　六、盛大的二月二花朝 ……………………………………… 97

四都镇渔溪村石圣祖师崇拜 ……………………………… 赖光耀 103
　　一、概况 ……………………………………………………… 103
　　二、主要姓氏介绍 …………………………………………… 104
　　三、渔溪村"打菩萨"醮会 ………………………………… 106

四都镇归龙山的罗公祖师崇拜 …………………………… 赖光耀 119
　　一、概况 ……………………………………………………… 119
　　二、罗公庙调查 ……………………………………………… 120
　　三、与归龙山有直接关系的村庄调查 ……………………… 129
　　四、罗公祖师庙的神明信仰 ………………………………… 139
　　五、传说故事 ………………………………………………… 147
　　六、归龙山罗公祖师签判诗 ………………………………… 151
　　附录 …………………………………………………………… 156

濯田镇的宗族、经济与庙会 ……………………………… 杨彦杰 164
　　一、濯田的宗族 ……………………………………………… 165
　　二、濯田的经济 ……………………………………………… 186
　　三、濯田的庙会 ……………………………………………… 198
　　四、结论 ……………………………………………………… 213

河田镇社公醮仪述略 ……………………………………… 刘劲峰 216
　　一、背景资料 ………………………………………………… 216
　　二、仪式的准备 ……………………………………………… 218
　　三、仪式过程 ………………………………………………… 220
　　四、小结 ……………………………………………………… 228

长汀妇女调查 ……………………………………………… 王园珍 231
　　一、长汀童养媳及婚姻形态 ………………………………… 231
　　二、长汀妇女的美德及劳动技能 …………………………… 233
　　三、长汀妇女的服装和发式 ………………………………… 240
　　四、长汀传统的生育习俗 …………………………………… 245

五、长汀客家妇女与客家山歌 ………………………………… 250
六、妇女在家庭中的特殊作用 ………………………………… 254
七、长汀妇女的神明崇拜及问觋、伏花信仰 ………………… 258

附录一 "中国客家地方社会研究"作者简介 ………………… 262
附录二 "客家传统社会丛书"总书目 ………………………… 267

前　言

劳格文　谭伟伦

本书的文章选自"客家传统社会丛书"①。这是劳格文于1992年首先与福建社会科学院研究员杨彦杰先生一起开展的课题，不过课题的研究队伍很快便得到扩大，嘉应学院的房学嘉、韶关学院的曾汉祥、赣南师范学院的罗勇和林晓平、赣南地方博物馆的刘劲峰、香港中文大学的谭伟伦都先后加入进来。"客家传统社会丛书"自始至终都保持着一个特色——坚持寻找地方作者撰写他们地方的民俗与历史。

有几个因素促成了这个课题的成功。首先，是地方政府的关心和支持，并大力协助寻找和组织地方作者。其次，是我们拥有一群一流的学者编辑，从旁协助地方作者，往往一而再、再而三地为他们修改文章，使行文上更符合学术的规范和水平。最后，是我们得到香港和台湾地区不同的经费资助，使我们的研究工作得以开展。另外，上述所有课题合伙人都必定陪同地方作者跑田野，并向他们示范在访谈的时候问些什么问题和如何提问。

我们课题的成功或可以从本书的编选工作之困难反映出来。因为"客家

---

① ［法］劳格文（John Lagerwey）、谭伟伦主编，共35卷，1996—2006年由国际客家学会、海外华人资料研究中心、法国远东学院陆续出版30卷，此后又由四川大学出版社和社会科学文献出版社等不同出版社出版5卷。这套丛书的总书目见本书"附录二"。我们在"附录二"中提供了"客家传统社会丛书"所有书目的全部信息（包括卷次、编著者、书名、出版年）。出于篇幅的限制，本书对每篇选文的信息，除了提供具体文章的作者、题目和所在"客家传统社会丛书"的卷名、页码外，对重复率较高的其他信息（如出版社和出版年），一般不另注，读者翻看书末的"附录二"便可得到清楚的查阅结果。特此说明。

传统社会丛书"所收录的文章都是弥足珍贵的记录，实在是鱼与熊掌，难以得兼。我们从一开始便选取了比原定的出版计划多出两倍的文章，幸好"跨文化研究"丛书总主编之一董晓萍教授慷慨地把我们原来只有两册的出版计划大幅增加了一倍。可是，尽管如此，我们依然不得不极为遗憾地放弃许多好文章。有些文章不被收录的原因，只是它的篇幅很长，甚至有些由学者执笔的文章也不得不割爱！剩下来的文章多是地方作者的作品，它们代表了"客家传统社会丛书"的三个地方社会基本分析面向：宗族、经济和民俗。我们特别优先地选取了与地方庙会相关的文章，是因为它代表了中国传统社会的"公"的一面。

虽然有点犹疑，我们最后还是决定把文章简单直接地按地区划分，而非按主题来归纳，否则，文章便会不停地由一个客家地区跳到另一个客家地区，而游走于广东、福建、江西的不同客家地域之中。我们还特意选取了一些描述客家地区中的非客家族群之文章，包括粤北的瑶族和壮族，以及江西的赣方言族群，结果是我们给读者展示了1949年前中国的一大块地区的详细地方生活信息，相信这些资料已很难在其他地方找到！

在这篇"前言"结束前，我们必须感谢"客家传统社会丛书"的几位原编者，包括负责闽西地区的杨彦杰、负责江西地区的刘劲峰，以及负责粤北地区的曾汉祥。

最后，感谢"跨文化研究"丛书总主编之一董晓萍教授为本书出版付出的大量辛劳。中国人民大学出版社与策划编辑王琬莹对出版本书的信心让我们感动。北京师范大学中国民间文化研究所博士研究生徐令缘和硕士研究生柯勇、刘芳三名同学承担了本书的文字录入工作，在此一并致谢。

2016 年 9 月 25 日于香港

长汀县的宗族、经济与民俗*

劳格文

出版本书的目标，是把 1949 年以前长汀的民众生活尽可能给一个完整的交代，特别突出了以前较少关注的客家地方社会的宗族、经济与民俗问题。开头的两篇文章《长汀概述》《汀江商业航运的调查》已经有了这个基调，这两篇都是我们在当地最主要的合作者张鸿祥写的：第一篇先介绍长汀县自 736 年建县至 1958 年最后一次行政区划范围缩小的历史沿革①，再从地理的角度把整个县分成五个经济单元；第二篇描述了作为全县中枢神经系统的汀江。五个经济单元即西、北、中、东、南，本书第二部分"宗族、经济与民俗"的文章也是按照这个顺序编排的。汀江主干及其东、南两条支流所流经的平原、山谷，其人口占全县的 80%，而西部和北部全是森林覆盖的内陆山区，所以别的地方是用船运货，而这里却依靠挑夫。运往南方的货物最主要有米、纸和木材，往北的有盐、布和百货。

挑夫挑担子是利用村道和有驿站的官道，所以下面每一篇文章都非常注意挑夫行走路线的逻辑。说到底，这些挑夫所走的路线最后都归结到张鸿祥的文章所讲的汀江码头和船运的系统。这个逐渐形成的系统于 1232 年被一个根本性的事件确定了方向。在此之前的好几百年间，官府不断与"盐匪"做

---

* 本篇原为杨彦杰主编的《长汀县的宗族、经济与民俗》（上下，"客家传统社会丛书"，第 15、16 卷，2002）的"序论"。

① 为了工作上的方便，我们决定以 1958 年的行政区划为本书界定的范围，而不以 1939 年的区划为准。因为用了这个标准，我们不得不把类似四堡这样的重要集镇，以及像培田这样富裕而且多乡绅的村落砍掉，有点遗憾。

斗争。这些"盐匪"把潮州盐走私到长汀和赣南，因为它比官方指定的福州盐便宜，也比虔州盐好吃得多，所以中央政府屡禁不止，后来决定从那年开始允许潮州盐运销汀江流域。另一个转折点是1517年王阳明带病进入江西以后在靠近瑞金的古城驿设立了盐关，为了管理从潮州靠船运到汀州①、再通过挑夫转运到赣南的盐的流通。若要纵览这个经济系统，只需参考张鸿祥第一篇文章所附的古道地图和墟市分布表即可清楚。他的第二篇文章，有1938—1943年水路运输的经费、村庄、船主和船只之历史记录，并且还有1815年立于汀江沿岸十个主要码头的碑刻文字，说明如何处理汀江船所运苎、棉被偷盗的问题。

一、长汀经济

虽然这篇"序论"是按主题来组织的，但这里先要说明一下第二部分文章按照地理方位编排的顺序。第一篇（《古城镇传统社会调查》）是关于古城，它是汀州以西靠近瑞金的一个重要集镇。接着，绕个大圈先往北到两个经济专业村，即张地（造纸）和涵前（烧石灰）；再往东到馆前，它也是通往宁化县在长汀最北端的一个驿站。从那里再往南走官道到达新桥，一个靠近汀州的重要集镇；再往外到最东边的童坊；又到车头，一个在长汀东南方、沿着汀江的村子；接着一直往东南到离汀江不远的一个重要集镇河田。然后，沿着汀江往南到三洲驿站，从那里往西先到四都，它与汀江支流的一个重要集镇濯田有着密切的经济往来。最后，往东南经过涂坊、宣成，到达全县最南端在羊牯的水口。

大集镇的重要街道经常分成上、中、下三段，1949年以前长汀的濯田、河田、新桥、古城四个集镇都是这样子。如果我们的年老受访者记忆无误的话，这四个集镇的老街商店分别为72、70、66、28间。古城商店那么少，除非是记忆不准确，否则反映的则可能是它原来就人口较少（如今才4 171人），也有可能是因为十几家从事米、盐批发业务的商人似乎不用开店经营。根据张鸿祥和李积发的说法，每天有上百个挑夫从瑞金挑米到古城（30里），

---

① 虽然现在"长汀"一词既指长汀县又指县城，但本"序论"将"长汀"一词用指全县，"汀州"一词用指城关。

而从汀州挑盐到古城（50里）的也有上百个，他们在那里进行米、盐交换。大量的竹麻以及全乡360个纸槽所生产的土纸，也要经过古城挑到长汀。新桥现有5 100人，在汀州东北30里，经新桥往北可以抵达以前属汀州府的清流、明溪、宁化三县。按照黎治宣《新桥二月初五三圣公王迎醮活动》，以前宁化人推着鸡公车把纸、米运到新桥，在那里过夜，再把盐、糖运回宁化（其他往北的货物如草药、海产、烟、京果等都靠挑夫运送）。在新桥过夜很有吸引力，因为那里的住宿费比府城便宜，加上盐、米、纸等庞大货物可以用船运与府城往来，所以新桥的旅店特别多，货运的船只达120多艘。

河田和濯田这两个集镇都处在很宽的平地上，所以人口也比较多（分别为1.6万人和1.0万人）。余兴红和钟晋兰合写的《河田集镇的宗族、经济及神明》所描述的河田，在汀州东南45里，距汀江的码头才2里。如果看地图，它比城关更处于全县的中心位置，而且有不少往北的货物，到了河田或汀江东面的支流南山就停了下来。根据赖建的《童坊村墟市与神明崇拜》，在东部内陆的童坊，做小生意的人会把当地出产的黄豆和宁化的大米挑到距童坊70里远的河田和南山，再把盐挑回童坊或馆前（45里）去卖，在馆前又买入宁化的大米。因为周围的墟市有一定顺序：南山逢一、六，河田逢二、七，馆前逢三、八，童坊逢四、九，所以这类挑夫一直有事干。濯田的地理位置处于整个长汀西南边两条支流的交汇处，再往东20里就到达与汀江交汇的水口，所以它是赣南大米往广东以及广东货物北上往赣南的一个重要中转站。正如杨彦杰所证实的，地方集镇的网络，从一个集镇到另一个集镇的距离被货物运输的条件所决定。濯田是一个特别有趣的例子，它的墟期逢二、六。由于濯田与长汀来回需要三天，所以二、六之间隔使其刚好来得及。逢六濯田墟上的货物主要是往南的，而逢二大部分是从上杭运来往北的货物。

次一级的墟场如馆前（2 965人）、童坊（3 069人）、三洲（4 063人）、涂坊（3 500人）、四都（3 256人）和宣成（2 600人），都有30多间商店。除了在汀江的三洲之外，这些集镇都有不能通船的小河。三洲、馆前和汀州，是长汀南北官道上仅有的三个驿站。据张春荣介绍，距宁化边界不远的馆前，其重要作用是宁化通往新桥之间的一个歇脚点。馆前到新桥40里，这个距离使得各地挑夫能够在一天之内来回，不管是汀州到新桥，还是新桥到馆前，以及馆前到宁化南部的各个墟场，都是这个距离。馆前墟最主要的货物是米、黄豆、竹麻、木材、土纸和笋干。按照张鸿祥和赖建所说,三洲墟较有名气的是地瓜干、地瓜粉、黄豆,有100多个挑夫把米、豆、铁经水口和宣成挑到上杭北部的回龙,再把盐、布和杂货挑回来。三洲挑夫行走的另一条路是经河田往汀州,第三条路是走30里到南山。他们中的大部分人是给在汀州、三洲、宣成、回龙设有仓库的大商人挑货的。

按照张鸿祥所述,涂坊的挑夫到距离40里的水口去挑来自连城县南部一个重要水陆码头新泉的纸、烟,以及布、茶叶、金橘,回去时挑米和黄豆。涂坊的48间商店中有13间是豆腐酒店。豆腐天天都做,糯米酒是每年做一次,冬天做的酒不会酸掉。做豆腐卖不会赚钱,但可以有豆腐渣来养猪。涂坊的油炸豆腐特别有名。赖光耀《四都镇的宗族与庙会》所描述的四都集镇,有来自瑞金的人在墟上卖花生、油、猪崽和小鸡,换钱买盐回去;濯田的挑夫卖油、布,买回米和黄豆。四都最主要的输出物是杉木。扎杉木排的竹圈是陂下人做的,一个人撑着扎好的木排放到濯田只需一天。经过宣成,有从回龙挑来的盐、布、煤油,以及挑往回龙的土纸、粉干、米、薯粉和黄豆。根据余兴红和钟晋兰的文章,墟日前一天,当地的挑夫替老板到周围纸槽把纸挑到宣成来过秤,再挑到回龙。由于这些挑夫到纸槽取货是为了保证第二天有纸挑回龙,所以从纸槽挑到宣成这一段是没有工钱的。

虽然长汀的农田大部分用来种植单季稻,收割之后又种黄豆和人们赖以生存的地瓜①,但整个长汀的农业生产,专业化经济还是很有地位的。土纸生产是长汀经济收入的重要来源之一,其产地主要在西部和北部,东部山区也有。造纸的过程在《古城镇传统社会调查》一文中有摘要性描述,但更完整的是赖扬恩所写的关于张地的《铁长乡张地村的造纸与民俗文化》。因为造纸所需的纸浆是用石灰浸泡竹麻而成的,所以石灰生产就成为造纸过程的一个重要组成部分,而这个石灰生产在林翠青有关涵前的《庵杰乡涵前村五月二十五庙会调查》中就有描述。东部三洲出产铁,西、北部出产木材,南部出产蔗糖(有关濯田的文章描述了这个生产过程)。不管是产纸、石灰、木材还是蔗糖,开始生产之前以及结束之后,都要拜专门的神明。从事船运的人也是这样。而且这些生产活动都有相同的规矩,早上起床以后不能讲

---

① 有几篇文章注意到田租等于农田水稻的收获量,所以租田耕作的农民,他们的生存都依赖地瓜和自己种的蔬菜,只有大会期才有可能吃上猪肉或者鸡肉。

话,怕讲出一句不吉利的话会引致整天不吉利,不能工作。比如在古城和四都,到了伐木季节,第一次入山之前要先用鸡或狗来祭祀社神。每天动工砍伐第一棵树时谁都不敢说话,也不能叫同伴的名字,怕鬼会来伤害他。

这几篇文章所提到的专业生产,还有挖冬笋、制笋干、制地瓜干、种香菇、做豆腐、酿糯米酒、编草鞋、做布鞋、做斗笠以及几乎难以数计的各种竹制品。一个特别有意思的专业化例子是三洲黄姓人:他们原先来自江西樟树,走街串巷卖草药,在三洲定居以后,仍然卖药当医生,如今已发展到占当地人口的三分之一。有时这种专业化是一个村或一个宗族的:新桥的李屋姓李的,在1947年有60只船(占新桥船只总数的一半),当地人叫他们"撑船客"。王屋姓王的专门做细面。濯田的挑夫最主要来自太原王氏的一个村,将近100人,即每户有一人出门挑担。比较穷的涂坊集镇也是一户一人即200人参加挑担。其实,整个长汀人口的一大部分都参与货运,如在庵杰、铁长或者宁化县的治平,所有被伐倒的木材要一根一根用肩扛或水漂到涵前,在那里用藤扎成一个能让单人撑的木排,放到汀州(80里)。在汀州就扎成中型的木排,放到羊牯再扎成庞大的上面有个小房子的木排。有的挑夫只有在农闲才挑担,有的是整年挑担。比如河田,1949年住在街上的3 000余人,有三分之一是农闲才当挑夫。女挑夫在一天之内到南山(来回60里)挑米、豆,可赚工钱1元。强壮的年轻人挑东西到涂坊(来回120里),可赚1.5元,到南阳(来回180里)则可赚3元,可是其中有一部分要用于住宿。很少有人挑担到瑞金,因为来回300里,需要六天的时间。

二、长汀宗族

我们在这里先要考察的是宗族已繁衍几代的问题。因为闽西的族谱大部分已经在20世纪30年代苏维埃时期或者"文化大革命"期间受到破坏,所以这个考察难度很大。现在能看到的族谱,大多是20世纪90年代编修的,其中许多,也许大部分并不是当地的族谱,而是跨区域的宗谱。与过去的宗谱相比,它们更加模糊,甚至可说是更加不准确。掌握了这一点,我们现在就可以看《长汀县的宗族、经济与民俗》(上下)所涉及的主要宗族情况统计:

表 1-1　　　　　　　　　　长汀宗族一览表

镇/村	宗族	户/口数	几代	开基祖传说	出处①
古城	胡	500 人	28		
	彭	400 人	16		
铁长/张地	丁	500 人	25（明初）	放牛②，东家的女婿	
	胡	120~230 人	6 或 7		1998
	吴	300 人	21（14 世纪初）		
庵杰/涵前	江	80 户	15（1628 年）		
	张	80 户	19（15 世纪初）		
	罗	90 户	15（1712 年）		1980
馆前	赖	2 350 人	32	遇石开基，虐待风水先生	1999
	康	170 户	16（1591 年）		近代
	张	300 人	10（18 世纪初）	东家的女婿	1990
	严	800 人	28	放养鸭子	1992
新桥	王	2 000 人	24（明中叶）		近代手抄本
	张	1 900 人	37	放养母猪	房派手抄本
	李	1 000 人	24（嘉靖）		1995
	龚	700 人			
	王	700 人	14（清初）		
	丘	570 人	21（万历）		房派手抄本
	彭	400 人	10（19 世纪初）		1994
	沈	400 人	20（清末）		1994
童坊	童	2 500 人	29	四个兄弟逃难避害	房派手抄本
	张	500 人	30 多		
策武/车头	赖	1 650 人	31	放牛	1997
河田	李	5 000 人	25		
	俞	2 400 人	24（15 世纪中）		1996
	丘	2 400 人	30		1995，1996
	上官	1 200 人	24		1996

①　出处若是空的，说明完全来自口头报告；有年代的，代表所用族谱的版本。
②　有关开基祖管六畜的故事极多（经常是放牛或鸭子），这可以从表中资料看出来。通常是先当长工，后来与东家的女儿结婚，或与受东家虐待的风水先生关系很好，因而得到风水先生的关照，宗族发展很快，而东家方面却归于灭迹。

续前表

镇/村	宗族	户/口数	几代	开基祖传说	出处
河田	刘	1 000 人	34		
	余	1 000 人	27		
	郑	800 人	24		2001
	韩	800 人	28		1990
三洲	戴	2 800 人	31		1993
	黄	1 200 人	20（1508 年）		1997
四都	廖	1 200 人	28	放牛，东家的女婿	2000
	陈	950 人	24		
	温	170 人	28	廖姓向他们窃走一块建坟的风水宝地	手抄本
	赖	900 人	26（1492 年）		1882
四都/渔溪	廖	800 人	22	放牛，得到被虐待的风水先生的帮助	1998
濯田	太原王	3 000 人	32		1822
	琅琊王	6 000 人	34		1795
	林	2 000 人	26		
涂坊	涂	4 000 人		得到被虐待的风水先生的帮助	1937 年手抄本
	张	1 000 人	21		1991
宣成	张	2 600 人	25	放养鸭子	1991
	钟	1 800 人	17（1574 年）	得到风水先生的帮助	
	吴		24		
	杨	1 300 人	21	放养鸭子	
羊牯	吴	1 500 人	26	得到风水先生的帮助	1730 年手抄本
大同/大埔	丘	1 300 人	23（明初）		
	任	800 人	12（清初）		
	赖	500 人	12（1680 年）		1999
	梁	500 人	15（明末）		
三洲/沈屋	沈	1 200 人	23		

如果以一代人25年计算，一个宗族说他们现在已经是第30代，等于是说他们是750年前就迁来开基的，始于宋末。如果是25代，即距今625年，始于明初。若按照这个标准来计算，本书的每个村或镇（涵前除外）最起码有一个主要宗族至少是明初就来了，然而我们来考察一下这些宗族的声明，从新桥张姓开始。该姓一个新修的族谱对他们的来源并不清楚，但有一个房派的手抄本声称他们是868年从宁化有名的樟树下（即石壁）迁来的，后来有17代单传，直至元末明初才分成四房，其中一个十八世祖，据传他养的母猪经常带小猪来到一个地方，在问过风水先生之后，他找到了建祠的好风水。车头赖姓已繁衍31代，据说他们的开基祖1213年就来了，但他们最早的族谱却是十五世祖修的。河田刘氏繁衍了34代，但只有口头传说。据1993年三洲戴氏修的族谱，他们的开基祖于1072年先从江西迁到宁化石壁，1113年却在三洲去世。很显然，这些证据并不见得可信。

有关宗族来源于历史最可信的证据，无疑是濯田琅琊王氏至今仍保存的1795年印刷的族谱，其中还提到一本更早的、于1518年由一个十三世祖编修的族谱，假如这些信息都准确无误，说他们开基于宋末是可以接受的（12×25＝300，1518－300＝1218），说他们已繁衍34代也是可以接受的。①该宗族九世祖在南京去世，他的长子在1403年当里长。这些事实，让我们猜想这个年轻的宗族很可能与明朝的建立有某种关系。无论如何，他们在1468年即十二世已经出现了第一个举人，十六世为庙宇施田、塑像，明朝末年十七世已经建造了第一座祠堂。他们在清朝继续发展，1725年和1795年重修族谱，18世纪还续建了几座房派祠堂，并购置了很多祭田，涌现出前所未有的众多官学生。太原王氏反而到明末才崭露头角，因为他们的十六世祖因与"贼"作战而得到了刚建立不久的清朝政府的承认。他们的第一个有功名的学生是1695年考中的，到了乾隆时代建了一座房派祠堂，可是在1822年之前还只有手写的族谱。有关涂坊涂姓的文献也比较可信：他们的族谱有1569年、1701年、1731年、1799年和1935年的序，可以看出是经常重修的。到了十四世出了一个地位不很高的官吏，后来他在1659年建的第一座祠堂里受到崇拜。族谱里最早出现的年号是1522年，即那个官吏的次子去世之年。

---

① 用这种呆板的算法要非常小心，这可以从下面实例看出来：在车头，赖姓现在最小的是三十一世，但最大的是二十二世。

把比较可信和明显不可信的例子总结起来，可以看出两点：有关明朝以前当地宗族史的文献记载并不怎么可信；明中叶以前修的族谱或建的祠堂看来并不属于历史，而属于传说。同样，所谓明朝以前就有具体开基年代的说法如新桥张姓、车头赖姓、三洲戴姓，都应该马上引起我们的怀疑：它们都是很典型的晚期（19世纪）族谱，其主要的兴趣在于创造一个跨地域的大宗族，或者把地方文化与中原文化连接起来。这类族谱通常都声称有一个膨胀了的世系，并说其迁入闽是经过宁化石壁。除了三洲戴姓之外，馆前严姓、宣成杨姓都运用了这个模式：严姓的六十一世祖据说是1324年因放养鸭子从宁化迁来的，杨姓八十三世祖是1379年从石壁经连城放鸭子而来。河田郑姓、丘姓的族谱也有类似的传说。河田刘姓为我们提供了一个小有不同的说法：他们的一百五十九世祖是宋朝从瑞金来的。整个长汀县的彭姓都说他们的始祖是"安史之乱"时从北方逃难到石壁住下来的。根据一个很有趣、有点不同的传说，新桥龚姓利用在石壁抄来的族谱说他们的开基祖也是"安史之乱"时逃到石壁的，在那里待了20年，然后往北迁到邵武，至第十代的后裔改姓彭，逃难到新桥，又改回姓龚。所以直至现在，新桥龚姓700人都不能与姓彭的结婚。①

仔细分析河田俞姓的十二世至十七世的记录，显示这几代人所生的儿子20%~25%都没有后代。同样，根据河田、四都、宣成和羊牯几个宗族的详细婚姻统计，这些通婚的姓氏大多数都居住在40里以内，也就是说，与墟市一样，等于一天之内走路容易往来的距离。按照熊梦麟有关车头的记述，90%的婚姻是童养媳婚，95%的农民靠租种田地过日子。三洲田地的一半属于宗族所有。三洲戴姓和河田俞姓都完全控制了当地的米市，而且每逢墟日，所有米谷都在他们的祠堂里买卖。在三洲，猪崽和水牛的交易牙人是由两个戴姓和两个黄姓祖传充任的。在河田，有很多故事都在说李姓霸道，并说当地墟场不知从什么时候开始由李姓主控的上街转移到俞姓的下街，因为

---

① 类似因犯罪、判刑、逃难而改姓的故事，在整个地区（河田、濯田、回龙等）姓林的传说中都会碰到。但靠近归龙山的汤姓，也有说他们原来姓盘。还有童坊的童姓，据说是"安史之乱"时先逃到宁波，后来一个后裔因杀死"太子"逃到石壁。童姓四房来自四兄弟，但四个兄弟来到童坊时只有一个姓童，所以他们都同意谁家先生儿子大家就跟着他姓，结果大家都改姓童了。

老百姓都认为俞姓比较公道。有关四都的温姓、陈姓和廖姓，还有濯田的王姓和林姓，都有械斗的故事。在这些械斗中，风水通常扮演着中心的角色。比如说，为了把温姓祠堂的龙脉截断，廖姓挖了一条水沟；为了把陈姓牛形祠堂的"牛"拴住，廖姓在那里建了一条象征牛绳的街道。可是，也有宗族长期友好关系的故事，比如三洲黄姓与四都汤姓。此外，在整个地区，宗族举办最主要的仪式也都需要彼此之间的合作。

三、会期的组织

像古城那样的地方，实在不可能不合作：全乡有 112 个姓氏，仅乡政府所在地就有 36 个。有那么多姓氏的另一个地方是武平县的中山镇。很明显，中山镇是因为明朝在那里驻军建军营。而古城，应该也有类似的原因，同时好像也与货物交流和人口流动的结果有关：它和石壁一样，是江西省与福建省之间重要的交流通道。在张地村，虽然谢地的吴姓（十月十五日）和上张地的丁姓（七月十五日）都有自己的游神活动，但剩下来的 12 个村则分成南、北两片，每年用抽签方式各选出一名福首，按照抽签顺序把神明抬出来巡游各村。正月末二月初，两片所有的村庄都游过以后，各片自己打醮，然后才把神明送回山庙。涵前的会期（五月二十五日）共有 12 个村 4 个大姓参加，以前是由当地山上五谷庙的和尚组织的。五谷真仙巡游各村总共要四五天时间，每天晚上都要把五谷真仙抬回庙里。新桥墟隔河对岸的三将庙，每年的会期是由六棚人（其中三个是单姓）轮流举办的，不管轮到哪棚人主持，六棚的代表都要来参加筹备工作。

在三洲、涂坊、宣成，那里的会期都是为没有庙宇的"三太祖师"举办的。三洲是正月和六月，涂坊是正月和七月，宣成是正月，"三太祖师"由一个祠堂移到另一个祠堂。这三个地方，正月都是把神明与庞大的花灯一起出游。在宣成，有四个几乎是单姓的村子在轮流组织游神活动（原来还有一村，因为要自己控制打醮而被排除在外）。正月十八日中午，神明移到下一个当值的村子，第二天就大规模打醮。在三洲，六月份的游神活动把神明移到下一个当值的"甲"。在涂坊，反而是七月份移到与他们有联盟关系的赖坊村（如果今年在赖坊，那就相反要移到涂坊）。三洲总共有十个甲，戴姓虽然人口仅占总数的 75%，却占了其中的九个甲，黄姓才一个。不过，轮流的性质还是按地域而不是按宗族姓氏。因为十甲是按照三洲的五个门来分配的，每门两甲。这个五年一轮的第一年由东门的两个甲各三四十户轮流组织，第二年由南门的两个甲，依次类推。涂坊也分成十个单位，他们称为"组"，最主要的功能在轮流组织每年的打醮活动。

在四都，有五姓分成八个棚参加八年一轮的祭祀华光大帝的会期（四月初八）。羊牯在汀江西南方的八个乡和东北方的五个乡，各有自己的庙宇，五个乡还有共同的会期（十月十九日），八个乡不详。这十三个乡另外还有一个为设于全县水口的天后宫而共同举办的会期（三月二十三日）。濯田也有上十乡和下十乡，各有自己的五通庙和会期（四月初八）。每个十乡都是十年一轮。比如轮到太原王氏，神明就放到他们的祠堂里，由五个房派轮流负责每天的烧香点烛。在塘背（属南山乡）的一个庙，是十三乡轮祀蛤蟆公太的中心，也是每个乡轮一年。童坊乡的平原山属童坊北部十乡共同所有，它们的神明叫"伏虎"，每年按照一个固定的日程到各村轮祀，最后于九月十二、十三日由十乡人共同打醮之后，"伏虎"被抬到长汀县城关供奉，停留四个月。策武与河田交界处有一座山庙叫"长龙岩"，其中一尊定光神像每年在四十八天之内（五月二十八日至七月十五日），必定要轮经河田、涂坊、南山、宣成的 48 个村。

四、会期与神明

在古城，每年庞大的游神、游灯活动推迟到二月二的花朝节举行，正月十五日反而用于赶鬼。从年初一开始，每家每户都要把用完的蜡烛和香梗保存下来，以备集体收集。在收香梗的前一天，各家各户都要大扫除，打扫房子、牛栏猪舍以及尿桶。正月十五日早上，上街的长者集中在五通庙，跟着一个道士简短拜神之后，道士就把五通的"满公王子"请出庙，让他去监管收香梗。他们每到一户人家，道士先简单念经，随后挑担的就负责把那家的香梗垃圾及供奉的米、酒收集起来，然后为了赶鬼放一声响铳。如果某家刚过去的一年不吉利，特别是有发生自杀或小孩、猪牛死亡等事件，为了振兴龙脉就会请他们放三次铳，并给他们三份的米（米、酒用于庙里的午饭，并发给参与者一些工资）。第二天早上，下街也照样办理。他们的庙里供奉汉帝（当地人说是刘邦）。下午，所有的人都不许出声，五通庙静静地把收集的香梗送往汉帝庙，"满公王子"和道士都负责押送。送完，上街的代表回到五通庙，"满公王子"一直面朝下街，而道士则要陪着两个庙集中起来的香梗，把它们送到离村一里外的地方烧掉。①

如果某年野猪特别多，张地北片山村的老百姓在正月末二月初会到他们的山庙去请老佛下来，为保护作物打两天"野猪醮"。

新桥原来的主要神明是"三将"，到了19世纪末改为"三圣"。这个变化据说是地方绅士在将军庙右边的文昌宫议事的偶然结果（所谓在文昌宫议事有可能是扶鸾）。到了1947年中秋节进行扶鸾时，才知道"三圣公王"的具体名字，直到现在人们还在辩论姓龚、刘、杨的"三圣"究竟是否为当地居民的开基祖。他们二月初一至初七的七天会期还要邀请很多神明，包括汀州东岳庙的黑白无常、临近师福村的"伏虎"以及赤峰嶂的"三太祖师"②。二月初一，在音乐的伴奏下，到庙里把"三圣"请出来抬到那年要打醮的祠堂里。二月初二，在祠堂外搭台，先演木偶剧，最后做放焰口仪式。初三、初四，黑白无常带队，道士走在神明前面，鼓手断后，到较为边远的村子游神。1946年这两天，每天跑10公里，总共游过20多个乡村和数量更多的祠堂。初五、初六，在新桥的街上和各姓巷子里慢慢地游神。奇怪的是，"伏虎"都不参加这些活动，他一直在"打轿"。"伏虎"坐在轿子里用布绑好，四名轿夫合着脚步小跑，使"伏虎"的轿子上下起伏，发出"砰砰"的声响。这个活动需要体格强壮、经过训练的轿夫才能做得好，所以经常请李屋的轿夫来做。直至其他神明巡游结束，"伏虎"还在上、下街来回不停地"打轿"。这样做是为了纪念"伏虎"在世时（已1000年前）经常往来于平原山与师福之间。他每次路过新桥都要停下来歇脚吃饭，因为不管是什么时候路过，新桥都有新鲜的菜，而且当地百姓特别喜欢"伏虎"，像英雄那样抬他游街。所以过世以后，每年"打轿"都要继续像欢迎英雄那样抬他，认为这样子"打轿"振一振"伏虎"就会很高兴。

---

① 这个活动可以跟陈维绪在《将乐县镛城的庙会与游神》（见杨彦杰主编：《闽西北的民俗宗教与社会》，第1～27页，"客家传统社会丛书"第11卷，香港，2000）中所述的将乐县正月类似于傩的赶鬼活动相比较。

② 虽然很多新桥人过去都参与了八月初一到七十里外赤峰嶂朝神的活动，后来由于去那么远请神而且要送回去不太方便，所以决定自己塑"三太祖师"神像并把他放在"三圣"庙里。

二月初七晚上放焰口需要三个小时。1946年共有48张桌子，每张放8碗孤菜供养孤魂。准备这些孤菜时不准妇女参加，因为她们"不清洁"，也不要放盐。把这些孤菜摆出来时，要很严肃，不能说话，以表心诚。这个盛大的场面是由一个纸扎的"大山人"（亦称"焦面"）担任主持。当地人说，"大山人"原来是个很漂亮的女子，可是纸扎的形象像个怪物，不这样就不能控制厉鬼。道士在桌旁念完经后，把"大山人"转过来（不让他看见以后的场面），周围的信徒都一拥而上争抢孤菜，把它倒入水桶里，带回家让人吃或者喂猪。① 二月初八早上，把所有的神明送回庙里，每个神明都是脸朝前面，只有"伏虎"一直望着他心爱的新轿，直到翻过一个丘陵以后才转过身来。

三洲六月中旬的会期即将结束前，"三太祖师"游神回到祠堂，一群年轻人已经等在那里，把"三太祖师"，包括"五谷真仙"、雷公一起抬走，到河边和菩萨一起跳下去洗澡。洗完就开始把菩萨往上游扔，让其从上游再漂下来。岸上的观众情绪激烈，围观取笑，扔、漂菩萨延续了半个小时。此后，年轻人从河里爬上岸，把神像擦干，用红布包起来抬回祠堂。在祠堂里，菩萨重新穿上了妇女们弄干净的衣服。经过这个仪式，人们认为会雨水调和，水患不生，而且与菩萨一起洗澡会身体健康。

四都四月初八会期以前在五通庙举行。传说该庙是赖姓在一夜之间于华严寺前建起来的。华严寺这个寺院很大，和尚也很富裕而且自傲，因此他们就跟赖姓打官司，可是赖姓用了狡猾的办法证明他们的五通庙早就有了。这座庙的神像也有一个很奇特的来源。有一次发大水，山坑村一个姓王的在河里捡到一个漂流下来的竹筒，他把竹筒扔掉而竹筒又自动地回来，如此三次，他就把竹筒捞起来打开一看，发现里面有一张神图。这消息很快就传开了。原来拥有这张神图的乡村前来要求归还，可是山坑人不愿意，他们提议以点火看烟往哪里飘来决定神图应该归谁。由于人口太少，山坑又找了四个宗族来帮忙，他们一起把烟煽到有利于自己的方向。此后，山坑砍了一棵大樟树，按照神图的样子雕刻神像。到了会期，每年都会下雨，但轮到山坑则会下大雨，因为构建这个崇拜所扮演的角色，所以山坑被视为神明的娘家。神明引起下雨是为了纪念会期的来源，或表达他不想离开山坑，因为离开以

---

① 林翠青说涵前供奉五谷的会期也有类似过程。两个地方都认为孤菜对人和猪有治疗的功效。

后要等八年才能再回来。演几天的木偶剧之后，到四月初八早上，用天刚亮从井里打上来的第一桶水洗菩萨；在仪式中宣读的祭文也称那一天为"浴佛日"。洗完菩萨，下年当值的村就到今年供奉的祠堂里祭祀。菩萨随后先抬到华严寺寄放，再抬到下年当值的祠堂里。

濯田最主要的神明是项羽，当地人称他为"霸王"或"本坊福主"①。他被供奉在五个庙和一个坛里，有文像也有武像。供奉"霸王"最老的地方是公王坛，属太原王氏所有，下庙也属于太原王氏。上庙属琅琊王氏，还有两个庙分别是定居于濯田的上杭和连城商人建造的会馆。每年有两次连续三个晚上的游神，即始于正月十五日和二月初二，前者同时游灯，后者所游的神明更多。另外，在正月十五日和二月初二的白天，专门把下庙的"霸王"抬出来游，显示太原王氏供奉"霸王"是最老的。

涂坊的仪式生活用一句话来概括，就是"千年故事，万年花灯"。这句话有个传说：涂大郎与赖八郎是涂坊和赖坊的开基祖，这两家的孩子已相互许配，但当地的社神每年要一对童男童女，刚好轮到他们两家的孩子。涂、赖二公向三佛祖师许愿，如果能保护到闾山学法，就会还给祖师千年故事、万年花灯。他们学法回来之后，把恶劣的社神赶走了，于是就开始举办每年元宵节的活动：游宗族花灯，抬着由童男童女装扮的英雄与神明的故事，以示对三佛祖师的尊敬。不管神明轮到涂坊还是赖坊，到了正月十四日和十五日，供奉神明的这个坊就要把菩萨抬到另一坊去，以让那里的村民还开基祖的愿。

在宣成，十一月初一用跌玟方法选择明年负责供奉三太祖师的福首。这个为首的应该是六十岁以上、有福气、为人正派、有说服力的人。参与轮流的四个村，其中两个在自己的祠堂里选择，另外两个在本村的庙里选。十一月初四，新当选者很隆重地到常年供奉三太祖师的祠堂取火，带回本宗族的祠堂放入香炉里。从那天起，天天上香，早上四点钟要第一个打水敬供祖师，以免别人先污染水源。水打完后，在井边烧一炷香，告诉村民可以打水了。然后用一

---

① "本坊福主"就是社神，所以杨彦杰说他们选择二月初二来拜是因为每年拜社神就在这一天。这种说法是对的，张春荣在有关馆前的文章《馆前镇汀东村传统社会调查》里说，正月末或二月初做的撑社醮其实就是安龙；只要龙脉好，龙位正，这个地方才会有好年景。林翠青所讲的涵前撑社，与馆前的时间相同，也有同样的说明。他说，当地人认为春天龙会翻身，所以要安龙，这样一年就会好运。

个肩膀挑水回来，中途不能换肩。如果换了，两桶水就都变成了"打屁水"，不能供菩萨。每天早上五点半第一次供奉菩萨，第二次在十一点半，这时许多村民也会来参加，特别是每月初一、十五日。年初一至初五，由抓阄决定游神各个阶段的分工。正月十五日，去年当值的村打"出佛醮"。十六日早晨，一个庞大的游神队伍包括龙灯和龙船，动身前往菩萨交接的地点。在游神过程中，不断更换新的轿夫班①，直至正月初十把菩萨交给新当值方的轿夫（2000年是凌晨两点交接）。交接之前，还要很小心地检查神像、轿子以及其他用品。等到吉时才把菩萨抬入祠堂。到了正月十九日，在该祠堂打"入佛醮"。

羊牯最出名的神明是黑狗公王，在吴姓祠堂对面的一个紫微大帝的坛上供奉它。当地人说，黑狗是紫微手下的一名将军，还说它是如何帮助河铺吴姓打败涂坊的涂、赖二公，据说它可以帮助人娶得他们想要的太太，也可以帮助人杀掉他们的敌人。黑狗公王的祭祀范围很广，还愿者要供奉一只小狗。在村口一个山丘上还供奉两个公王，他们头包红布，拿着武器，本地人说他们是两兄弟，到过梅山学法。

赖光耀《四都镇渔溪村石圣祖师崇拜》所描述的渔溪村供奉的石圣祖师，原来是田螺岗下田埂上的一块石头。一个农民用它来堵水，可是连续几天早上，这个农民都发现用来堵水的石头会跳回田埂上，水都流光了，因此很生气，就决定在田里过夜察看个究竟。结果到了半夜石头又跳回田埂上，该农民把它放回去又跳出来，如此再三。农民用锄头敲打那石头，一块碎石猛地射中了他的眼睛，他起快跪下来求饶说：准备用藤把石头捆起来扛回家，如果藤到哪里断了就在哪里为它建庙。村里人也都同意该石头是神，可以很有效地抵御水灾，所以就在河岸上建起了一座镇溪庵以镇邪。当地人还用比较亲密的叫法称它为"石头娭媎"，并且把难养的孩子过契给它保佑。每年正月十一日，当值的福首带着人到山上砍一百多根三米长的毛竹，尾部的枝叶不能砍掉，用红布扎起来。到了正月十二日请来的鼓手、道士抵达后，天快黑时，就到水口庙去请本地的福主。十三日早上，到庙里抬镇武祖师游村，最后到福首家里。正月十四日早上，村民们都集中在庙里，先让还愿者烧香上供；接着由镇武祖师带路，石圣和其他神明跟着，另外还有龙

———————————

① 在三洲，如果"三太祖师"坐轿倒过来算是很吉利的话，在宣成刚好相反，因此宣成有一个专门组织的队伍负责不让祖师倒过来。

灯、船灯以及鼓手队等。石圣用红布紧紧地绑轿子上，抬到一个叫水口坎的地方去洗澡。当轿夫和石圣从水里出来时，马上被一百来人用毛竹当棍子围着打，轿夫们开始了艰难的奋斗向前，直到菩萨轿被打倒在地大家才停手。休息片刻后，菩萨轿再抬起来，马上又被围着打。菩萨轿被打倒好几次，轿夫们也被打到池塘里去，浑身上下都是泥。五百米的距离要走两三个小时，最后才到达祭祀地点。供奉完毕之后抬菩萨到福首家里打醮。打醮时挂起来的神图是全村人共有的，平时装在布袋里安置在神龛上面。正月十五日吃完午饭后，把神图抬到下任福首家里，由他来组织一整年的轮流供奉。当晚，在十字路口度孤，醮事结束后马上把镇武祖师送回庙里。送镇武祖师时要特别注意不能出声，否则会出事。其他菩萨正月十六日早上送回到各个庙里。

五、朝山与取火

在整个长汀的东北部，到河田镇赤峰嶂朝山进香的活动十分普遍。赤峰嶂供奉的三太祖师，有人说是三兄弟或三姐妹的老三。这三个神是住在彼此看得见的三座高峰（大太祖师、二太祖师住在童坊乡的两座高峰）。三太祖师也叫作"石老菩萨"，可是这个称呼有时则指定光、伏虎和观音。按照张春荣的说法，过去馆前每年有三四十人带着旗、铳、乐器参加一年一度的朝山活动。为了筹备九月十二日至十四日的打醮，九月初九早上六点钟，由一个长者擎着一根"财旗"（平常写作"彩旗"），到赖坊本地最好的一口井浸一下水，否则财旗的飘带就不会打结。先走到彭坊（30里），再到平原山拜伏虎禅师（来回20里），再从彭坊经童坊（15里）到赤峰嶂山脚下的刘坑（15里，所以第一天总共走80里）。第二天早晨上山，请三太祖师参加他们的醮事，下山到河田吃午饭，再到汀州天后宫吃晚饭过夜（第二天总共走75里）。九月十一日，返回馆前（共70里），在新桥停下来吃午饭。从赤峰嶂带回来的只是香灰，可是每年三月初三妈祖打醮的前两天，却是到汀州天后宫把妈祖神像迎回家。馆前与汀州天后宫之所以有这种特殊关系，是因为清朝修庙时其他工匠无论如何都修不好作为龟形庙宇四周池塘的堤岸[①]，而来自

[①] 汀州天后宫是龟形，中间大殿为龟身，前面山门和戏台是龟头，后面小路是龟尾巴，四周池塘里建有四个亭子即龟的爪子。

馆前的泥水匠却成功了。庙方问他们要什么报酬，馆前人说只要每年把妈祖借走，到三月初六把妈祖送回庙。

以前童坊人到清流县林畲的五谷庙取火，来回要走六天，大约有十三人参加。八月十三日离开，每天要走100里才能准时回来参加当地妈祖庙打醮最后两天的活动。在出发前的七天，朝山者都忌讳所有不洁净的事。因为如果旗子不打结，福首就会受到处罚。除了香灰外，他们还会带回来一个红纸神位。这个红纸神位在打完醮以后贴在当地的五通庙里。朝山的最后一天，童坊有100多人带着旗子、抬阁、有神位的轿子和香炉到彭坊去迎接神明的牌位和香灰。八月十八日晚上十点，队伍一回到童坊就马上要到一口井边把旗子放在"法水"里浸一下（据说，这口井的水比别的井水更重，旗子浸过此水后才能放到妈祖庙里）。车头人反而是在分龙日①到大同乡的木鱼山去取五谷庙的香灰，当天回到村里朝拜祭祀。朝山的前一天，制作"神旗"，由道士请神。朝山祭祀结束的当天晚上，焚旗送神：将神旗送到河边烧掉，灰倒入江河中。虽然木鱼山的庙好像是1865年才建的，朝山的人群却来自整个长汀的西北部。朝山高峰期在分龙日，某年仅这一天就来了60多个进香团。可是，平时从水稻灌浆到收获前夕，每天都有人前去朝拜。

根据钟晋兰的《羊牯罗坑头村的吴姓宗族与民俗信仰》，羊牯乡罗坑头村吴姓拜一个神"顶水祖师"。其实，他就是临近濯田的仙人嶂的石仙祖师。石仙原是一块大石头。一个渔夫把它从水里捞起来，又放入汀江，如此好几次才把它带回家供奉。不久，村里一个乩童来叫他把石头用绳子绑起来，挑到绳子断的地方就建庙。可惜，这个石仙很出名，后来被一个来自江西的人偷走了，可是石仙每年八月十九日和九月初一还会回来。这时，宣成、涂坊、回龙都有人去朝山。八月十五日，罗坑头村吴姓开始打"朝山醮"，到了八月十八日晚上到仙人嶂取火，十九日早上回来。

四都归龙山的罗公祖师庙是当地汤姓人在1403年建的，也是一个重要

---

① 分龙日是夏至后的第一个辰日。此时水稻正在灌浆，要求五谷真仙保佑庄稼好好生长。这个称作"分龙日"的比较独特的名字，指的是那天可以分出龙公、龙母。如果"分龙日"逢单，今年就分到龙公；如果逢双，就分到龙母。若是龙公气候会偏旱，龙母则偏涝："分到龙公累死长工（因为长工要负责汲水抗旱），分到龙嬷累死晒谷嬷。"那天整个长汀都不准洗尿桶、洗衣服、涮马桶，因为龙在这天需要洁净的水。

的朝圣之地。根据赖光耀《四都镇渔溪村石圣祖师崇拜》，罗公祖师是个穷书生，挑货郎担为生。有一天，他在一个义坛里过夜，听到坛主跟一个准备参加当地打醮的鬼在说话。鬼回来之后，罗公又听到有关这次醮事不太洁净的议论。鬼说："牛栏栓捣馒头，裤裆布做豆腐。"所以，罗公到村里告诉福首他们的处境很危险，村民们于是决定重新打醮。这次罗公又听到鬼在议论醮事很成功，连八仙都来了，因此罗公就赶快跑到村里。他见到铁拐李，跪下来请求度他，铁拐李就送给他一双草鞋，罗公连忙磕头，一不小心头碰到门槛上，前额起了一个大包，因此罗公祖师神像的一个明显特征是额头上有个包。罗公的故事还有很多曲折，最后他翻着跟头来到了建庙的归龙山。当时这个地方已被丘十三郎占领。丘原来就在归龙山打猎，有一次他被一个山龙口吞掉了，此后丘坊的丘氏后裔都来归龙山供奉。罗公为了占有这座山，就摇身变化，以让前来朝拜的丘氏后人害怕。第一年他变成一只老虎，第二年化成一条大蟒蛇，第三年变作一窝牛牯蜂。丘氏后人就再也不来了。罗公祖师就去说服当地的程、温、汤三姓为他建庙。

罗公供桌下有个小门，可以通到丘十三郎的坟墓。每年九月份，三洲丘坊姓丘的人会怀着敬祖心情，打着彩旗，走100里到归龙山朝拜，取罗公祖师香火回村打醮。以前过春节时，庙里的和尚要带着"筷子菩萨"到山下各村去募集大米，以备当年春、冬两次的醮事。最主要的朝拜季节在八月上半月，至罗公生日那天即中秋节达到高潮。山脚下的十一个村，各有固定的日子带着鼓手上山朝拜。如果家里有病人，朝山者可以从罗公祖师神像前的草纸堆里取一张纸，擦在祖师身上和病人患病相同的部位，然后把纸带回家擦患者，病人的病就会痊愈。根据当地人的说法，罗公祖师"上半年管福建，下半年管江西"。①

六、其他民俗和故事

在长汀，最普遍的故事是有关定光和伏虎的。这些故事大家都很熟悉，

---

① 赖光耀在《四都镇归龙山的罗公祖师崇拜》一文的附录里还有1777—1841年的一系列碑刻，大部分属于向庙里施田的记载。赖先生在很困难的情况下，极细心地把这些碑刻都抄录了下来，特别值得我们注意。

已经在别的地方发表了，但这里我们之所以还有两篇文章（即赖建的《长汀三太祖师神明信仰》和丘桂英、曾繁华的《大同乡的木鱼山庙会》）带有这类故事，是因为每种叙述都有新的情节和转折。比如定光陂的故事，丘、曾的《大同乡的木鱼山庙会》说陂造好以后，定光到上游拉小便引起水灾，除了他自己造的那段无损外，其余都被大水冲垮了。另一种说法，定光不是给一个恶劣的地主当长工，而是从宁化回来时见到师福路边有很多乞丐，他询问之下才知道是由于干旱，于是决定自己为师福造一座陂。他把河里的石头变成小猪赶去造陂，当剩下最后一块时，被一个妇女看见了，问："石头怎么会这样走？"结果那块石头就不动了，最后一块没有落到它应有的位置上。同一个故事根据赖建的叙述，这个妇女是个孕妇，当地人称她们为"四眼婆"，凡事都会被她们看破。如果有一件重要的事情希望顺利、成功，就要避免遇上怀孕妇女。正因为这样，在整个长汀，乔迁或娶亲都在晚上举行，新娘还要挂能够辟邪的"四眼钱"。

　　有人说观音原来是个男的，在没有渡船的时代靠背人过河为生，喜欢捉弄人。有一次，他背一个妇女到河中，就强迫这个女的当他的老婆，否则就要把她丢到水里。那女子答应了。可是可怜的观音并不知道这个女子是个仙女。她到王母娘娘那边告状，结果为了惩罚，王母娘娘就让观音变成了女的。佛教寺庙的韦驮通常是向内的，罗公祖师庙的释迦牟尼佛像前还有一尊观音，正对着韦驮，当地人说他们是一对恋人。①

　　到某山学法的故事在这一地区很流行，可是赖建在他有关童坊的《童坊村墟市与神明崇拜》中记述的内容特别有意思：有一位老君兜听说梨山佛祖法术高强想去学法。他先走了七七四十九天，又走了七七四十九天才到达梨山。佛祖为了考察他的决心，就叫他把佛祖背上的三个大脓包吸干。老君兜原是吃素的，心里犹豫，可是最后还是下决心去做。吸了第一口觉得腥臭，第二口已感到适应，第三口觉得好吃：原来是法水。学法学了七七四十九天，佛祖就给他一个红布包和一把雨伞，并教他如何使用，可是老君兜全都给忘了。有一天，他在放牛时见到对面路上有个年轻的妇女，同伴就挑逗他作法，让那个女的把衣服脱光，果然奏效，后来那个女的因害羞跳池塘自杀

---

　　①　在连城县姑田乡的一座大庙里，后殿祭祀观音，殿前天井的正对面也有一尊韦驮，当地人亦说他们是一对恋人。

了。第二天才知道，原来那个被使法脱光衣服的妇女正是自己的儿媳妇。老君兜的妻子一气之下把他的法书全部拿到屎窖去烧掉。屎窖由此沸腾了三天三夜，最终变成一口水质特别好的井，这就是当地人从林畲取火回来后必须去浸旗的那口井。

诸如此类的故事比较典型的是涂坊涂、赖二公和四都陈麻哩的故事。他们三人都是到骊山学法的开基祖，回来后把要求每年用童男童女祭祀的凶恶社神赶走了。涂大郎和赖八郎去骊山时，向一个老人家请教应该如何去，那老人家要求他们把他脖子上的脓疮吸干净。赖八郎是个农民，很乐意去做，而涂大郎是个文人，听了就害怕。等到快要吸干时，老人家叫赖八郎给涂大郎留一点，赖公就把第三口吐到涂公的嘴里，因此赖公的法力比涂公强。然后，老人家又叫他们跟着一只鸭子走，涂、赖二公被领到一个屎窖的旁边，跳进去便是骊山。涂、赖、陈三位都把当地的社神赶往水口，然后自己取代了社神的位置。因此，他们的后裔不必像长汀其他村社那样要"撑社"，而只要打醮就行。由于陈麻哩是个道士，"能以符役鬼神"，所以陈姓娶亲时不需要带渔网、通书、铜镜等辟邪之物，只需在祠堂里烧三炷香，摆上一碗水上面放有筷子，拍一下神龛后面的墙壁告知祖宗，请他们保护就可以了。罗公祖师建庙时，释迦牟尼知道那里是块风水宝地，就乘云过来告诉他：天下名山尽归佛，你只是个人神，应该把这座山让予佛。罗公祖师不肯，于是两个人决定比功夫来定胜负。他们要从五里外的山脚下各抱一块石头到归龙山顶。罗公抱的巨石先到，但释迦牟尼后到的石头更大（这两块石头即"风动石"，在庙背后的山顶上，至今还能见到），所以后来决定采取折中的办法：把庙的中线向右偏移，让释迦牟尼仍然坐中间，但已不是正位；而罗公的坛虽然在左边，但正对着前面案山的中间——真正占了山龙口的位子。[①]

刘劲峰所描述的社公醮，每年十月份在靠近河田一个有 1 200 人名叫"沈屋"的单姓村举行。当时主持这场醮事的是来自新桥的闾山道士黄永束，已 80 岁，据说是家传第十八代的法师了。这个仪式由他及其四个儿子一起举办，此外还有他一个陈姓的朋友的儿子。整个过程都包含有典型的戏剧仪式，显示三奶与陈海青等四人到闾山去学法的经历。王母知道他们要来，就

[①] 案山象征着文人写字或官员审判的桌子，所以在山区，祠堂和庙宇的对面都会有案山。

派五郎变化成大蛇、猛虎、险山、恶川去考验他们,但这一切都吓不倒也阻止不了他们。当三奶与陈海青等人来到山脚下的时候,忽然在眼前出现了一片大海,岸边只有一条可载三个人的小船。海青留在岸上,三奶等三人过去,向王母学如何赶鬼。打醮的第三天,道士先请唐葛周三元将军和五猖五郎到信众家抓鬼。然后,把一系列用桃木做的符铺在社公庙前,再到庙后去呼唤五方龙神并祭一只公鸡,行罡念咒,以示调动五方龙神。之后,再杀一只公鸡,把鸡血滴在符上,边做诀边喷符水,敕符。经过这套仪式之后,便派人拿着把隘符去把守四周的隘口,剩下的符发给各家各户,用来保护家里的六畜和仓库。接着做出煞。晚上,由两个道士上场,一个当王母,另一个当闾山祖师,把自己的灵魂藏到老君衙内,表演各种比较危险的杂技节目。最后是"断后":场上的灯火全灭,除了主持师之外,谁都不能说话。因为这个仪式很危险,主持师为保护自己念了几个咒文之后就藏魂,身骑白马(卷起来的草席)到村外的一个十字路口去把"断后符"打入地下,又骑着白马从另一条路回坛。

七、长汀妇女

据王园珍《长汀妇女调查》,现在五十五岁以上的妇女几乎都是童养媳出身。一位八十二岁的老年妇女告诉作者,嫁一个闺女要花很多钱:城里人嫁女需要好几匹绸缎、十几床棉被,以及金银首饰,大户人家还要有陪嫁的丫头。农村嫁女需要有牛、绸缎和金银首饰等。因此当地有句俗语:"娶了三次大亲,不富再无大富。嫁了三回大女,不穷永不会穷。"众所周知,客家妇女常年辛勤劳作,据王园珍的描述:男人早已睡觉去了,妇女还在斩地瓜藤并煮熟,以备喂猪。她还描述了客家妇女的生活技能:做豆腐,酿糯米酒,做布鞋,做各种各样供妇女儿童使用的刺绣装饰品和在各种人生礼仪上使用的剪纸艺术品。作者还跟着一个六十八岁的妇女,观察记录她在一天之内所做的事:从早上五点半起床,煮一天的饭,到晚上八点才洗澡睡觉。不管在做菜、喂猪、洗衣服、提尿桶到菜园里浇菜,还是拔草喂兔,背上几乎都要背着她的孙子。一个客家妇女的三件宝是凉笠、围裙和布草鞋。过世时,要穿她出嫁时的衣服。"四眼布娘"不许去抱或抚摸别人的孩子,怕小孩会睡不好。结婚的新娘也怕"撞四眼"。生小孩的胞衣要用纸包好,装入小罐内埋于自家的屋旁，要埋得很深，不让狗挖出来。生小孩时如果产妇过世小孩活着，要把一个草做的孩子穿上衣服与死者一起埋葬，也可以把一块长石头放在坟墓旁边，表示已有一个孩子陪伴在阴间，不要再来思念自己的孩子。生孩子的房间叫"愆间"，一般人不得轻易进入，满月那天称"出愆"。妇女喜欢唱山歌，但男人唱山歌被认为不太正常。

八、结语

在施坚雅（G. William Skinner）《农村中国的市场与社会结构》的文章[①]中，他分析出了三种市场，即标准、中间和中央市场。文章所关注的是标准市场，他写道："我认为农民有效的社会范围，不是被他们居住的狭窄的乡村所决定，而是被标准市场的影响范围所决定的：娶亲基本上来自这个范围之内。"（文章第一部分，第32、36页）地方绅士反而趋向中间市场："如果说中间市场也代表一个区域社会，它通常既不包括农民，也不包含政府官员。"（同上，第42页）这个很漂亮的市场和社会制度，与长汀的事实好像不相符，因为长汀的市场只有两层。具体来说，当地农民的社会与文化的眼界，看来等于施坚雅所描述的士绅阶层的范围，比如本书有几篇文章分析婚姻网络，他们的通婚范围与半径40里的市场范围差不多大。神明的轮祀圈，也经常代表一个市场范围的一半或者更大。朝山进香活动，远超过香客原有的市场范围。还有农闲时的挑担，全部是农民，不管是男是女，他们都会走出自己的市场范围到更远的市场去。船夫、撑排工、推鸡公车和当长工的，都不断地在流动。我们可以确证，跟这些人一起流动的还有各种信息和传说故事。另外，还有不断外迁的人，比如18世纪到浙江南部或者较近地区如长汀以北的将乐县，由于将乐需要造纸工人，因而往那里移民。毋庸置疑的是，这些移民有很多后来中断了与长汀祖居地的往来，但也有很多仍然保存与原乡的宗族和商业上的联系。虽然可以证明，宗族的建构既不是农民也不是长工，而主要是地方精英所关注的，可是一个成熟的地方宗族所包含的全体成员，不管他们的身份地位如何，都会一起游神、游灯或参与宗族械斗。

[①] 载《亚洲研究季刊》（英文），第24卷第1～3期，1964年11月—1965年4月。

没有任何理由可以说明，比较穷的族人对于远在城关的祠堂或者在遥远地方的房派族亲会一无所知。①

用另一种说法，长汀绝对不是一个封闭的社会，它是一个流动的社会。不但基本货物，而且有时人也会流动到令人惊讶的远方：药材及其出售者大部分来自江西中北部的樟树；江西或宁化的米，本地出产的纸、木材和竹器，大部分运往广东，也有小部分运销东南亚。在长汀及其以西、以北地区，所需的盐和洋货都是从潮州和汕头运来的。而且输入的不只是货物，还有神明，比如妈祖（应来自潮州）、五通（祖庙在江西抚州）和定光（来自武平南部）。这个社会的神明也很有流动性，有的在当地巡游，有的如长龙岩的三太祖师在48天之内会游经4个乡镇。老百姓也会到神明居住的地方特别是山神的住地去朝拜，如赤峰嶂和归龙山：这些名山像磁铁一样吸引来自很远地方的香客。与这些神明和人群一起流动的，可以想象，还有传说故事以及各种仪式。这一切在整个地区，不只是长汀，有一个引人注目的恒久性。比如，传说神明被抬到他们自己选择的地方建庙，或者石头菩萨被抬到河里洗澡，或者被江西人偷走；神明为占领风水宝地而斗法；建庙所需的木材从邻近的一口池塘里自然冒出来；社神因提出过分要求而被赶走；等等。这类故事母题就像一个巨大的宝藏，它们的组合即是神明的一种文法，经过不断地重新加工和讲述，与任何语言一样一直保持着它的鲜活。比如四都渔溪人讲述的，有一大群年轻人手持竹竿围着神轿殴打阻止前进，可是无人受伤。这个故事母题是普遍的，但四都的讲述者对此并不在乎，对于他们来说，只想以此来证明神明的灵验。这样的仪式年年做，故事不断讲，气氛照样欢快热烈。

最后，神明是了解长汀这地方文化区域性的一个很好的引导者，比如古城、濯田在闽赣经济交往中所扮演的角色，可以从古城崇拜汉帝、濯田崇拜项羽中看出来。这两个神明在江西省的东部十分流行。羊牯所供奉的神明，好像来自一个完全不同的文化背景。例如，为什么当地两个公王据说是到梅

---

① 因为施坚雅所关注的是人口最密集的标准市场，因此他才会这样写："所谓墟市范围的大小是被人们走路的距离所决定的说法，我认为没有任何说服力……其实，中国标准市场的范围大部分远小于人们走路的距离的要求。"（第33页注69）这里所发表的文章都显示，长汀墟市与墟市之间的距离，主要是由人们走路的距离决定的。

山学法，而不是像别的地方那样到骊山或间山学法？这是否为瑶族普遍流行的来自湖南梅山道教传统的一个真实痕迹？怎么解释一个被偷走的石头菩萨恰恰每年八月十九日要从江西回来？这是否与每年八月十八日间山道士要在石城会合祭拜三奶夫人有关？① 然而，最引人注目的还是那个许愿者要拿小狗去供奉的黑狗公王。它的故事刚好与涂、赖二公的故事相反，据说黑狗公王曾经帮助河铺的吴姓打败了涂、赖二公。如果我们接受涂、赖二公把社公赶走的故事是"一个象征性的畲族被客家人取代的具体事实"，那么黑狗公王打败涂、赖二公的故事正好具有明显的另一面的含义。②

有关长汀县的这两本书［《长汀县的宗族、经济与民俗》（上下）］，是"客家传统社会丛书"第二种专门关注一县的论文集（第一种是谭伟伦主编的有关广东省西北部乐昌县的专集《乐昌县的传统经济、宗族与宗教文化》）。长汀这个计划已经进行了四年，我们与张鸿祥有特别密切的合作，没有他指导当地作者并自己做研究（特别是利用该县档案方面），以及他的满腔热情，这个计划就无法实现。我在这里先向他表示我们的感激！同时，还要向各位作者表示感谢！他们都那么耐心接受我们的不断要求补充调查，修改文章。我希望以上的专题概要能让读者有一个印象：每位作者所做的工作为我们提供了多么丰富的资料。感谢他们，让我们不会忘记以往挑夫们所走的路，农民们讲述的故事，老百姓遵守的禁忌，还有那很兴旺发达的米、盐、纸的交易……所有这一切构成 1949 年以前长汀县的日常生活和节庆生活。

---

① 参见我为刘劲峰《赣南宗族社会与道教文化研究》（"客家传统社会丛书"第 8 卷）所写的"序论"（第 40 页）。这个在山上举行的仪式，吸引了来自石城、瑞金、安远及长汀四县的道士。

② 参见我撰写的《一个客家乡村象征生活的记录》，见《民间信仰与中国文化国际研讨会论文集》（下册），第 749 页，台北，台湾汉学研究中心，1994。

汀江商业航运的调查[*]

张鸿祥

一、汀江及其开发

（一）汀江简介

福建省内有四条著名的大江，其中闽江、晋江和九龙江都是自西向东流，唯有汀江是由北向南而去，穿过闽西流入广东境内，与梅江汇合成为韩江，流入南海。汀江是闽西最大的河流，是福建省唯一通往外省的内河航道。它发源于武夷山脉南端汀州府长汀县、宁化县境内的赖家山。一路上汇集山泉、小溪，在崇山峻岭中渐渐汇成大川，蜿蜒流至长汀县庵杰乡涵前村，从村前一天然巨洞中穿过，这个巨洞就是汀州著名的风景名胜——汀江龙门。龙门，旧称龙门峡。天下的龙门以山西河津龙门和河南洛阳龙门最为著名，然而，河津龙门和洛阳龙门都是大河两岸的悬崖峭壁，并非真正有"门"，而汀江龙门是个天然巨洞，汀江从洞中喷涌而出，是名副其实的龙门。故古人有诗句曰："独我汀江跨龙门。"厦门大学历史系教授林慧祥先生说："龙门胜景，是因为地壳变动，然后江水冲刷，其间经过万年以上的漫长时间。"宋代当地人在龙门洞顶的山头上建有小庙，祀五谷大仙（神农氏）和妈祖，祈求风调雨顺、五谷丰登。该庙后焚于清咸丰年间的兵燹，后来在清代又重建二层阁楼式的庙宇，现在仍香火很旺。每年五月二十五日，龙门所

---

[*] 原载杨彦杰主编：《长汀县的宗族、经济与民俗》（上），第1～21页。

在的涵前村都有盛大的庙会。

汀江出了龙门后流经新桥长汀县城，又经策田、河田、三洲抵达水口。水口就是濯田河与汀江的汇合处。汀江到达水口后，江面开阔，江水湍急。离开水口经武平县店下村到达汀县羊牯村。过了羊牯村在龙口与上杭分界，流入上杭县境内。然后至永定峰市，北汇黄潭河，又纳永定河之水直下广东大埔境内，经过三河坝，终于与广东梅江汇合，称韩江，经潮州、汕头入南海。

汀江在宋、明称为"鄞江"，因"天下水皆东，汀江独南也"，按八卦图示，南方属丁，故又名"丁水"，后来"丁水"合成为"汀"字，因而得名汀江。①

汀江两岸层峦叠嶂、丘峦起伏，群山峡谷、滩多流急。沿江迂回曲折，礁石密布，著名的有大姑滩、穿针滩、折滩、棉花滩，自古被人视为畏途险道。大姑滩位于上杭县境内，在上杭县城以下，其险要在于落差大，大姑滩的落差约为3米，有一层楼高，水流直冲而下，如瀑布一样，船到此随瀑布直冲而下，有"船到大姑滩，如过鬼门关"之说。穿针滩也在上杭县境内，位于大姑滩以下，其险要在于水道十分狭窄，只能过一只船，形如穿针一般，故名"穿针滩"。折滩的险要在于水道极其曲折弯曲，一不留神就要撞船。此三个滩为汀江最险之滩。棉花滩位于永定县境内的汀江河道，全长十里皆为礁石，因而不能行船。船到这里须将货物挑上岸，用人力肩挑绕过棉花滩然后再装船，这里已是广东大埔境内的汀江河道了。过不远到三河坝，汀江与梅江在这里汇合，称为韩江。汀江县境内有鸬鹚滩、鱼梁滩、蛇王滩、九曲滩、王屋滩、纱帽滩、砾滩等。长汀民间有汀江"九峰、三坳、十八角"之说，九峰（这里是指浪峰的峰）为杨柳峰、泉源峰、鸡冠峰、鸡爪峰、长峰、大顶峰、小顶峰、帽峰、曲支峰，三坳（坳指河水转弯处）为鸬鹚坳、剪坳、朱明坳，十八角（角指江水急转处）有庙子角、大角、尖子角、羊角、美西角、萝卜角、河田角、烂泥角、白石角、将军角等。

---

① 《长汀县志·山川志》（清光绪五年编，民国二十九年续修）载："汀水，宋时曰鄞江。《欧阳忞与地方志》：'长汀县有灵蛇山、鄞江是也。'曹学佺《一统名胜志》：'鄞江在府城东。'《九域志》云：'即东溪也。'自宁化县界发源，逶迤至东庄潭，分为二派，一自惠政桥入，一自太平桥入，至高滩角复汇为一。《明史·地理志》：'长汀东有鄞江，即东溪，亦曰左溪。自宁化县流入，下流经广东大埔，中有五百滩，亦谓之汀水。'……南流入海，所谓天下水皆东，汀水独南也。"

（二）汀江的开发

汀江船运的开发历史源于食盐的运输。长汀是山区，是传统的农业县，百姓所需的口粮如大米、粟子、番薯、芋子皆能自产自销，生活用的粗布及生产工具也能自产供应，唯独食盐必须从沿海产盐区运来。宋绍定（1228—1233）以前长汀的食盐从福州运来，从福州经闽江溯流而上到将乐县上岸，然后雇人肩挑经将乐县到明溪县、清流县最后到达长汀县，或者从将乐请挑夫往明溪县、宁化县到长汀县城。若要避开九龙险滩也可从福州船运至永安小陶上岸，请挑夫从永安县挑到连城县再挑到长汀县城。以上运盐路途遥远艰辛，往往头年的盐要到第二年才能运到长汀城。而且奸商操纵，盐价十分昂贵，长汀老百姓怨声载道。围绕食盐，官府和百姓产生了激烈的争斗，盐民抗击官府，爆发了一次又一次的盐民起义事件。宋嘉祐元年（1056），由于官盐价格太高，所以长汀老百姓都购买私人贩运来的食盐。而且许多盐是从江西虔州（今赣州）运来，虔州与广东接壤，但是虔州的盐质量不好，老百姓不喜欢，因而，汀州与虔州两地的许多平民，利用每年的冬闲时间，成群结队往广东潮州、梅州买盐，因之与官府发生多次争斗，官府称这些盐贩子为"盐匪"，派兵卒镇压，即使携带20斤也视为走私。宋元丰八年（1085），知州方峤再次派兵镇压盐贩子。至宋元符二年（1099），长汀境内再次发生大规模私人贩盐活动，被县令杨朏镇压。①

宋绍定五年（1232）汀州知府李华、长汀县令宋慈，为了改变汀州食盐昂贵的状况，从根本上抑制民众贩私盐的现象，奏请允许汀州的食盐从潮州运来。因为汀州府与广东潮州府"乃一水之由来"，潮州的食盐可从韩江到

---

① 《长汀县志》卷二《大事志》（清光绪五年编，民国二十九年续修）载："（宋仁宗嘉祐元年）初，江湖运盐既杂，官估复高，故百姓利食私盐。盗贩者众。捕之急，则起为盗。江西之虔州地连广南，而福建之汀州与虔接壤。虔盐弗善，汀故不产盐。二州民众多盗贩广南盐以射利。每岁秋冬田事才毕，十百为群持甲兵旗鼓，往来虔、汀、漳、循、梅、潮、惠七州盐通商。或谓第岁运淮南盐七百万斤至虔，二百万斤至汀，民间足盐，寇盗自息。或请官自置铺役兵卒，运广南福盐至虔、汀。江西提点刑狱蔡挺制置盐事，乃令民首纳私藏兵械，给巡捕卒。而贩黄鱼笼挟盐不过二十斤，徒不得五人以甲兵自随者，止输算勿捕。由是减侵盗之弊。异时汀州人欲贩盐，则先伐鼓山谷中召愿从者，与期，日率常得数十百人以上与俱行。至是州县督责者保，有伐鼓者则捕送。盗贩者，稍稍畏缩。元丰间，汀盐寇肆掠，特除方峤知汀州。峤至悉以计平之。调按：宋时汀州盐寇之兴，自承平时相继踵记，蔓延至百余年之久者。"

汀江经永定峰市至上杭，从上杭抵汀州府城。这样可以缩短运盐的路线，降低价格，造福百姓。经核准，自此汀州改运潮盐，"汀人之食潮盐，自是时始"①。低价的潮盐运到汀州后，大受百姓欢迎，而且大量运往江西虔州各县。由于食盐充足，盐价便宜，私贩食盐现象自然得以止息。从此潮州盐船往来汀州与潮州之间，食盐运输成为当时汀江航运最大宗的货物。食盐船运，为汀江商业运输揭开了历史的新篇章。虽然汀江多险滩，但船只不断增加，以船运业谋生的艄公应运而生。有诗曰："盈盈江水向南流，铁铸艄公纸作舟。三百滩头风浪恶，鹧鸪声里到潮州。"②

自宋慈开辟汀江长途运盐路线至 20 世纪 50 年代，汀江航道均是闽粤赣边区的主要水路交通线。长汀县境内汀江航道由庵杰始，经新桥、大同、县城、策田、河田、三洲、水口至羊牯，与上杭县回龙相接，全长 243 里（121.5 公里）。县城至河田航线长 73 里，枯水期水深 0.6 米至 1 米，航道宽 5 米至 6 米；河田至水口航线长 50 里，枯水期水深 1 米至 1.2 米，航道宽 10 米至 15 米；水口至回龙航线长 60 里，枯水期水深 0.5 米至 0.7 米，航道宽 6 米至 8 米。

二、长汀城传统商业情况

（一）闽粤赣边界商业集散重镇

长汀至潮州食盐航运开通，使汀江船运业得以发展。宋代以后除了大宗的食盐航运外，逐步发展到米、豆、土纸、竹、木、苎、棉、烟叶、油料等。广东潮汕地区运往长汀的货物发展到布匹、百货、药材等。由于航运节省劳力和时间，因而木船运输在长汀蓬勃发展。至明代，长汀县城（即汀州府城）形成了庞大的汀江码头，码头边形成了大型的集市贸易市场——水东市。水东桥（原名济川桥）上商人往来十分繁忙拥挤。汀州城地处闽粤赣三省交界，江西省、广东省的许多商人利用汀江运输的便利条件来长汀经商，搞批发贸易生意。他们把江西的米、豆、竹、木、土纸、棉花从陆路运到长汀城，从城内汀江码头装船后源源不断地运往广东，又把从广东运来的食

---

① 《长汀县志》卷二，《大事志》，清光绪五年编，民国二十九年续修。
② 康咏诗作。康咏，长汀人，清光绪年间进士，官至内阁中书。

盐、布匹、百货等从长汀城发往江西各地。为了方便江西的食盐交易，明代江西虔州府（今赣州）知府王阳明还在长汀古城驿（与江西瑞金交界）设立了盐关。江西人只需将米、豆、油挑到古城驿，就可以交易换回所需的食盐。明、清两代由于河江船运的快速发展，使长汀城成为闽粤赣三省交会处物资集散的重镇。明汀州太守陈轩诗云："十万人家溪两岸，绿杨烟锁济川桥。"宋代《临汀志》称当时的长汀城"廛匮繁埠，不减江、浙中州"。汀州府所辖长汀、宁化、清流、上杭、武平、连城、永定、明溪八县的商人云集长汀县城，江西赣州府瑞金、石城、宁都、会昌、零都等县的商人也到长汀城开店经商，加上福建龙岩州、广东潮州府、江西吉安府、湖南省等地的批发商、采购商也在长汀城设立商号，使长汀县在明、清时期呈现万商云集的兴旺景象。这种商业兴旺集散重镇的出现，主要得益于汀江船业运输的发展，从某种意义上说，长汀人开发利用了汀江，汀江也带来了长汀的繁荣，造福于长汀人民。

　　汀江从长汀城穿城而过，把汀城一分为二。汀江东南边商业区主要是水东街、营背街、司前街、桥下坝街、半片街，汀江以北主要是十字街、西门街、五通街、南门街、店头街等。营背街和司前街多为旅店业、饭店饮食业，水东街多布业、金银首饰加工业、京果、油盐、百货、国药等行业，司前街多文具、书店业，半片街多为米行、油豆业；而土纸行、烟叶等多设在太平桥头、官店街、跳石桥头等。

　　长汀的土纸是传统的大宗出口商品。毛边纸、玉扣纸在全国闻名，其产量在福建省43个产纸县中居于首位。长汀的纸大多经汀江航运到潮州、广州然后转口销往东南亚各国。清末民初在长汀县城有纸行数十家。

　　汀江航运除土纸外，还有就是米、豆、苎、棉。江西省是传统生产棉花、苎、麻的地区，广东不产苎、棉，所以江西大量的苎、棉运到长汀城后，再中转装船运到广东。米、豆既产于长汀，也盛产于江西。米、豆、苎、棉的大量生产地主要是赣南一带，江西在长汀古城设有中转处，江西的米、豆、苎、棉运到古城后，再用鸡公车（即独轮车）推运到长汀县城米、豆行，再装船往广东发货。

　　商业兴旺发达，商人的组织商会和同业公会便应运而生。根据《长汀县志·商业志》（1987年版）记载：长汀县城的商业组织在清以前无从稽考，最早见于记载的是在清光绪三十二年（1906）成立商会，名曰"汀州商务会"，由十六个同业公会组成，每个同业公会选举1人，共选举出16人为会董，并且选举郑克明为总理。

民国四年（1915），汀州商务会改名为长汀县商会。当时由于清朝政府覆亡不久，各行业尚未重组同业公会组织，仅一些大行业设有"纲"的组织。所谓"纲"，即是旧时商人成批运输货物的组织。当时长汀城有纸商设立的"安澜纲"和米商设立的"送滩纲"。土地革命战争时期，商人组织停办，国民党围剿长汀县的中央苏区，红军通过地下运输线从潮州运盐、布匹、煤油、药物到长汀。

1936年6月，长汀县城设立商业同业公会20个，分别是纸、盐、米豆粮食、绸布、京果、油、木、国药、烹调、牲畜、屠宰、酒、百货、锡纸、烟、纸爆、旅栈、色纸、香烛、五金等。

1937—1945年八年抗日战争期间，厦门大学和南昌中正医学院等大专院校相继迁入长汀，沦陷区大量难民涌入，使长汀城人口骤增，市场一度繁荣。汀州古城出现了许多新行业大商号，如嘉德西药房、嘉禾饼家、皇后大酒家、天城银楼等。抗战胜利后大专院校回迁，市场商业复又状况如先。

（二）民国时期长汀城知名商人和商行简介

在本篇写作前的调查中，退休老师邹子彬先生（84岁）、退休老师周晖先生（82岁）做了详细介绍，民国时期长汀城知名的商人及其商行主要有以下这些：

长汀商人李惕生先生，经营纸业兼木材贸易生意。李是长汀籍商人中首屈一指的大老板。他在广州、潮州、汕头都有纸行，香港汀州纸行他也有股份。李惕生的总行设于长汀县城水东街跳石桥头。他每年将大量的毛边纸、玉扣纸运往广州、潮汕，每年运往广东的土纸达万担以上。

长汀商人郑啸东先生，以纸、木料、京果、盐为主，其在长汀城内开设商店以外，还做广东的贸易生意，货物运输以汀江航运为主，同时在香港开设了商行。长汀总行设于县城三官堂前。

上杭籍商人黄丽川为外籍人在汀的大老板之一，主要经营纸、盐、烟、叶、米、豆的贸易，同时还开设布店等。其大量的贸易是与上杭之间的。因此他的货物都是在汀江的长汀与上杭之间。

连城籍商人童亦亭，其公司为"三达公司"，经营洋油、土纸、颜料等，货物都从广东经汀江运来。其公司在广东的汕头、潮州、佛山、广州都设有点，同时在江西的会昌、瑞金等县也都设有代理。其公司设于长汀城内三官堂前。

龙岩商人张学坡，开设广源裕商行，以经营布匹生意为主。在长汀县城水东街开设布店两间，其侄儿也在水东街经营布店生意。其布匹大多从潮州运来，少量从漳州陆路运来。

上杭籍商人蓝天九，经营土纸、布匹生意。其儿子在广东兴宁专做布生意，将广东的布运来长汀，将长汀的土纸运到广东的潮州、汕头、广州等。其长汀总行设于城内水东街。

长汀商人黄鸿昌，经营百货业，其商行设于五通街御清门头。其百货从上海、潮州、汕头运来，潮州生产的电池由他在长汀城独家总经销。城内开小百货、摆小摊的基本上都向他拿货。

三、汀江船运情况

汀江盐业船运开通，使汀江商业运输得以繁荣发展，至明、清两代，汀江成为长汀至上杭、永定、大埔、梅州、潮州、汕头的经济运输大动脉。每天在汀江往来运输的船只成百上千，俗语称"上河三千，下河八百"。"上河"即上杭往长汀城是逆流而上，称为上河。"下河"指从上杭顺流而下，称为下河。"三千"和"八百"虽然是泛指，但足可以知道每日在汀江上的船只是何其之多。日运输量无文字记载，但长汀民间却有"千猪牛羊万担米"之说。民国三十四年（1945）前后，每日从赣南、闽西各县运集长汀的农副产品达 2 000 余担，由汀江水运到广东潮州、汕头市场，又从那儿运回盐、煤油、海产、药材、布匹、百货等物资到汀，散销闽西和赣南。蓬勃发展的汀江船运，不但使汀州古城成为闽粤赣三省交界处的物资集散重镇，而且使两岸许多农夫成为船运艄公。

汀江在长汀县境内总长 243 里。从县城逆流而上 30 里为新桥市（现为新桥镇），此段因江水较小且浅，载重量约 3 000 斤。因逆流而上，要一整天才能到达新桥，而从新桥到县城是顺水而下，仅半天就可到达。新桥还有很多无篷小舟，大多用来运送粪便肥田，县城市民的日常粪便，大多运到新桥施田。从新桥逆流而上 30 里，便是汀江著名的源头龙门，因上游水小不能通航了。

汀江从长汀县城到与上杭县交界的回龙（亦称龙口）全长183里，河道宽、水量足，船载重达5 000～6 000斤，适合较大的船进行商业运输。本篇所述长汀汀江商业航运指的就是这183里的汀江。

(一) 码头简介

长汀县境汀江河段的主要码头有：长汀县城朝天门码头、县城水东桥码头、县城五通门码头、县城车子关码头、新桥码头、策田码头、赤岭码头、水口码头、濯田码头、羊牯码头。

朝天门码头。位于县城古城门朝天门（也称东门）外，码头正对汀州府天后宫。县城东门是盐仓所在，因此大量装运食盐的船只停靠在这个码头卸货。食盐用竹篾编成的竹篓包装，竹篓内垫有白叶（一种宽大的竹叶）使盐不会漏出来。每篓盐重30斤，每船可装运150篓至200篓。[①] 盐船一到，踏板马上搭到码头上，搬运工人每人手提两篓，鱼贯搬上岸来，然后再挑到盐仓里。因此，盐船一到（经常好几只船结伴而来），朝天门码头就显得一片忙碌。长汀县城有两处大盐仓，一是东门盐仓，凡是存入东门盐仓的盐均在朝天门码头卸货；二是位于府学隔壁的大盐仓，凡存入府学隔壁盐仓的盐均从水东桥码头卸货。

水东桥码头。又名半片街码头，位于县城水东桥南岸，是汀江上游最大的一座码头。始建于唐代，然而屡建屡毁。随着航运的不断发展，北宋元祐至元符（1086—1100），码头改用卵石砌建。南宋端平三年（1236），航运潮州食盐，码头堆放量与吞吐量逐年扩大。元、明、清至民国三十四年（1945），历时700余年，水东桥码头均是汀江沿线的主要码头和闽粤赣边区的物资主要集散地，年吞吐量达5万至6万吨。这个码头连接半片街、水东街、司前街、营背街，大量的米、豆、纸、烟叶、棉等从这个码头装船，从广东、上杭运来的布匹、百货、京果、国药等货物从这里上岸。码头边上是客栈、饭店、米行、烟行等，码头的江中每日都有几十条至上百条的木船停

[①] 食盐从潮州运来的时候，是散装的。因受汀江最大的险滩棉花滩的影响，船只通不过棉花滩，只得在石下把盐挑上岸，存放在"过驳行"（即中转行）里。长汀派工人编好竹篓，按30斤一篓，把盐装篓后肩挑10里到峰市，再装上船运到上杭和长汀。食盐过驳行的老板为长汀人，因而都雇长汀人去编竹篓及装盐，同乡人放心，若雇当地人，怕食盐被偷。

泊在这里，泊船都悬挂着一盏马灯，闪闪烁烁，别具一番风情。

五通门码头。位于水东桥码头以下约150米的对岸，由于码头在古城门五通门之外，所以称为五通门码头。这个码头连接长汀城内的五通街、店头街直到十字街。这一带是县城的老城区，人口密集。五通门外，是柴草市场，市民购买柴草都到这里来，所以许多船只从长汀农村如车头、牛斗头一带装运柴草到这里交易。五通门内还有长汀的石灰商店，农村的石灰也运到这个码头停靠上岸。五通门内老城区商店很多，日用百货、米、豆的船也在这里卸货。

车子关码头。位于五通门码头下方约300米处。过去官府在这个码头岸边设有税关，专门向汀江上往来的货船收税。税关的边有一小溪支流，装有一个大水车，供老百姓舂米，因此老百姓习惯地把这个地方称作车子关。车子关码头最主要是供货船停靠，便于税官查验货物纳税。但因这里紧连长汀宝珠门，宝珠门内是古城的南门街，通过南门街可直通县衙和汀州府衙，所以有些货船也在这里卸货。

新桥码头。位于新桥镇汀江边，距县城25里。码头上去便是新桥街，由于新桥街上居民密集，因而商业十分繁荣。据黎治宣先生调查，1940—1955年新桥镇的上街、中街和下街共有店铺55家，是长汀农村中非常繁荣的集市。同时新桥镇是长汀非常重要的货物中转之地，本县的汀东山区童坊、四堡、馆前、庵杰等乡镇大多数货物由新桥中转，外县的连城、清流、宁化、归化（今明溪县）、顺昌、将乐的许多货物也在新桥中转。汀州的货用船运到新桥后，由挑夫发往上述各地。上述各地的许多土特产由挑夫运到新桥后，装船运到汀州城，再运往上杭、广东。因而新桥的码头是长汀农村中的大码头，每天都有数十只船在新桥码头装、卸货物（新桥镇无墟天）。[①]

策田码头。距县城30里，位于策田集镇的汀江边上，从码头上岸仅几十步就是策田墟，街上有30多家店铺，每逢五、十是这里的墟日。来这里赴墟的除了策田本地人以外，德田、车头、红江、林田、高田、南坑、李田的百姓都到这里赴墟。策田码头的船只，一部分是运送货物来这里赴墟的，

---

① 20世纪80年代后期，新桥镇正式开墟，每逢二、七为墟。

另一部分是来装运米、豆等农产品运往上杭。策田的船民回策田时,也要将船停靠在这个码头。所以每逢墟日,这个码头有十来只船来往。

赤岭码头。距县城60里,位于修坊村对岸。赤岭是个小地名,仅有几户人家。但因为这里是卸货的理想地点,成为汀江中转码头。许多运到河田镇的货从这里卸,然后用人力挑到河田镇。河田镇是长汀县农村最大的集镇,古代称为河田市。但因河田无靠岸码头,赤岭成为中转最佳地点。

水口码头。距长汀县城120里,位于水口乡的汀江边上。码头上便是水口墟,街上有店铺40多间。每逢四、九是这里的墟期。濯田、南安、三洲、宣成百姓都到这里赴墟,是个较大的墟场,每墟约有2 000人。水口码头位于汀江与濯田河的汇合处,濯田河直接通往长汀县第二大集镇濯田,濯田墟人口有上万人,商店超过百家。濯田的船无论到长汀城还是到上杭都必定经过水口,从濯田逆流而上到水口正好要一天,船只只在水口码头停泊。

濯田码头。距长汀县城140里,濯田码头并不在汀江上,而是在汀江最大的支流濯田河。濯田码头紧靠濯田墟,由于墟场大、人口多,因而是长汀农村第二大墟。每逢二、六是这里墟期。濯田还是长汀主要的大米、菜油的主要产区,农产品十分丰富。长汀运到濯田的日用百货,上杭来的食盐、布匹要到濯田码头上岸,米商、油商等在濯田收购的来自江西的米、豆、油,数量相当多,也在这里装船运往上杭。因此,濯田码头是仅次于长汀县城的大码头。

羊牯码头。距长汀县城170里,位于羊牯乡墟场边,是汀江航运腹地之一。这个码头是汀江长汀境内的最后一个码头,担负外县、省际货物中转装卸任务。这个码头是长汀最大的木排和竹筏码头,货物船运较小。羊牯乡人口稀少,却盛产竹木。

(二) 船民的分布

汀江船民分布于汀江沿线的30余个村庄,主要有:新桥(长汀东北25里)、陈坊(长汀以南10里,下面同)、牛斗头(12里)、德田(20里)、策田(30里)、深渡(35里)、蔡坊(35里)、修坊(40里)、南山塘(55里)、车田寨(60里)、小潭(65里)、小溪头(70里)、水口(100里)、濯田(100里)、路潭(105里)、羊角溪(110里)、美西角(115里)、白头硁(120里)、羊牯(140里)等村。

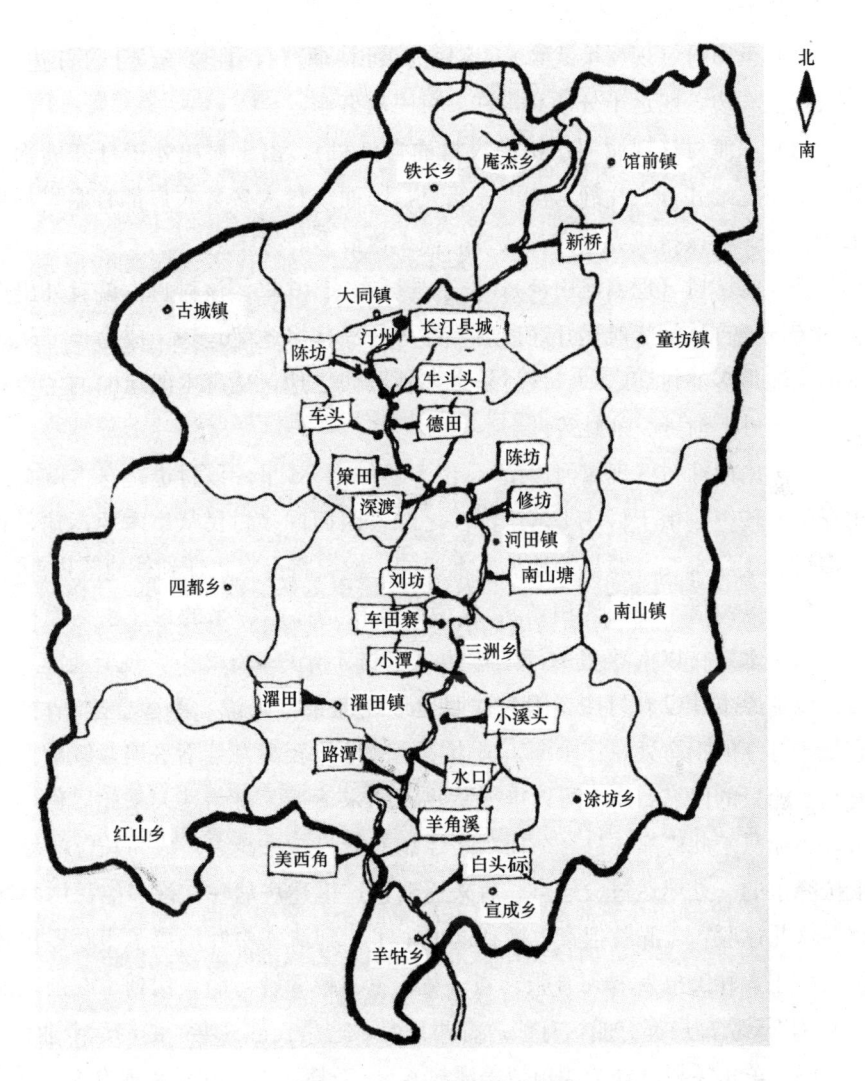

图 2-1　长汀船运分布图

1. 长汀境内船民分布的主要村庄简介

(1) 新桥村（现属新桥镇），距县城 25 里，位于汀城东北。1949 年以前，新桥村（含周围几个小自然村）共有木船 120 多只，其中仅李姓就有木船 64 只，是长汀县木船最多的村。李姓被称为新桥的"撑船客"。

(2) 牛斗头村（现属策武乡李城村的自然村），距县城 12 里，与陈坊村相邻，因陈坊村许多村民从事船运，因而牛斗头也有许多村民从事船运，但因该村距汀江约 1 里，且无停泊处，船只均停泊在陈坊村。

(3) 策田村（现属策武乡），该村为策田墟所在，且墟场位于汀江边上，码头在墟场边，船运十分便利，许多村民从事船运。

(4) 深渡村（现属河田镇南段村的自然村），由于村庄处于汀江的拐弯处，江面宽阔并有大片静水湾可停船只，因而全村大多数农户都有船只从事木船运输，使该村成为长汀县从事船运人数最多的村庄之一。

(5) 修坊村（现属河田镇），位于县城东南40里，该村自古就有外出谋生的传统，自从汀江航运开通以后，许多村民从事木船运输，成为长汀从事木船运输最多的村庄之一。该村是个多姓杂居之地，从事木船运输的主要有修姓、曾姓、俞姓、刘姓等。

(6) 南山塘村（现属河田镇），位于县城南55里，该村也是自古就有外出谋生的传统，由于村庄坐落于汀江之畔，因而许多村民从事木船运输，有许多村民还到永安、顺昌等地从事木船的运输，将全家也迁到外地落户。

(7) 路潭村（现属濯田镇），据说路潭村是撑船撑来的村庄。路潭村位于濯田镇水口村以南5里的汀江岸边。全村170户1 012人，现有土地791亩。该地原本并没有村庄，因为按照地形地理条件来说，不适合建立村庄。它处于汀江的拐弯处，江水深，岸边旱地的地势较高，且不平坦，但是十分有利于船只的停靠，岸上可以堆放货物。明末清初，有赖姓人来此居住，后来许多船只来此停靠休息。久而久之停靠的船只越来越多，成为长汀县城到上杭峰市的一处船运过驳地点。后来逐渐在这里建房居住，许多船民因每次都在这儿过驳，干脆就把家也搬到这里来了。到清朝中叶形成了100多户居民的村庄，姓氏也发展到有张、刘、黄、王、赖等姓，船只达到100余，即100多户人家每户都有船，有些户有两只船，这是长汀县唯一的船运专业村。

(8) 羊角溪村（现为濯田镇美溪村），位于县城南110里，现有人口260户1 218人，有耕地905亩，人均约7分地，也是人多地少的村庄。羊角溪村是汀江船运中重要的歇息码头，羊角溪下游10里是汀江航道著名的白头砯10里长滩，因此许多货船从长汀出发后会在羊角溪休息一夜，第二天精神饱满地通过10里长滩。从羊牯到长汀逆流上行的货船，待纤夫拉船上了10里长滩后，到羊角溪时已是傍晚时分，这些货船也会在羊角溪歇息一晚待第二天再往长汀方向逆流而上。羊角溪虽是个村庄，由于许多过往船只在这里过夜休息，许多人家长年都有艄公住宿、吃饭。货船的徒弟留在船上住并看守货物，师傅们及货主大多上岸住宿，许多人家也备有长汀米酒，豆腐摊子长年不歇，艄公们大多要喝酒，所以也给小小村庄带来了旺盛的人气。该村也有许多人从事船运，是长汀最多木船运输的村庄之一，该村以谢姓居民为主。

2. 长汀木船及船民的数量

(1) 长汀木船的数量

长汀境内有多少从事货物运输的木船？在田野调查中，各地老人提供的数字虽然有一定的参考价值，但毕竟不是一个准确的数字。笔者从长汀县档案馆查到以下数据，较准确地记载了长汀木船的数量。

表2-1　　　　　　　本县水陆交通状况调查表[①]

中华民国二十七年十一月

事由：电送水运调查表贰希查填送部由。

急长汀县陈县长：兹为明了全省中帆船水运情形，以备将来应用起见，相应检具调查表贰一份，由请查照。希于一星期内，查填送部勿延为荷。福建兵站分监蒋伯雄交印计附调查表贰一份。

中华民国福建兵站分监

长汀县全县帆船水运行程差价调查一览表

民船总数：500艘

载重量只数：3 000市斤计船500艘

起讫地点里数：自长汀至上杭计二百四十里

上水日数：十五天

差　价：

下水日数：十天

差　价：

备　考：1. 差价以货价折半计算，例如四十六之差价二十三元计。
　　　　　2. 货价时有涨跌，故差价亦随之起落。

从表2-1中我们可以了解到在1938年11月长汀县民船总数为500艘，航行于长汀至上杭的240里汀江水域。

[①] 资料来源：长汀县民国档案，全宗号81，目录号12，卷号2。长汀县档案馆藏。转录者注：表2-1虽称为"表"，但原表格没有边框，兹从原文录入。

表 2-2　　　　　　　福建省长汀县交通工具查报表①

民国二十八年二月十九日填

篷　船：四九六条

所有者：民有

附：该船载重约自二千市斤至三千市斤

从表 2-2 中我们可以了解到长汀县在 1939 年 2 月 19 日填报的交通工具有民船 496 条。表中所列的载重 2 000 市斤，采访中我们了解到，这里所说的"市斤"，长汀人称为"老秤"，老秤 1 斤等于现在的 1.16 斤。表中所列的 2 000 市斤，即等于现在的 2 320 斤。

表 2-3　　　　遵令填送本县旧式交通运具调查表请核转由②

中华民国二十八年六月二十二日

呈文省政府　奉

钧府合运二电以奉，军事委员会电饬"将最近一年间各地人夫驮兽车船等旧式运具种类、数量、载重及各种工具，通行该县境路段里程，运费计算方法等迅速分别详细列表附具说明报核，仰送办"等因，查本县人民输运队尚未组织，驮兽及旧式车辆，尽均缺如，唯水运方面有汀江一道，贯通县境一百四十里，下流上杭汇入韩江，计有已经登记之篷船五百二十一艘，为本县运输唯一工具。奉电前因，理合兽具、旧式交通运具调查表二份呈送，钧察核转，谨呈福建省政府主席陈。

附呈：长汀县旧式交通运具调查表二份

长汀县旧式交通运具调查表

种类：篷船

艘数：五二一

每艘载重：上行 2 000 市斤，下行 2 600 市斤

每次行驶日期：上行 10 天，下行 4 天

---

① 资料来源：长汀县民国档案，全宗号 81，目录号 12，卷号 22。长汀县档案馆藏。
② 资料来源：长汀县民国档案，全宗号 81，目录号 12，卷号 22。长汀县档案馆藏。

每百斤每10里运费：上行零二八，下行零二零

本县航道里程：140里

说明：本县航线为汀江上游，春夏水深，秋冬水浅，故载重航期以及运费均因时候变化而增减，本表填列各栏系平均数，仅此陈明。

从表2-3我们可以了解到长汀县在1939年6月22日有民船521只，而且详细记载了篷船的上行和下行的载重以及行驶时间。

表2-4　　　　　　福建省长汀县水道交通调查表式①

民国二十九年十月

汀江通航地点：起长汀县城南门，止长汀、上杭交界羊牯村

船载担数（公担）：

春：5 000—6 000 市斤

夏：同

秋冬：3 000—3 600 市斤

里程：80（公里）

上水：春夏10天，秋冬15天

下水：春夏3天，秋冬7天

每二百市斤运费市价：

上水：4.4元

下水：2.8元

当地船筏数量：345只

从表2-4中我们可以了解到，1940年10月长汀县有民船345只，而且详细记载载重量、上行时间、下行时间以及运费市价。

(2) 长汀船民的数量

长汀境内究竟有多少从事船运的船民，由于事隔数十年，在采访中无法得到确切数字。有人说有500~600人，也有人说有上千人。现仍在世的艄公介

---

① 资料来源：长汀县民国档案，全宗号81，目录号12，案卷号22。长汀县档案馆藏。

绍，每只船最少有两人，即师傅、徒弟各1人；有的船有3人，即师傅1人，徒弟2人；从事墟船运输的，为了加快航程赶时间，每只船有4人。以此推断，我们按每船最少2人计算，1938年有木船500艘，应最少有船民1000人。

在民国档案中查阅到1943年10月的船员公会会员名册，详细记载了船员姓名及家庭住址，现抄录如下。

表2-5　　　　　　　　长汀县民船船员公会会员名册

中华民国三十二年十月

姓名	住址	姓名	住址	姓名	住址
傅兴发	本城	刘洪才	陈坊	刘开利	陈坊
王万才	本城	张永泉	陈坊	陈应瑞	陈坊
丘荣发	本城	陈应有	陈坊	刘成恩	陈坊
丘生发	本城	刘存谦	陈坊	刘荣顺	陈坊
赖福才	本城	刘荣昌	陈坊	刘利才	陈坊
游永利	本城	刘存松	陈坊	刘仁丰	陈坊
丘荣才	本城	刘亮明	陈坊	刘生才	陈坊
陈保光	本城	刘顺发	陈坊	刘利元	陈坊
刘成端	本城	陈万和	陈坊	刘仁昌	陈坊
陈应荣	本城	刘成明	陈坊	赖发顺	德田
王连才	本城	刘成森	陈坊	赖发昌	德田
丘元发	本城	刘良才	陈坊	赖荣昌	德田
戴福昌	本城	刘利顺	陈坊	赖生才	德田
丘有发	本城	刘荣才	陈坊	赖富贵	德田
谢德金	本城	张辉傅	陈坊	赖得利	德田
丘万才	本城	刘兴元	陈坊	陈发棠	德田
许永新	梁家庄	刘先才	陈坊	王兴玉	德田
许永才	梁家庄	刘金才	陈坊	赖永昌	德田
黄发保	梁家庄	刘春芳	陈坊	陈德昌	德田
许永茂	梁家庄	刘存书	陈坊	陈利才	德田
许永堂	梁家庄	刘万洪	陈坊	陈宜中	德田
官瑟书	河上田	刘顺洪	陈坊	陈生明	德田
胡得荣	河上田	刘万利	陈坊	陈生基	德田
刘存顺	陈坊	张永球	陈坊	赖应隆	车头
刘荣华	陈坊	刘利金	陈坊	赖应金	车头
吴先才	车头	黄泰兴	策田	王合利	深渡

续前表

姓名	住址	姓名	住址	姓名	住址
包永尧	车头	黄得利	策田	王兴有	深渡
包兴汉	车头	陈发顺	策田	王金才	深渡
包永新	车头	黄天蓝	策田	王发顺	深渡
包存珍	车头	黄福荣	策田	王洪秀	深渡
包兴亮	车头	黄有德	策田	王永泉	深渡
林恒炳	牛斗头	黄永蓝	策田	王有才	深渡
林恒才	牛斗头	黄寿昌	策田	王东昌	深渡
林洪昌	牛斗头	黄福才	策田	王天来	深渡
颐流明	牛斗头	黄有才	策田	王木庆	深渡
林永兴	牛斗头	黄永华	策田	王福庆	深渡
林恒昌	牛斗头	黄福顺	策田	王喜才	深渡
林永贵	牛斗头	梁发兴	梁屋头	王富有	深渡
林兴元	牛斗头	梁友尚	梁屋头	王兴才	深渡
林来生	牛斗头	王福才	深渡	王荣顺	深渡
林生记	牛斗头	王生庆	深渡	王裕富	深渡
谢桂山	策田	王福生	深渡	王逢金	深渡
黄永才	策田	王长生	深渡	王永利	深渡
陈广丰	策田	王生利	深渡	王海昌	深渡
陈永有	策田	王兴利	深渡	王天才	深渡
陈有才	策田	王保才	深渡	王生记	深渡
黄得顺	策田	王寿才	深渡	王富才	深渡
黄顺才	策田	王天富	深渡	王东才	深渡
陈荣顺	策田	王洪利	深渡	王顺才	深渡
黄利才	策田	王发昌	深渡	王开福	深渡
黄生才	策田	王裕发	深渡	王兴记	深渡
王裕才	深渡	刘兴利	蔡坊	刘顺辉	修坊
王有洪	深渡	刘养辉	蔡坊	修有才	修坊
王洪茂	深渡	刘铭才	蔡坊	刘福才	修坊
王洪坤	深渡	曾生才	修坊	修锦发	修坊
王来和	深渡	曾生发	修坊	刘意发	修坊
王金养	深渡	丘利发	修坊	曾胜标	修坊
赖亮才	蔡坊	丘炳发	修坊	刘兴标	修坊
范国才	蔡坊	俞万发	修坊	曾洪才	修坊
李福明	蔡坊	俞兴发	修坊	刘顺发	修坊
丘荣玉	蔡坊	俞生发	修坊	曾洪记	修坊

续前表

姓名	住址	姓名	住址	姓名	住址
刘绍富	蔡坊	俞顺利	修坊	戴洪才	修坊
刘绍贵	蔡坊	俞兴才	修坊	曾日才	修坊
蔡和兴	蔡坊	俞玉才	修坊	丘生和	修坊
刘荣发	蔡坊	俞得才	修坊	曾阎兴	修坊
王三才	蔡坊	俞生才	修坊	修洪才	修坊
王六才	蔡坊	俞玉发	修坊	曾顺发	修坊
王马金	蔡坊	俞生昌	修坊	曾福才	修坊
王七才	蔡坊	黄得利	修坊	曾福利	修坊
王福利	蔡坊	刘永益	修坊	李玉发	河田
丘义昌	蔡坊	修生记	修坊	李长生	河田
丘其昌	蔡坊	刘长发	修坊	李明发	河田
丘锡昌	蔡坊	修顺和	修坊	刘顺才	南山塘
丘玉发	蔡坊	刘荣贵	修坊	刘井才	南山塘
丘荣昌	蔡坊	修连兴	修坊	刘兴才	南山塘
丘良玉	蔡坊	刘荣和	修坊	傅福才	南山塘
丘发昌	蔡坊	修永发	修坊	丘火兰	南山塘
陈富养	南山塘	曾广茂	车田寨	钟永发	小溪头
陈生才	南山塘	曾友才	车田寨	钟永顺	小溪头
陈嘉和	南山塘	曾长寿	车田寨	钟月才	小溪头
陈炳和	南山塘	曾永有	车田寨	刘福标	刘坊
陈升才	南山塘	曾得利	车田寨	刘福兴	刘坊
陈茂才	南山塘	张顺利	小潭	刘玉和	刘坊
陈生和	南山塘	张兴利	小潭	刘友珍	刘坊
陈佩才	南山塘	张顺和	小潭	刘玉记	刘坊
陈振才	南山塘	张金生	小潭	张练才	路潭
陈顺发	南山塘	张生发	小潭	张华光	路潭
陈得有	南山塘	张顺发	小潭	张善猷	路潭
陈得标	南山塘	张炳发	小潭	刘洪才	路潭
陈养发	南山塘	张生应	小潭	刘顺发	路潭
陈振和	南山塘	张日升	小潭	张善福	路潭
陈佩利	南山塘	张生记	小潭	黄同发	路潭
陈荣和	南山塘	刘顺丰	南山坝	张善发	路潭
陈锦发	南山塘	蓝得利	蓝坊	刘荣才	路潭
陈保才	南山塘	蓝顺才	蓝坊	刘荣利	路潭
陈永和	南山塘	戴家贵	三洲	刘仁才	路潭

续前表

姓名	住址	姓名	住址	姓名	住址
陈合才	南山塘	戴荣发	三洲	刘兴才	路潭
陈炳发	南山塘	戴顺才	三洲	刘亮贵	路潭
曾荣华	车田寨	戴顺昌	三洲	刘子贵	路潭
曾招炳	车田寨	钟洪才	小溪头	张通发	路潭
曾广贤	车田寨	钟顺才	小溪头	陈永昌	李家庄
曾广丰	车田寨	钟日才	小溪头	陈玉利	李家庄
曾广崇	车田寨	王洪盛	小溪头	陈顺基	李家庄
陈荣才	李家庄	谢志成	羊角溪	谢志文	羊角溪
陈德才	李家庄	谢志光	羊角溪	谢如金	羊角溪
陈子蓝	李家庄	谢作朋	羊角溪	谢冠广	羊角溪
蓝金才	水口	谢作胜	羊角溪	谢冠章	羊角溪
丘贵生	水口	谢如开	羊角溪	谢连春	羊角溪
蓝松生	水口	谢冠顺	羊角溪	谢作善	羊角溪
陈安利	水口	谢玉彬	羊角溪	王四四	濯田
丘炳玉	水口	谢冠生	羊角溪	赖金富	美西角
刘远才	水口	谢志定	羊角溪	赖洪顺	美西角
李茂昌	水口	谢志荣	羊角溪	赖永才	美西角
李茂才	水口	谢志梅	羊角溪	赖福昌	美西角
蓝茂昌	水口	谢玉发	羊角溪	赖发利	美西角
蓝兴发	水口	谢裕发	羊角溪	赖洪利	美西角
陈本利	水口	谢连升	羊角溪	赖顺利	美西角
丘马生	水口	谢东才	羊角溪	赖顺才	美西角
蓝玉发	水口	谢锦利	羊角溪	赖永利	美西角
蓝胜发	水口	谢作如	羊角溪	赖成三	美西角
张福才	水口	谢隆才	羊角溪	赖其三	美西角
李同昌	水口	谢裕盛	羊角溪	赖金利	美西角
蓝万发	水口	谢冠燕	羊角溪	赖利才	美西角
丘炳明	水口	谢作绍	羊角溪	赖顺记	美西角
谢志度	羊角溪	谢作煜	羊角溪	赖得才	美西角
谢冠胜	羊角溪	谢裕记	羊角溪	赖福才	美西角
谢冠桃	羊角溪	谢冠聪	羊角溪	赖福盛	美西角
谢作应	羊角溪	谢志炘	羊角溪	赖福兴	美西角
谢作郎	羊角溪	谢作淡	羊角溪	曾广明	官畲
邹有连	官畲	廖金文	白头砾	廖子才	白头砾
曾上文	官畲	廖全文	白头砾	蓝泰盛	白头砾

续前表

姓名	住址	姓名	住址	姓名	住址
蓝连才	员当	廖龙兴	白头砵	蓝连科	白头砵
范升丰	员当	蓝元盛	白头砵	蓝马林	白头砵
蓝金和	员当	廖炳庆	白头砵	蓝监盛	白头砵
蓝连光	员当	廖炳新	白头砵	蓝明盛	白头砵
蓝佛科	员当	蓝长发	白头砵	蓝煌盛	白头砵
吴先标	羊牯	蓝福贵	白头砵	蓝宗盛	白头砵
吴先洪	羊牯	赖甘养	白头砵	蓝庆祥	白头砵
吴章成	羊牯	赖甘胜	白头砵	蓝亨盛	白头砵

以上名册共有民船船员公会会员417人，据了解，徒弟没有加入会员。如果加上徒弟，当年最少应有船员834人。

在以上的会员名单中，我们奇怪地发现竟然没有新桥的船员名单，濯田的船员也仅1人。新桥和濯田是长汀县木船运输最多的两个镇，在采访中我们了解到民国期间新桥镇有木船约120只，濯田镇有木船约110只。为什么在上述名单中会没有或几乎没有这两个拥有最多船只的镇的船员名单？原来，新桥的木船运输河段是汀江上游的新桥至长汀县城之间，新桥的船较小较长，均不从事长汀至上杭水路的运输。濯田镇的船只也大多从事濯田至水口的濯田河区间的运输，也从事濯田至长汀县城的水路运输，而不从事长汀至上杭的水路运输。因而在长汀县城至上杭县城的汀江主干流的航运中自然就没有这两地的木船，故而长汀船员公会中没有他们的名单。按新桥120只木船计，当有船民240人；濯田110只木船，当有船民220人。这两地共计460人。加上前面所说的834人，长汀应最少有船民1 294人。

(三) 船运的情况

1. 汀江木船介绍

汀江航运的船都是篷船，即在船的中段设置拱形的船篷，船篷用竹篾青编成网格状，在两层竹篾网格的中间铺垫棕片（即农夫雨天穿的蓑衣的棕片），在棕片上再铺垫上一层"白叶"（一种手掌宽，约1.5尺长的大型竹叶，长汀人用来包粽子），然后用细竹篾紧紧扎牢，四边用竹条夹紧，用棕绳缠住。船篷做成拱形后，安装固定在船的中部，船篷长约5米，宽约3.5米。船篷安好后，船头和船尾为露天的，便于撑船。篷内可以防雨，所有货物就堆放在篷内，货物用粗木条垫起来，呈悬空状。雨天时船头、船尾露天部分雨水会流入船舱，这时徒弟就要不停地将舱底部的水舀出舱外去。在舱内两边还设有长条木板，搭客时可以坐人，不搭客时可以放货，无专门的客船。在船舱内还留有 2~3 平方米的空间，这是徒弟烧饭和晚上睡觉的地方。晚上睡觉只需打开铺盖，放下船舱两边的布帘，可以挡风。汀江自古无帆船，据艄公们说，汀江是山区江河，江面不阔，帆不起作用，反而会出事故。

2. 汀江木船艄公人数及分工

汀江木船每船一般 2~3 人，艄公（师傅）在船头撑船领航，领航要特别留意河道的礁石和旋涡，这是全部航程的关键，也是艄公（师傅）的看家本领。半师徒（已经学徒了一段时间，快出师了称为"半师徒"）在船尾撑船，船尾撑船主要会看船头艄公的方向，功夫在于和艄公保持一致不偏航，路过悬崖边时要会用竹篙顶住船尾部，不让船碰上悬崖。徒弟一般在船上三餐煮饭，舀去船舱内的积水。在平静的水道上行船时，会让船头师傅休息，船尾半师徒去船头撑船，徒弟接船尾半师徒撑船，也是随时让徒弟有培训的机会。也有的木船只有船头、船尾两人撑船，船尾师傅要负责煮饭。一般情况都有多条木船同时出发，逆水行舟时便于大家同心协力将一条一条木船用缆绳拖上滩，单独一条船是无法上滩的。墟船每船都有 5~6 人，所以墟船不结伴而行，因其人多能将船拖上滩。

3. 船只所有权

船只的所有权分为两种情形：一种是撑船师傅自己购船，自己运输，这种叫"撑自家船"。另一种是船老板购了船，请师傅撑船，这种叫"撑老板船"。比如濯田镇王用功先生的曾祖父，曾经拥有 20 只船，是专门请艄公撑船的船老板。水口村艄公吴旺文（现年 65 岁）的父亲蓝左发拥有 4 只船，也雇人撑船。长汀许多地方都有造船师傅，是木匠师傅，船用松木板制作，这是因为松木耐水浸，有"水浸千年松"之称。长汀县陈坊、水口、龙下、美西角以及武平县的店下都有造船师傅，造一只船，大约需要 100 块光洋。

4. 学徒的规矩

学徒的时间为 1~2 年，以看掌握的撑船技术而定，并没有硬性的时间规定。学徒能熟练地"放头"和"放尾"了，说明可以出师了。"放头"即船头撑篙，"放头"必须会看清水路，处理行驶中遇到的各种水情，特别是会避开礁石，选择准确的航道，这是"放头"的首要技术。"放尾"即掌尾舵或撑后船篙，"放尾"要会随"放头"的位置准确摆准船，使船达到最佳的行驶状态。学会了"放头"和"放尾"，说明已掌握了撑船的技术，可以出师了。学徒上船后，首先做船上的杂活。烧饭一定是徒弟的活，因为师傅都在船头、船尾撑船，做饭的活计当然是徒弟做的了。早上做饭时要轻手轻脚，尽量不要弄出响声来，因为早上是禁止出声。徒弟除了烧饭以外另一个活计是"舀水"，即舀掉渗进船舱里的水。早上舀水也要轻轻地，声音越小越好。中途船到码头时，或到州城时，学徒要上岸买菜、买酒，菜主要是豆腐，因为青菜一般出发时就从家中备足了，豆腐不能先备，需中途买。如果师傅们要上岸找酒店喝米酒，或晚上歇夜时，师傅上岸去玩耍，当学徒的要留在船上看守，以防船上的货物被盗。如果师傅又是船老板，船老板带学徒一般没有工资，只管三餐饭。但如果船老板不是艄公，他雇用艄公时一般要将艄公的徒弟一块雇用，因他们师徒之间关系比较协调。那么船老板同时要付给艄公和徒弟工资，徒弟的工资一般是师傅的一半。逆水行舟，学徒还有一项活计就是拉纤，这是一项苦活儿。不论风寒雨雪或是炎炎烈日，赤脚在岸边拉纤是相当吃力的一项活。

学徒先学"放尾"，然后"放头"，有了一定的熟练程度了，师傅会放手让徒弟"放头"，几次"放头"下来都应付自如了，这时就可以出师了。出师时，选一个好日子，徒弟要备一些酒菜请师傅吃，这叫谢师酒。喝过谢师酒后，徒弟就可以自谋生计了。有的继续留在师傅的船上撑船，师傅按行情付给工钱。有的满师后自行租船，而后买船，这也不在少数。

5. 行程

航运的行程是指从长汀县城开船至上杭县城所需的时间。同样，返程是从上杭县城至长汀县城所需的时间。船运的行程分为丰水期和枯水期两种，"丰水期"是指春、夏时期雨水多，河水满，汀江水流丰沛；"枯水期"是指秋、冬季节雨少、干旱，汀江水流干枯。丰水期船运的行程快，枯水期船运的行程慢。

从长汀城至上杭城是顺水而下，在丰水期从长汀城至上杭城只需两天时间就可到达。第一天从长汀出发，傍晚停靠水口、路潭或美西角；第二天到达上杭县城。枯水期要四天，第一天到达三洲小潭，第二天到达路潭或美西角，第三天到达羊牯或回龙，第四天到达上杭。

从上杭县城返回长汀是逆流而上，所以行程要比顺水慢得多。丰水期从上杭到长汀要八天，第一天从上杭到白田，第二天到官庄，第三天到白头，第四天到水口，第五天到三洲，第六天到河田，第七天到策田，第八天到长汀。枯水期由于多浅滩，行程大约需要12天，具体为第一天从上杭到白田，第二天到滩头，第三天到官庄，第四天到白头，第五天到店下，第六天到水口，第七天到三洲，第八天到南塘，第九天到赤岭，第十天到策田，第十一天到车头，第十二天到长汀。

顺水而下，行船主要怕礁石，特别要注意汀江各处的水情，沿途有礁石的地方都要牢记在心。丰水期还要格外注意洪水旋涡，木船若卷进旋涡十有八九要沉船。枯水期怕搁浅，船底若被礁石碰划，极容易使船底破裂而导致沉船。

逆水而上，最艰难的莫过于上险滩。白头砾是长汀境内汀江的著名恶滩，礁石多，江面狭小，水流冲击力大，上滩极为艰难。如果是一两只船，休想上滩。所以从羊牯到长汀的船只都四五只、七八只船结伴而行。到了白头砾，船都停下，所有艄公、徒弟全部集中为前面第一只船"拔缆"，即拉纤。十几个人在岸边弓身屈背拉着缆绳，两位艄公跳入河中推着船只，一步一挪将船推上险滩。所以过白头砾险滩，往往要半天时间。过了白头砾，又是10里滩连滩，又要开始拉纤推船。逆流而上，往往一整天行程不足20里。由此可知船运之艰难。

6. 墟船

农村的墟市每隔五天一墟，如水口墟是逢四、九，河田墟是逢二、七，中复墟是逢三、八，四都墟是逢五、十。墟船就是为老板运载货物的船，必须赶在五天一个墟期之内，完成一个来回，不误老板墟期的生意。实际上除了墟日那天，仅剩四天船运时间。以水口墟为例，从水口运货到上杭，再从上杭运货回水口，平常这一个来回最少也要七天到八天，按常规是赶不上墟期。那么墟船是怎么行驶的呢？例如水口是初四的墟日，白天墟市过后，当晚老板就将在水口收购来的大米、豆、油等货物装好船，第二天即初五，一天就从水口赶到上杭。到上杭后当晚马上卸货，又马上将运回水口的食盐、百货等装好船。初六早上离开上杭，仅三天时间，到初八晚上赶回水口，当晚货物就搬上岸，天亮后即是初九的墟日。如此循环反复，这样的船运就称为墟船。墟船不论丰水、枯水，都要为老板赶在墟日前到达，时间比平常短两三天，是专为老板赶墟的固定航班。所以墟船师傅的体质和技术都要好，没有好的体质是吃不消的，一般的船运只有两三个人，墟船每条船的艄公有五六人。之所以要人多，一是人多速度快，二是上滩拉纤时，不用别的船帮忙就能拉上滩。墟船仅濯田、水口两个大码头有，其余无墟船。

濯田的二、六墟期，不同于普通五天一墟的墟期，正是"墟船"的缘故。濯田墟位于汀江的支流濯田河，从濯田到水口20里，一个来回要整整一天。所以从濯田到上杭的一个来回要比水口到上杭多一天，水口到上杭四天可以一个来回，濯田到上杭就必须五天。从濯田到长汀县城的一个来回是三天，当然这也是墟船的速度，一般的船是不够的。因而就形成了濯田到长汀县城三天一个来回，濯田到上杭五天一个来回。这样每十天内，除了两天的墟日外，墟船可以走完到长汀的一个来回和到上杭的一个来回。形成了濯田墟特殊的隔四天和隔六天的墟日，很自然隔四天的墟是长汀县城的货，隔六天的墟是上杭县城的货。即使水路运输早已淘汰了，但这样的墟期照样被一代一代传下来。

7. 船运的工资

船运的工资分为好几种类型，一种为按货物重量支付工资，二是按艄公付工资，三是墟船的工资。

按货物重量支付工资。本篇前面表2-3，船运的运费为每百斤每10里上行零二八（笔者认为应是0.28元），下行零二零（笔者认为应是0.20元），全程为140里。由此我们可以计算出每百斤全程的运价，上行为0.28×(140÷10)＝3.92元；下行为0.20×(140÷10)＝2.8元。每百斤的全程运价计算出来后，每船运价多少，便可以计算出来了。

本篇前面的表2-4，每二百市斤运费市价[①]，上行4.4元，下行2.8元。

以上两表下行的价格相同，上行的价格略有差异，因这两表是不同的年份报表，价格略有差异也是正常的。在采访中，老艄公们介绍的运价又有所区别，丰水期每船的载重量为6 000斤，枯水期载重量约2 000斤。从长汀运货往上杭，每担3块钱（银圆，下同），每担重120斤，丰水期载6 000斤，大约可得工资150块钱。枯水期每船约可得工资50块钱。从水口运货往上

---

① 指的是全程140里的运价。

杭，每担2块钱，丰水期每船大约可得100块钱，枯水期每船约可得33块钱。从濯田往上杭，每担可得2块半。以上船运的收入为船老板的收入，由船老板再支付给艄公。工钱只是大体数字，许多的船运工资是当场论价。货物运输要求时间紧急的或包船运货的，价格会高一些。所谓包船，即把船包下来，不允许搭载别人的货。一般情况，每条船可以运载好几个商人的货，而包船为了安全，即使货物不够一船，宁愿出高一些的价格，也不愿别人搭载。

艄公的工钱。艄公撑船从长汀到上杭一个来回的工钱大约18块，徒弟减半即为9块。从水口、濯田到上杭艄公的工资大约分别为12块和14块，徒弟的工资大约为6块和7块。

以上的工资是由船老板支付给艄公和徒弟。这里需要说明的是，一般情况下都是船老板购船再请人撑船，所以老板的利润是可观的。以从长汀载6 000斤货到上杭一个来回为例，除了艄公和徒弟的开支（艄公一人，徒弟两人）艄公18块，徒弟每人9块，总计36块。老板的总收入是150块，减去36块，剩114块。但老板要承担上杭至长汀来回约半个月的船上三餐吃饭的开销，晚上歇店有时要请艄公打牙祭。以每天大约开销2块计算，半个月开销30块，老板还剩84块。但这84块包括了老板购船的成本、维修的费用，还要承担途中沉船、翻船的成本等。所以老板赚钱也存在风险，运气好时可以多赚一点，运气不好碰上翻船、沉船往往老板会亏本。也有艄公自己购船，撑自家船，学徒由师傅（艄公）供饭，不给工资。学徒出师以能撑船头为标准。学徒出师后，可以跟师傅撑船尾，但师傅要给工资了，也可以另谋老板撑船。

墟船的工资。墟船由于有严格的时间要求，同时要加班搬货物，所以其工资要比其他船运的工资多二分之一左右。

四、汀江货物运输的安全

汀江自投入商业运输以来，货物运输的安全问题便随之而来，货物的安全保障贯穿于汀江航运的始终。汀江货物的安全问题，主要是途中不幸遇难沉船，使货物受到损失；遇土匪抢劫；船只搁浅遭沿岸百姓的哄抢；艄公的偷盗；等等。

（一）遇难沉船

航运中遇难沉船的事件经常发生，沉船的原因一是不幸触礁导致船身破裂进水沉船，二是急滩旋涡，把舵不稳导致沉船。沉船后大多艄公能死里逃生，但货物却大受损失，特别是运载食盐、烟叶、药等几乎全部血本无归。有些货物如布匹、百货、苎麻、米、豆、棉花等可以捞起来晾晒，多少可以减少一些损失。遇到这种情况，货主也只能自认倒霉，是不能让艄公赔偿的。但货主要调查了解是否真的沉船，一般只需打听一下就能知道得一清二楚。因为每日汀江上的船只成百上千，只要有人沉了船，马上就会有行驶在江上的船只知晓，半天工夫就传开了。

遇到沉船事故，要尽量将货物捞上岸，减少损失，有时还要请沿岸的居民帮忙打捞，付给打捞的工资。货物捞上岸后，要在岸边晾晒，艄公们不能离开，白天黑夜要看守货物，晚上就只能睡在岸边沙滩上。艄公们除了抢救货物以外，还要请人打捞船只，然后请造船师傅来就地修补木船，打捞和修船的工资由船老板负担，即谁是船主就由谁出钱修。修好后，木船重新下水，将捞上的货物装船运回来。所以如遇沉船，往往要在岸边沙滩住上3～5天，有的要十天至半个月。

（二）土匪抢劫和百姓哄抢

在汀江河段水口往下约20里的长坝、美西角一带以及店下等河段，由于人烟稀少，是土匪的出没之地，常会碰到土匪抢劫。土匪们一般三五成群，手持土铳站在岸边，碰到货船到来，便对天放铳，命令船只靠岸。遇到这种情况，艄公只得将船只靠岸，否则会受伤害。土匪们一般是要钱，即交纳所谓的"保河费"。如果的确没有钱，土匪就会上船挑选货物，米、豆是不要的，布匹、盐、药等货物是土匪们的抢劫目标。但土匪们一般只抢一些，如抢几匹布、几篓盐，并不会全部抢光。如果每次都全部抢光，商人就不运货了，那土匪们也就无货可抢了。另外不全部抢光，是土匪们让艄公好回去交代。如船遇难搁浅，搁浅地正好在村旁，村民哄抢，则是一扫而光，寸草不留。遇上土匪抢和百姓的哄抢，货主也只好自认倒霉，是不要艄公们赔偿的。但艄公也要有证据，证明是被土匪抢了或被村民哄抢了，才能免于赔偿。一般都是由同行的船艄公做证或其他目击人做证才罢。如货主觉得可疑，他会要求艄公找出人证来才肯罢休。如永口村吴旺文的父亲也是撑船为生，有一次他从上杭运食盐到长汀，中途到水口村，将船停泊在家门口岸边，不料正好被三个土匪抢走几百斤盐。盐被抢后，货主怎么也不相信，他认定是艄公偷回家了，一定要艄公赔。后来吴旺文的父亲在离水口5里远的南山下抓到了抢盐同伙中的一个，这样货主才免他赔偿。

(三) 艄公偷盗及掺杂使假

运货途中艄公们也会使尽各种办法偷货主的东西，但又要使货主不知道。一般来说，艄公吃货主的米、豆、油这关系不大，一般靠吃是吃不了多少的。艄公们除了吃米、豆外，对其他货物也会掺杂使假，偷货主的货物。比如有的艄公偷了船上的目鱼干、鱿鱼干、香菇、木耳等货物后，在整篓的货物中喷少许水，看上去并不会湿，但会使重量加重。有的不喷水，而是用湿麻袋盖在货物上，使货物吸水变重。有些人偷了船上运的苎麻、棉花后，在苎麻包和棉花包里填沙石。苎麻和棉花往往是官货，偷盗成风给官府、商人造成很大的损失。

货物的损失，使商人们对汀江河段的运输大伤脑筋。为了肃清偷盗的现象，确保商人的利益，官府也曾定下许多规条，沿途勒碑公告于众。笔者最近在对汀江运输问题进行田野调查时，偶尔发现了一方苎棉运输规条的石碑，规定得十分详尽，是研究汀江运输极难得的史料。该石碑刻于清嘉庆二十年（1815），共刻了十面，立于长汀至峰市汀江沿岸的重要码头。现仅在长汀发现了一面，其余九面不知现存何处。现将该石碑内容全文抄录于下：

　　遵奉　府镇县　宪　给示额定苎棉规条，永禁弊窦。
　　署长汀县正堂加五级记录十次汪，为恳恩给示严禁奸梢、剪除土匪以清河道、以安商旅事。蒙本府正堂孙宪札：据广东监生张青标、湖南监生欧贵顺、江西监生罗茂盛、永定监生赖亿兴、上杭监生蓝三美等呈称，切生贩苎棉生业，由宪辖河道经过，运往杭峰、潮郡等处发卖，屡被奸梢揽搭重载误倾命本，盗窃货物，包石灌水，故撞破船，诡称沉失。串同土匪，借端强抢，小则逼勒取赎，大则隐匿分享，视客商为鱼肉，不饱不休。忏生等均属异乡孤客，屡遭荼毒，惨极莫奈。若不恳示严禁，害无了日，势得赴辕禀余。伏乞给示严行，勒石永禁，并饬差保沿河实力查拿，庶奸梢知儆，土匪得锄，以平河道，普商顶祝切禀等情。据此，除出示严禁外，合亟札饬札到该县，立即遵照饬差妥役沿河实力确查，船运苎棉如有奸梢揽搭重载，包藏木石，私行窃换，及故撞破船，诡称沉失，串同地棍，借端强抢，逼勒取赎，或因水涨溜急，风浪汹涌，船难拢岸，居民将货物抢散分享等项情弊，立即严拿按律究办，毋稍宽贷，此札等因。蒙此，除饬差严查拿究外，合行给示，勒石永禁。为此示仰船户、水手及沿河约保居民人等知悉：嗣后如有奸梢土棍串同舞弊，所控一切情事，许客民约保人等赴县呈报，定即严拿按律究办。倘约保水手人等扶同徇隐，一并严究，决不宽贷。各宜凛遵毋违，特示。

计开粘呈议条，船梢领运苎麻、棉花，务经行店秤明，订记件数、船户姓名，至杭峰过秤对收。如有短少，究问船户，并向行店跟梢赔还。如遇货船搁浅，船梢自能就岸保全者，附近居民不许借称救货蜂拥踩踏误沉，致于拿究着赔。倘遇狂风大浪，船梢力量如难保全，间有失事者，附近居民捞救苎棉，每担客给工资钱肆百文。如船在河中遇石浅漏，不能就岸，附近便船能往搬救苎棉，每担客给工资钱贰百文。不许格外勒索，隐匿货物。至汀河船小滩险不宜重载，应照议定规条，每船装苎大担壹拾叁担，小担壹拾陆担，棉花大包壹拾叁包，小包贰拾贰包，不许搭货重载。以上各条，如违拿究，特谕。继蒙汀郡总镇府王宪批谕准，严饬沿河汛弁兵丁，逐一巡查。倘遇所控一切情事，务须协同地保人等严拿押解重办，以儆船户、土匪奸恶习风。仰即遵照批示。

嘉庆贰拾年玖月二十八日给示勒石晓谕，汀至峰共立拾面。①

五、船运的习俗

俗话说：铁打的艄公纸扎的船。这说明江上行船是极容易出事故的。把船比作纸扎的，正是形象地比喻了江上的危险。这就一方面撑船的技术要过硬，另一方面在长期的撑船生涯中，代代相传形成了许多的习俗、规矩。老话说：出门看天。船工们自然也就形成了"行船看水"的许多讲究。

(一) 早上禁止出声

船上的人无论是师傅还是徒弟或者是搭船的旅客们，早上起床后不许说

---

① 该石碑现收藏于长汀县博物馆内。

话。从起床、洗脸、徒弟煮饭、舀掉船舱里的渗水到吃早饭，一切都是静悄悄的。船上的东家与船工打照面（即迎面相遇），或船上的人相互见面也都是不许说话的。一直要等到开船后，大约行走了5里或10里后，船上的人才可以说话。早上不许说话主要是怕失口说错话，不吉利，不利于整天的行船安全。老百姓有许多的口头语，如叫小孩过来，顺口就会来一句："短命子，死过来"；有人做事没做好，顺口会说："锅毛绝代"或"倒灶头"；相互开玩笑时也很容易来一句："打短命的"或"杀头鬼"。这些语言在日常生活中随时可以听到，属不吉利的话语。行船在早上禁止出声，主要是怕船上的人失口说错话，而不利开船。所以要等开船有了一定路程后，船上的人才谈笑风生了。因此，有的船上用红纸写了一首诗贴在船舱壁上，诗曰："高官贵客到我船，五更起早莫开言。船行五里同我讲，一路福星保平安。"

（二）忌说姓陈

船上的人相互询问姓名，陈姓人不许说自己姓陈，因"陈"与"沉"同音，不吉利。陈姓人要说自己姓"浮"或者说姓"耳东"。这样同船人自然也就晓得了。

（三）吃的习俗

船上吃鱼不能翻过来吃，因为船忌翻。因而在船上吃鱼时，一面吃光了，只能将筷子插入里面夹另一面鱼吃。船上的碗、盆也不许翻过来放。船上吃饭，如果打牙祭吃猪肉，千万不能先吃骨头。过去买猪肉是不拆骨的，买猪肉连骨头一块买。为什么不能先啃骨头呢？因为骨头是硬的，咬起来咯咯响，而船最怕碰到河底的硬石头，如果船底有咯咯的响声，就是船底板与河床的石头相碰了。船是木板做的，十分珍贵，船碰石头极容易使船开裂渗水，因而在吃肉时，千万不要先啃骨头。

（四）鸟拦头

在准备开船时或者船在江上行驶途中，不时会遇到空中的飞鸟，如果飞鸟横着从船头飞遇，这就叫"鸟拦头"。"拦头"就是"被拦住船头"的简称，这是不吉利的，行船途中最怕被拦住。碰到"鸟拦头"时，船头撑船的师傅会口吐唾沫，叫一声："呸啾！"同时用竹篙在江中沾了水在船头尖上点一下，这样就可以治住"鸟拦头"。同样，船在行驶途中，如遇渡口，有渡船从自己船的前方横驶过去，这是"船拦头"，也用同样的方法治住它。

（五）歇船和开船

十二月二十四日，长汀人称为"入年假"。从这一天开始做工的、外出谋生的、帮地主做长工的以及其他各种行业的人就开始放年假了。撑船师傅们也要歇船了，"歇船"就是收桨回家等来年再撑。但也有少数在入年假后也还要撑一两次船，这主要是有的墟期在年假后还有一次墟。如濯田十二月二十六日还有当年最后一墟，河田十二月二十七日还有当年最后一墟，所以最后一墟如老板还有货物要运，那么船工们也会撑完这最后一次船。歇船过年了，撑船师傅要在船桨、竹篙、船沿、船头、船篷上贴上红纸条，即红红火火过年，预祝来年船运更红火。

开船一般要在过了年新年开墟以后，一般都在初五以后，但也要看老板的货物情形而定。如果货物急着要运，正月初三就可以行船；如果货物不急，那么就会在初五以后或者更迟一些。这要以老板运货的情况决定。一般来说过了年正月要开船之前都会先找通书，选择一个黄道吉日作为开船的日子。如果开船的日子择定后，但老板无货可运怎么办呢？船工们会像模像样地上船将船行驶一段距离再回来，表示已在黄道吉日开了船，此后无论什么时候有货都可随时开船了。开船前要杀一只公鸡，将鸡血淋在船头上，这叫"杀鸡打花"。"杀鸡打花"主要是为了压邪。打花以后，在船头点燃三炷香和蜡烛，祈求新的一年平平安安、顺风顺水、万事顺意。

（六）船工的神佛信仰

妈祖信仰。在艄公们的神佛信仰中，摆在首位的是对妈祖的信仰。汀江边上的重要码头、集镇都建有天后宫。在汀江的上源长汀县庵杰的涵前汀江龙门的山顶上，明代末年建有天后宫。庙虽小，但它在汀江源头，其用意非小。另外它高居山顶之上，俯视汀江，似乎更有登高望远之意。在长汀县城朝天门外码头，建有汀州府天后宫。这座供奉妈祖的天后宫建于明末清初，气势恢宏，雕梁画栋，香火十分旺盛。在车头村码头岸上的赖氏祖祠内，也面对汀江安放了妈祖的神像。在汀江水口码头，也在对着码头正中的街上建了一座天后宫，天后宫的妈祖可以一览无余地注视着汀江上往来的船只。濯田镇的濯田河边上也建造了一座天后宫。在汀江最后一个码头羊牯码头的边上，汀江的拐弯处岸边，也建造了一座天后宫。以上六处码头都是长汀县境内重要的码头，恰恰这六个码头都建有天后宫。艄公在开船之前，一般都要到天后宫烧香，祈求开船后一路平安。在码头停靠时，艄公也要到码头上的天后宫烧香。如船在江中行驶，经过江边的天后宫，一般都会对着天后宫合掌礼拜。

长汀的艄公也有外出撑船谋生的，如到顺昌、邵武等地，在闽江上撑船。他们又把妈祖的信仰带到了外地。如在顺昌县洋口镇，汀州的船工集资在那里盖了一个天后宫。汀州的船工们有什么大事或遇到什么困难，都会到天后宫聚会商量，他们把天后宫当成自己的会馆。至今，顺昌洋口天后宫有汀州会馆之别称。

观音信仰。有些艄公把观音的神像请到船中，随时都可以供奉香火。在距羊牯10里的白头砾汀江河段，河道狭小，礁石密布，是汀江著名的险滩。艄公们撑船距白头砾险滩一里处时，就开始在观音神像前烧香叩拜，如果船上没有安放观音菩萨，也会在船头烧香，对天祝祷，口中念道："观音菩萨保佑！老娭娌保佑！"（老娭娌即妈祖。）

也有许多艄公的神佛信仰，按照他们村内的习惯，村里信仰什么，他们也信仰什么。如五显大帝、福主公王、玉皇大帝等。但他们也同样信仰妈祖和观音。在有天后宫的码头靠岸，他们同样会到天后宫内去烧香叩拜。

（七）清河祭祀

清河祭祀是汀州府城对妈祖的一种独特的祭祀形式。一般的妈祖庙会都是在天后宫内举行，而清河祭祀是在汀江上举行，这种在江河上祭祀妈祖的形式笔者未见其他地方记载，由此可见汀江与妈祖的重要关系。"清河"即风清浪静、河清海晏的含义。清河祭祀的由来，据传以往汀江经常发生舟毁人亡之灾，为此清代的内阁中书康咏在民众的举荐下，到湄州湾焚香致祭，迎请"天上圣母"来汀庇护汀江水路运输安全及百业兴旺、百姓安居乐业。因而，在长汀县城内的汀江河段有清河祭祀隆重大典之创举。天后宫内每年在妈祖的圣诞都要举行妈祖庙会，时间是固定的。而清河祭祀并不是每年都举行，也没有固定的日子。它是由长汀城内纸行和竹木行老板视情形而定。一般说来每当纸行、竹木行老板生意兴隆、赢利较多时便会拿一部分钱款来敬菩萨谢恩。他们聚集一块商量凑份（即出份子钱）来组织清河祭祀。每三四年举行一次，祭祀的时间都在上半年的五月份左右，具体时间必须请先生择黄道吉日而定。

清河祭祀的仪仗船队布置得非常隆重，总共4只大木船，从太平桥岸边天后宫大门外汀江码头开始。第一只船安放高、矮两对灯笼，上书"圣母"两字，四面大旗，一盘鼓手，吹吹打打，锣鼓喧天；第二只船上有"天上圣母"司牌各两副，上书"回避""肃静"，正中安放圣母神像；第三只船上有"黄凉伞"、锣鼓、器乐全套，摆设香案；第四只船上是全副"銮驾"，后面掌扇和执事各两人（执事由纸行及竹木行业的代表充当）。4只大船浩浩荡荡，十分壮观和引人注目。清河祭祀的路线从太平桥开始起航至麻岚岭背游神渡止。回归路线从游神渡经麻岚岭、曾溪背、车子关、水吉门、五通桥、半片街、水东桥至跳石桥止。清河祭祀之日，长汀城里万人空巷，百姓都涌到汀江边上观看，沿河各家各户都摆着香案迎接，鞭炮声不绝于耳。男男女女、老老少少都争相瞻仰"天上圣母"慈容，景仰崇拜之情溢于言表。清河祭祀作为汀江上祭祀妈祖的奇观，至今传为佳话。

六、汀江艄公掌故传奇及历史事件

（一）竹篙山的传说

濯田水口乡沿汀江撑船行走20里左右，在江边的悬崖石壁上有一排一个接一个和竹篙一样粗的石洞。传说这石壁上的一排小洞是被艄公用竹篙戳出来的，这座山就被称为"竹篙山"。艄公为什么会用竹篙在石壁上戳出这些洞来，这里流传着艄公勇战急流送马都堂到上杭为母奔丧的传说。

相传在明朝年间，汀州城内的马家巷出了一个马都堂。马都堂年幼丧父，母亲靠帮人缝补洗衣来供儿子读书，生活十分贫困，常常吃了上顿没下顿。眼看着无法让儿子继续读书了，母亲只好咬咬牙改嫁给了上杭县的李先生，将嫁自己得到的银子交给小叔子，由小叔子继续供儿子念书。马都堂虽然非常思念自己的母亲，但为了不负母亲的期望，勤奋攻读，16岁考中秀才，接着又中了举人。皇上十分器重他的才学，20岁他就出任京都的都堂。

马都堂在京师为官后，仍然日日想念母亲。于是向皇上告假，回乡省亲。半月日夜兼程，马都堂回到汀州，想到马上就可以到上杭看望自己的生母，心中十分高兴。在汀州住了一夜，第二天正准备动身坐船前往上杭，只见上杭县衙派人来报，说他母亲暴病身亡。马都堂听此噩耗，顿时捶胸顿足，哭喊着："母亲啊母亲！你为了供我念书，改嫁上杭。今日我得了一官半职，未曾孝敬于你，你却暴病身亡，叫我怎不痛心。你生前我不曾养你，你现在死了，我无论如何也要为你披麻戴孝！"他即刻命侍从雇船连夜赶往上杭奔丧。不料天降暴雨，山洪暴发，河水猛涨，汀江波涛汹涌。老艄公望着翻滚的河水，无奈地摇头叹息，对马都堂说无法开船。马都堂听后不觉悲从中来，仰天大哭，继而又怒对苍天悲呼："老天啊老天，你就是下刀，也阻挡不了我为母亲奔丧！"

老艄公为马都堂的孝心深深感动，因此他横下一条心，冒着倾盆大雨立即开船。船到中流，只见水天一色，五步外辨不明方向。汀江洪水咆哮，一泻千里。船在江中随波涛起伏，岌岌可危。船在汀江急流似一支利箭飞速前进，不到半日已过水口。不多久到了一处悬崖石壁山前，汀江急流在山边激起一丈多高的浪涛。老艄公手持竹篙怎么也支撑不住船身的剧烈摇晃，如不用力撑住必将舟毁人亡。老艄公放眼一望只有借助山崖石壁撑住船身，其他别无他法。老艄公屏住呼吸，咬紧牙关，看准山崖，挥起竹篙戳向石壁，木船稳稳地定在江心，石壁上出现了一个圆洞。又一戳又出现一个圆洞，一路戳过去，石壁留下了一排的圆洞，木船安全地闯过了险滩。老艄公凭着勇气和熟练的技术，终于把马都堂安全送到了上杭。这座留下了一个个被老艄公竹篙戳出洞来的石壁山就被称为"竹篙山"。

（二）船夫运送红军过汀江

水口村的隔河对岸是去上杭县的山路必经之地。1929年5月19日红军队伍到达濯田镇。第二天一早出发，于上午9时左右，毛泽东率红军来到汀江边上的水口村，准备渡过汀江到上杭、龙岩开辟革命根据地。

5月份，正值长汀雨季，汀江河水猛涨，水口村汀江渡口早已白浪滔滔。早先的木板渡桥，因雨季来临，为防止被江水冲走早已拆除，要过汀江只有用船运。但是整个江边渡口，不见一船。当地的船工，因对红军不了解，不知道他们是些什么队伍，因而早已将船藏了起来，艄公们也躲到山上去了。

毛泽东命令红军部队在江边歇息，自己和几个警卫员沿江寻去。走了四五里路，发现有一只木船停在江坳边。近前一看，是只空船，不见人影。离江不远处是个村庄，叫蓝坊。农舍虽多，却是不见任何人影，仔细一瞧，每家每户都紧闭着大门，人在屋里不敢出来。毛泽东看到这情形，就对警卫员们说：老乡不知道我们是些什么队伍，所以害怕我们，只要耐心做工作，老乡们就会解除对我们的害怕心理。于是他们走到一户百姓屋前,边敲门边喊:"老乡,我们是工农红军,不要怕,开开门!"这一户的户主叫蓝星朗,他从门缝里往外瞧,红军一个个头戴八角帽,身穿灰色军装,端端正正,和蔼可亲,并不像国民党说的,红军是红头发、绿眼睛。他想了想,壮起胆子打开门,迎上前去。

江边上那条木船正是蓝星朗的,毛泽东知道后,很高兴地对他说:"红军是穷人的队伍,是为穷人打土豪、分田地的。红军不压迫穷人,也不抓夫。"毛泽东又问蓝星朗:"你会撑船?"蓝星朗答道:"会。"毛泽东又问:"还会不会作田?"蓝答:"田也会作,船也会撑。"毛泽东听了十分高兴,他告诉蓝星朗来意,希望能找来船和艄公,运送红军的队伍过汀江,及时赶往上杭、龙岩开辟闽西革命根据地。

蓝星朗听完毛泽东的来意后,二话不说,立即跑到村里找来16位船工,从江边水坳里撑来8条木船,在水口村汀江码头不断来回运送红军队伍。经过6个多小时的运送,到下午五点多钟,3 000多名红军战士和几十匹战马全部顺利地运送到了江对岸。

后来毛泽东为了纪念这次的行动,写下了著名的诗词:"红旗跃过汀江,直下龙岩上杭。收拾金瓯一片,分田分地真忙。"现在水口村的汀江码头,成了"红旗跃过汀江"的纪念地了。老艄公蓝星朗一直活到20世纪80年代初,才告别人世。

(三)艄公、壮丁暴动逃亡

1940年3月1日(正月二十三日)在长汀车头村九断石汀江上发生了一起艄公和壮丁暴动逃亡的事件。事件亲历者,现年82岁的车头村老艄公赖洪发讲述了这一事件的经过。1940年2月25日(正月十八日),当年才23岁的船工赖洪发,因到长汀县城观看城隍庙会,在长汀城大街上被国民党抓了壮丁,关押在长汀的兵营里。关了5天后,3月1日中午过后,他和另外被抓来的壮丁总计150人,被押上5只大木船上,每船坐30人,船上还有2名带枪的国民党兵押送。另一只大船坐了一排30名的国民党兵,总共6只大船。这批壮丁大多数是从连城抓来的,集中到长汀后用船运到广东去。壮丁们都是被强迫抓来的,大家都不愿当炮灰去送死。因此上船后,他们用本地话悄悄商量,要伺机逃出魔掌。下午3时左右,6只大船到达车头村九断石汀江河段,这里一边是悬崖峭壁,一边是深水潭,是个极理想的逃生地点，只要在这里跳水游上岸边树林，国民党兵怎么样也追赶不上。船到这里后，赖洪发和船艄公使了一个眼色，立即手疾眼快，将船上的两名国民党兵推入河中，壮丁们立即跳入汀江游上对岸逃入树林中去。但由于有两名壮丁在兵营里关押太久，两脚肿胀，上岸后不会跑，于是其他的壮丁回过来扶他们，不料被后面船上的一排国民党兵乱枪齐发，当场被打死 7 人。成功逃脱的有 40 多人，逃亡者中大多为连城人，长汀籍的仅有 4 人，他们是车头村的赖洪发、包兴玉，严头村的饶李长生和陈坊村的刘金金。那 7 名不幸被打死的壮丁，人们不知道他们的姓名及家乡，由好心的车头人用一个旧谷仓改做了 7 副棺材将他们就地掩埋了。这一事件至今还在车头村流传着。

（四）新桥船工大闹师福长潭

民国三十六年（1947）师福村人欲在汀江河上筑拦河陂头蓄水，师福村汀江河道是汀州城至新桥镇的必经河道。如果在师福村筑了拦河坝，必然使新桥村的船只无法通过，许多船民将失业，汀州货物的发运也将受到影响。于是新桥村有"撑船客"之称的李姓船户，到师福交涉，劝说师福不要筑拦河坝，以免断了船工的生计。但师福人不把新桥人放在眼里，说："在我自己所辖河道筑坝，管你们什么事？"师福人执意要筑坝。这一来惹怒了新桥的船工，他们一呼百应，召集了 120 多只船浩浩荡荡撑到师福长潭示威抗议。结果惊动了长汀国民政府的县长，县长亲自到师福调解，后来师福人被迫取消筑坝的打算，才保证了水路的畅通。

附录

表 2-6　　商会档案文献中 1951 年长汀木船运输公会会员名单一览表[①]

序号	木船编号	姓名	组织职务	住（店）址	备注
1	0090	罗锦发	筹委	营背街 11 号	
2	0359	丘荣发	主委	大同路 59 号	自 1954.3 月起本船会委员已调整

———————————

① 资料来源：长汀县商会档案室藏《工商团体简明登记表》。

续前表

序号	木船编号	姓名	组织职务	住（店）址	备注
3	0140	戴福昌		营背街40号	
4	0091	刘友珍		罗坊	
5	0001	王喜才		惠吉巷36号	
6	0216	修顺记		乌石山2号	
7	0287	李明发	检查组长	东后巷29号	
8	0077	王裕财		冷铺前6号	
9	0079	王裕发	城区组长	冷铺前25号	
10	0244	李云才		东后巷29号	
11	0373	刘荣贵		桥下坝	
12	0374	王裕记		深渡	
13	0046	陈应荣	城区组长	五通背46号	
14	0104	张辉傅		五通街20号	
15	0124	陈廉丰		三元阁下2号	
16	0018	陈洪才		杨柳巷27号	
17	0246	王六才		惠吉巷5号	
18	0242	曾荣茂		营背街77号	
19	0045	许永财		马屋桥头	
20	0215	王万才		冷铺前26号	
21	0105	修顺和		西门街2号	
22		许永茂		梁家庄	
23		董发保		梁家庄	
24	0385	许永洪		梁家庄	
25	0258	钟流明	德田组长	车头、牛斗头	牛斗头
26	0344	林洪兴		河龙头	
27	0264	林恒炳		河龙头	
28	0265	林其泉		河龙头	
29	0342	张发兴		河龙头	
30	0070	陈德昌		德田	
31	0060	包兴兰		德田	
32	0353	王朝寿		德田	
33	0099	赖亮明		车头	
34	0075	赖连升		车头	
35	0108	赖顺才		车头	
36	0039	赖永昌		车头	

续前表

序号	木船编号	姓名	组织职务	住（店）址	备注
37	0122	包洪财		车头	
38	0063	陈富才		德田	
39	0360	林月明		牛斗头	
40	0407	林恒和		牛斗头	
41	0245	刘利才		陈坊	1953.1.12公会报
42	0062	刘华荣		陈坊	
43	0129	刘利顺		陈坊	
44	0102	刘春芳	组长	陈坊	
45	0101	张永春		陈坊	
46	0052	陈万和		陈坊	
47	0128	刘康炎		陈坊	
48	0100	刘品南	筹委	陈坊	
49	0389	刘兴泉		陈坊	
50	0132	刘得财		陈坊	
51	0134	刘开发		陈坊	
52	0340	刘成富		陈坊	
53	0097	刘成名	陈坊组长	陈坊	
54	0352	刘兴发		陈坊	
55	0032	刘存康		陈坊	
56	0117	刘荣记		陈坊	
57	0413	刘成恩		陈坊	
58	0414	胡山林		陈坊	1953.1.12公会报
59	0427	胡德荣		陈坊	
60	0417	刘立发		陈坊	
61	0133	刘子荣		陈坊	
62	0423	刘康金		陈坊	
63	0034	赖富才	组长	策田	
64	0098	谢马发		策田	
65	0236	黄得利		策田	
66	0112	陈永有		策田	
67	0251	陈应瑞		策田	1953.7.21变更
68	0238	刘永辉		路潭	1952.1.15变更
69	0082	黄永顺		策田	
70	0080	黄永发		策田	
71	0065	王福才	筹委	深渡	

续前表

序号	木船编号	姓名	组织职务	住（店）址	备注
72	0232	王连发	深渡组长	深渡	
73	0072	王天来		深渡	
74	0206	刘子贵		路潭	1953.3.21 变更
75	0106	王金才		深渡	
76	0270	王有才		深渡	
77	0027	王开海		深渡	
78	0006	王发顺		深渡	
79	0229	王来和		深渡	
80	0031	王兴利		深渡	
81	0221	王天才		深渡	
82	0078	王顺风		深渡	
83	0275	王喜金		深渡	
84	0074	王开生		深渡	
85	0064	王富记	检查组长	深渡	
86	0042	王荣顺		深渡	
87	0222	王谷才		深渡	
88	0035	王合利		深渡	1953.2.12 公会报
89	0071	王连昌		深渡	
90	0200	王东昌		深渡	
91	0073	王海昌		深渡	
92	0028	王有洪		深渡	
93	0109	王合计		深渡	
94	0081	王寿昌		深渡	
95	0355	王木庆		深渡	
96	0387	王富才		深渡	
97	0420	王连记		深渡	
98	0123	王合财		深渡	
99	0293	王荣昌		深渡	1953.2.12 公会报
100	0245	王有发		深渡	
101	0114	王三才		蔡坊	
102	0228	王六记		蔡坊	
103	0227	丘义昌	筹委	蔡坊	
104	0274	蔡生利	蔡坊组长	蔡坊	
105	0180	林永萍		牛斗头	
106	0396	丘其昌		蔡坊	

续前表

序号	木船编号	姓名	组织职务	住（店）址	备注
107	0378	王久记		蔡坊	
108	0262	俞元玉	修坊组长	修坊	
109	0213	俞江西子		修坊	
110	0261	俞兴财		修坊	
111	0179	俞生发		修坊	
112	0084	丘火兰		修坊	
113	0210	刘顺华		修坊	
114	0013	俞玉财		修坊	1953.2.12 公会报
115	0212	修胜利		修坊	
116	0051	谢冠万		羊田溪	1953.9.21 变更
117	0337	丘老和		羊田溪	
118	0193	戴福贵		羊田溪	
119	0310	曾祥珍		羊田溪	
120	0357	曹三子		南山塘	
121	0338	丘马福		南山塘	
122	0147	俞永发		南山塘	
123	0250	丘振发		修坊	
124	0383	修生记	财务筹委	修坊	
125	0337	俞玉发		修坊	
126	0375	丘金保		修坊	
127	0247	曾顺利		修坊	
128	0422	丘新发		修坊	
129	0007	陈永才	组长	南山塘	
130	0214	陈福顺		南山塘	
131	0009	陈荣和	财委副主委	南山塘	
132	0335	陈生才		南山塘	
133	0110	陈福和		南山塘	
134	0139	陈振和		南山塘	
135	0201	陈炳和		南山塘	
136	0005	陈生和		南山塘	
137	0111	陈玉发		南山塘	
138	0230	傅荣才		南山塘	
139	0211	傅荣利		南山塘	
140	0002	陈仁才		南山塘	
141	0138	陈生发		南山塘	

续前表

序号	木船编号	姓名	组织职务	住（店）址	备注
142	0336	陈万发		南山塘	
143	0135	陈福标		南山塘	
144	0339	陈月利		南山塘	
145	0177	陈宝才		南山塘	
146	0039	傅老李		南山塘	
147	0272	陈佩利		南山塘	
148	0351	陈福记		南山塘	
149	0119	陈佩才		南山塘	
150	0308	陈宝光		南山塘	
151	0341	陈得利		南山塘	
152	0248	陈双和		南山塘	
153	0233	陈荣发		南山塘	
154	0208	谢冠英		羊角溪	
155	0015	马必荣		羊角溪	
156	0187	丘顺财		修坊	
157	0361	陈福兴		修坊	
158					
159	0370	陈三记		修坊	
160	0363	陈荣记		修坊	
161	0388	陈万洪		李家庄	
162	0386	陈信荣		修坊	
163	0381	陈玉记		修坊	
164	0382	陈生利	南山塘组长	修坊	
165	0402	陈流民		南山塘	
166	0403	陈顺发		南山塘	
167	0419	陈生有		南山塘	
168	0412	陈福利		南山塘	
169	0032	曾荣发	刘坊组长	车田寨	
170	0288	曾荣发		刘坊	
171	0332	戴腾金	组长	刘坊	
172	0260	刘玉记		刘坊	
173	0371	刘玉和		刘坊	
174	0409	曾长生		刘坊	
175	0410	刘观利		刘坊	
176	0368	俞先文		伯湖村	

续前表

序号	木船编号	姓名	组织职务	住（店）址	备注
177	0369	俞马金生		伯湖村	1953.2.12公会报
178	0010	陈有记		策田	
179	0241	张金腾	筹委	小潭	
180	0290	陈火三		小潭	
181	0253	赖老田		修坊	
182	0226	张矮子		小潭	
183	0343	张月升		小潭	
184	0396	张生利		小潭	
185	0397	张胜记		小潭	
186	0254	戴永才		三洲	1953.5停
187	0416	戴福荣		小溪头	
188	0415	戴东才		小溪头	
189	0189	林永顺		牛斗头	
190	0220	钟福顺		牛斗头	
191	0255	钟臣章		小溪头	
192	0033	钟福利		小溪头	
193	0011	王德明		小溪头	
194	0364	钟善昌		小溪头	
195	0012	钟永顺		小溪头	
196	0094	王顺丰		小溪头	
197	0014	钟顺才			
198					
199	0205	丘子祥	吴潭组长	武平店下	
200	033	吴立镫		水口	
201	0263	梁聪盛		水口	1953.2.12公会报
202	0148	丘冠动		吴潭	1953.2.12公会报
203	0235	丘汗魁		吴潭	
204	0326	朱恒均		回龙	1953.2.12公会报
205		刘顺才		回龙	1953.2.12公会报
206	0081	王寿昌		深渡	1953.2.12公会报
207	0432	俞玉和		修坊	1953.2.12公会报
208	0431	李红湖		童子坝	1953.5停
209	0432	王流才		深渡	
210	0433	陈井和		南山塘	
211	0430	王天发		深渡	

续前表

序号	木船编号	姓名	组织职务	住（店）址	备注
212	0437	丘荣材		吴潭	1953.2.12公会报
213	0440	江美鑫		和尚田	
214	0434	丘得才		城区	
215	0439	陈明记		南山塘	
216	0438	黄有才		策田	
217	0451	俞顺发		修坊	
218	0450	陈水金		深渡	
219	0207	修永发		修坊	
220	0452	曾顺才		修坊	
221	0384	曾荣记		车田寨	
222	0375	曾荣财		车田寨	
223	0398	王顺记		深渡	1953.2.12公会报
224	0093	刘利华		陈坊	
225	0118	陈连和		南山塘	
226	0331	曾广崇		车田寨	
227	0144	谢冠生		羊角溪	1953.2.12公会报
228	0443	王发宝		惠吉巷	
229	0445	陈元有		南山塘	
230	0447	陈月财		小溪头	
231	0442	王福生		深渡	
232	××98	王顺昌		杨坊	1953.2.12公会报
233	0449	林年保		牛斗头	
234	0021	戴炳裕		修坊	
235	0379	王永泉		深渡	
236	0933	刘存顺		陈坊	1953.2.12公会报
237	0099	罗锦记		大潭	1953.2.12公会报
238	0085	谢老林		师湖乡	
239	0126	陈美发		南山塘	
240	0396	刘利金		陈坊	
241	0056	刘连财		小兰	
242	0038	钟玉顺		小溪头	
243	0045	许永财		罗坊	
244	0092	刘成祖		陈坊	
245		陈永有		策田	
246		刘品贵		陈坊	

续前表

序号	木船编号	姓名	组织职务	住（店）址	备注
247		钟六仔		小溪头	
248		刘金兴		店下	
249		陈生德		德田	
250		陈生成		德田	
251		刘兴荣		陈坊	
252		王锦富		深渡	
253		张义宝		小潭	
254		修顺发		修坊	
255		王连顺		深渡	
256		刘绍金		蔡坊	
257		蓝文丰		吴潭	
258		戴作昆		小溪头	
259		陈利才		德田	
260		刘银才		德田	
261		黄富生		修坊	
262		张生记			
263		王朝珍		德田	
264		刘连盛		陈坊	1953.7.3 变更
265		曾繁佩		修坊	
266		林恒英		牛斗头	
267		丘马生		水口	
268		刘洪才		路潭	
269		梁联丰		陈坊	
270		陈洪源		南山塘	

被访谈人员名单：

邹子彬，84岁，长汀县城关退休老师

王巴头，90岁，长汀县濯田镇巷头村农民

赖洪开，66岁，长汀县策武乡德联村农民

赖世华，56岁，长汀县策武乡德联村农民

赖荣昌，64岁，长汀县策武乡德联村农民

赖洪琳，67岁，长汀县策武乡德联村农民

胡师明，64岁，长汀县濯田镇水口村船工

吴立镫，68岁，长汀县濯田镇水口村船工
吴旺文，65岁，长汀县濯田镇水口村船工
吴亮成，67岁，长汀县羊牯乡羊牯村船工
刘兴发，71岁，长汀县策武乡陈坊村船工
赖世金，82岁，长汀县策武乡德联村退休干部、原船工
赖洪发，82岁，长汀县策武乡车头村船工
陈如海，83岁，长汀县濯田镇水口村农民
蓝星舜，45岁，长汀县南安村小学教师
蓝金炎，23岁，长汀县濯田中心小学教师
王用功，50岁，长汀县濯田镇干部
胡泰泉，42岁，长汀县河田镇副镇长

古城镇传统社会调查*

张鸿祥　李积发

一、古城概况

　　古城位于长汀县西部，距长汀县城 50 里，是长汀的西大门，也是福建省与江西省交界处的重镇。古城东邻长汀大同镇与策武乡，南接四都镇，西、北与江西省瑞金交界。全镇面积 237 平方公里，其中耕地 14 800 亩，山林 31 万亩，竹林 10 万亩。全镇 17 000 人，辖中都（上街）、古城（下街）、井头、青山、梁坑、元坑、黄陂、南岩、杨梅溪、溜下、马头山、长段、下增、元口、黄泥坪、苦竹、丁黄等 17 个村民委员会，131 个村民小组，共有 210 个自然村落。

　　古城境内群山起伏、竹木苍郁。出了长汀县城 20 里，便进入了古城境内的莽莽大山，一路上青山夹峙，道路两边都是大片的森林和竹海，有时走了许久的路程也见不到一个村落，的的确确有一种大山深处的感觉，这就是古城山区不同凡响之处。偶尔又可见到自然村落点缀于群山绿树之间，是个典型的山区乡镇，有"九山半水半分田"（全镇面积十分之九是山，水面和耕地各占半分）之称。

　　（一）古城的山形水势

　　古城四面环山，蜿蜒起伏，整个古城镇坐落于大大小小的群山之间，境

---

　　*　原载杨彦杰主编：《长汀县的宗族、经济与民俗》（上），第 80～123 页。

内大小山峰有百余座。主要有古城北面的双鸡崬，海拔 757.3 米；狮子崬，海拔 838 米。古城镇旁边的金峰山，海拔 383 米。东部的半天崬，海拔 994 米；凉伞崬，海拔 904 米。东南部的胜华山，海拔 702 米。南部的马头崬，海拔 858 米；鹅公崬，海拔 851 米。西南部的仙人湖山，海拔 915 米。如此等等。因此，多山是古城最主要的特点，古城镇就坐落在万山之中的一块盆地上。

古城境内的河流为古城河，它源于辖境内武夷山脉的深山老林。古城河有四条支流，第一条支流从排下村、中华山经井头村流到古城，第二条支流从溜下村经下增村流到古城，第三条支流从梁坑经花桥流到古城，第四条支流从狮子崬、老口流到古城。四条支流在古城汇合后成为古城河，全长 43 里，向西流入江西省瑞金境内，流入贡水，再经赣江到达九江，汇入长江。

据说由于古城河穿镇而过，破坏了古城的风水，使古城世代没有人在朝廷为官。在这里流传着古城人要使古城河改道的愿望，如果能够实现，就应了古人们的一句话："水打王屋前，古城出状元。"（王屋前是古城墟旁边的一个小自然村落。）

相传，古代长汀的王知县到任不久，就来到古城体察民情。他骑马到达古城入口的地方就下马步行，一看就说："呀！古城真是个风水宝地，以后必有伟人出世。"可是当他继续牵马往前走到古城桥边时，一看到河水的流向，马上就骑马掉头回长汀城去了。有人问他为什么？他说："古城水破天心，有官难升。"县衙的官员问："为什么古城会有官难升？"知县说："古城河直穿古城心脏而过，迎面而来的山丘气势逼人，纵使有人当官，也会自相残杀以败告终。"人们又问："那古城应该怎样才能出人才？"知县说："应该使古城河改道，将河水引到王屋前流过，绕一个弯，这叫'水打王屋前，古城出状元'。"

从此之后，引起各地的风水先生来古城考究，他们认为古城河的确应该改道，从王屋前经过，这样才不会被河水拦截龙头，古城才可以龙气兴旺。古人们的说法流传至今，但是古城河水至今依然穿城而过。

（二）古城的历史沿革及古城寨

古城在唐末宋初时称古贵里，分为上都、中都和下都。"上都"在古城的青山铺一带，即今古城青山村；"中都"在古城镇所在地上街，即现在的中都村；"下都"在井头、元坑一带，即现古城井头村、元坑村。943 年，汀州刺史王延政在此筑城。宋嘉定元年（1208）汀州郡守邹非雄在此筑寨，称为古城寨。《临汀志·营寨》载："长汀县古城寨在长汀县西四十五里。旧在河田市。绍兴间，准朝旨迁创。管界同巡一员，士军一百五十人。"南宋开庆年间（1259），改为古城里属衣锦乡。明代改为古城巡检司，额设巡检司一人（八品），弓兵三十五名。明弘治八年（1495）汀州郡守吴文度重建司署。清袭明制。民国时设古城镇。① 古城寨历来是长汀重要的军寨，镇守边界，负责汀西大门的安全防范。

（三）隘岭

隘岭亦称大隘岭，古时也称罗坑隘。隘岭是福建省西部通往江西的重要关隘。古时的官马大道从汀州经古城到江西瑞金，隘岭是必经之地，翻过隘岭即是江西地界。这里地势险要，两边的危岩峭壁形成天然隘卡，宋代在此筑门设卡，驻守这里可起到"一夫当关，万夫莫开"之作用。据民国《长汀县志·山川志》记载："隘岭，距府治六十里，危壁峭立，过岭隶江西界。宋郡守邹非雄设隘于此备赣寇。旧名新路岭……此地前接豫章，后连东粤，为三省通衢，其间磴道千层，人烟稀少。嘉庆庚辰年（1800），三省佥同，于道左适均之地，跨路为亭，行人便之。由展旗山至此，郡治往瑞金孔道也。"熊为霖诗曰："绝岭当雄关，扼险乃居隘。控制总八闽，南赣划天界。镇此咽喉司，泥垣洞华盖。"

如今虽然已历 800 多个春秋，但古城隘岭石砌的官马大道依然保存完好。官马大道宽 3 米，从隘口一直延伸到井头村。在隘岭顶上，当年的石砌关卡拱门完整保存。拱门高 3 米，宽 3.2 米，类似汀州城内的古城门。拱门上的珠楼已毁，两边的残墙断垣历历在目，有数十间的房屋。据说，那是士兵扎营的住所，以及关卡收税官员的住处及部分商店、饮食店等所在。

福建省文物考古专家张其海考察后说：这个遗存是福建省目前发现的西部唯一的重要关卡。

（四）古城的姓氏

古城全镇现有 112 姓，是长汀县十八个乡镇中姓氏最多的乡镇，是名副其实的百家姓。如此多的姓氏，集中在一个不到两万人的乡镇，除了武平县

---

① 参见《长汀县志·古迹志》，清光绪五年编，民国二十九年续修。

中山镇（中山镇有104姓）以外，在福建全省也是不多见的。中山镇的姓氏多与驻兵有关，古城是否也如此，很有可能。另一个原因是古城是重要的闽赣物资集散地和中转站，许多商人在这里做生意后定居于此娶妻生子，成为古城的居民。还有，当地造纸业的发展，也会引致移民。

本篇虽然不是专门研究姓氏，但是一个地方的姓氏必然与这个地方的经济、文化密切相关，成为社会学研究的重要内容。

笔者对古城全镇的姓氏人口做过详细的调查，基本做到了逐村逐户的清点，对每一个姓氏的人口、分布的村落都有详细记录。为了使本篇后面的内容，特别是古城的传统经济更具有说服力，笔者特地将古城112个姓氏中现有50人以上的姓氏列表于后，按人口多少为序，作为参考。

表3-1　　　　　　　　古城镇姓氏、人口及分布一览表

序号	姓氏	人口	分布地点
1	刘姓	1 974	青山、黄泥坪、溜下、井头、下街
2	胡姓	945	上街、下街、元坑、黄陂、井头
3	丁姓	798	丁黄、黄陂、南岩、杨梅溪
4	李姓	782	黄泥坪、上街、下街
5	赖姓	758	马头山、杨梅溪、元口、丁黄
6	黄姓	679	苦竹、上街、下街、黄陂
7	钟姓	669	青山、溜下、南岩、下街、杨梅溪
8	王姓	644	长段、梁坑、上街、下街
9	彭姓	613	下街、黄泥坪、上街
10	丘姓	553	长段、马标、梁坑、下街
11	吴姓	517	黄泥坪、青山、南岩、黄陂
12	余姓	513	苦竹、青山、下街
13	曹姓	424	南岩、丁黄、元坑
14	张姓	415	马头山、上街、下街、丁黄
15	陈姓	402	上街、下街、梁坑、黄陂、元口、马头山
16	江姓	391	黄泥坪、杨梅溪、丁黄
17	谢姓	361	青山、下增、下街、元坑
18	邓姓	295	黄泥坪、下街、上街、元坑
19	廖姓	294	元坑、下街、马头山
20	曾姓	284	梁坑、下街
21	罗姓	276	井头、上街、下街、元口、黄陂

续前表

序号	姓氏	人口	分布地点
22	郭姓	276	青山、梁坑、马头山
23	杨姓	273	下街、井头、上街
24	龚姓	227	南岩
25	蓝姓	187	杨梅溪、元坑、青山
26	许姓	174	下增
27	伍姓	171	井头、下街、元坑
28	岳姓	130	黄陂
29	吕姓	128	黄岩、杨梅溪
30	林姓	122	上街、下街
31	童姓	119	梁坑、青山
32	卢姓	106	花桥、元口
33	范姓	106	梁坑、马头山、元口
34	关姓	102	苦竹、元口
35	傅姓	99	梁坑、黄泥坪
36	萧姓	89	下街、马头山、下增
37	华姓	85	梁坑、青山
38	雷姓	80	黄泥坪、上街
39	毛姓	79	下街
40	关姓	74	青山、上街、杨梅溪、梁坑
41	袁姓	69	上街
42	朱姓	59	上街
43	高姓	59	南岩
44	戴姓	57	梁坑
45	邓姓	55	老口、青山

不足 50 人的还有魏、周、梁、姚、徐等 67 个姓氏。

二、古城镇中都村、古城村概况

古城镇即古城老街，历史上曾分为上、中、下街，后来分为上街和下街。从老街入口处到中部的天后宫坪为上街，从天后宫坪到街尾为下街。上街部分即现在的中都村，下街部分即古城村，由于这两个村构成本篇叙述的古城镇，因此有必要介绍这两个村的基本情况。

(一) 中都村

中都村地处古城的西北部,村界东与黄泥坪村接壤,东南与下增村交界,南与古城村相连。全村有山地16 500亩,耕地1 155亩,305户1 280人。中都村由庙背岭、麻斜岗、狐狸岩、横田塍、街上五个自然村组成。在这五个自然村中,以街上自然村人口最多,有130余户600余人,其余的自然村皆不足50户,具体为庙背岭自然村40余户200余人,横田塍自然村30余户150余人,狐狸岩自然村35户160余人,麻斜岗自然村30多户150余人。中都村历史上都以农耕为主,村民生活来源除了耕田之外,就是依靠有利的地理条件即墟市经商来补充生活的来源。2000年中都村人均纯收入为1 400元。

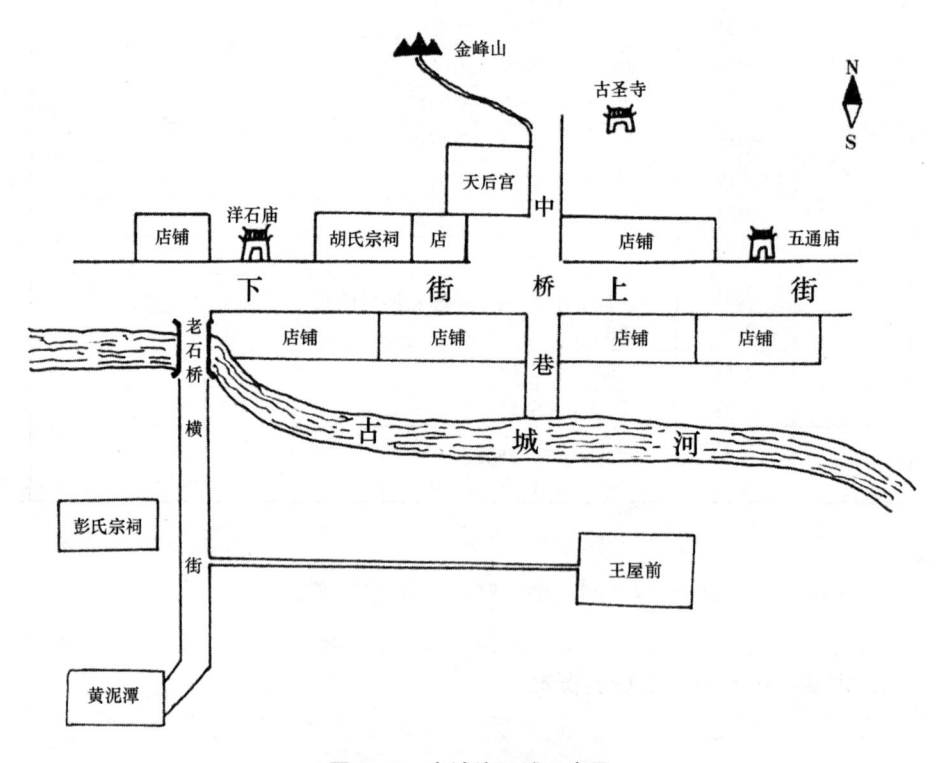

图3-1 古城墟区域示意图

中都村是个多姓氏的地方,这个仅1 280人的行政村,现在竟有40个姓氏。它们分别是胡、彭、王、黄、刘、袁、阮、练、朱、方、曾、温、谢、万、罗、余、熊、萧、江、官、雷、张、廖、贝、邓、李、林、杨、钟、毛、赖、丘、潘、魏、周、邹、卓、伍、马、岳。在这40个姓氏中，胡姓占了300余人，彭姓占100余人，其余的姓氏均在10户以内，大多数仅一两户。

（二）古城村

古城村与中都村一样位于古城的西北部，村界北与中都村相接，东与苦竹村交界，南与井头村接壤，其西边即是江西省瑞金地界。全村有山地13 000余亩，水田1 983亩，旱地275亩，694户2 885人。古城村由古城、黄泥潭、小隘、枫树坪、楼沿背、黄坑坪、海螺岭、陈下垅、王屋前9个自然村组成，大多数人口居住在下街的"古城自然村"（这个古城是狭义的，古城村的老石桥那一带为狭义的古城自然村），其余自然村落住户较少，其中海螺岭自然村40余户，黄泥潭自然村20多户，小隘自然村20多户，枫树坪自然村30余户，楼沿背自然村20多户，黄坑坪自然村10多户，陈下垅自然村20多户，王屋前自然村20多户。古城村和中都村相似，在旧时大多以农耕为主，除此之外的经济来源便是墟市收入。2000年全村人均纯收入为1 750元。

古城村同样也是由多姓氏组成。全村现有35个姓氏，它们是彭、胡、刘、毛、余、谢、叶、王、邓、曹、尚、李、林、魏、丘、潘、罗、钟、黄、俞、杨、萧、蓝、张、伍、周、廖、徐、赖、吴、曾、雷、郭、古、阙。其中人口最多的姓氏是彭姓，有300余人，胡姓近200人，刘姓有30多户，余姓有20多户，王姓有10多户，其余姓氏均不足10户，许多只有一两户。古城村和中都村都以彭姓、胡姓为主，因此这里将重点介绍这两姓。

（三）彭姓

明嘉靖年间有一支彭姓入闽，相传是宁都彭氏新祖公从江西到广东做官上任，因路途遥远，山高水长，交通不方便，于是就在长汀县城府背住下来，从此弃官，成为彭姓在长汀开基的始祖。新祖公第八世孙载柯公迁古城定居。载柯生二子：祖惠、祖懋。祖惠迁外地情况不详，祖懋在古城生四子：天椎、天佑、天章、天景。其中天椎及天章迁徙四川繁衍，天佑及天景成为古城彭姓的两大房，至今古城彭姓自新祖公算起已传二十三世。

（四）胡姓

据传南宋末年，胡姓有万九郎公从江西宁都迁长汀县城大塘背定居，此为胡氏入汀始祖。万九郎至第七世孙生二子：长青石公，次白石公。青石公迁童坊胡岭开基，为童坊胡姓开基始祖。白石公迁古城，为古城胡姓开基始祖，至今已在古城繁衍至第二十八世，成为古城的大姓之一。

另有一支胡姓是从江西瑞金壬田寨迁来的，仅几户。

（五）其余姓氏来源简介

廖姓，由四都渔溪迁来。

曹姓，由宁化曹溪迁来。

曾姓，由瑞金平山岗迁来。

吴姓，由江西吉安迁来。

赖姓，由上杭县迁来。

古姓，由广东梅县迁来。

罗姓，从宁都迁来。

邹姓，从四堡迁长汀，再迁古城。

潘姓，由宁化迁长汀，再迁古城。

叶姓，从宁化迁来。

三、古城的传统经济

（一）纸业

古城山林面积占全镇面积的百分之九十，是个山多田少的乡镇。山林中又以竹林为最多，在座谈会上老人们说，目前古城有竹林面积 7 万亩，解放以前有 10 万亩至 15 万亩，约占全镇山林面积的一半。俗话说，靠山吃山。古城人靠山吃山首推竹业，可以说竹业是古城传统经济最主要的方面。竹业收入的最大宗是造纸。

1. 古城纸槽及纸生产的情况

纸槽即手工造纸作坊。据座谈会上老人们介绍，解放前夕是古城手工造纸的鼎盛时期，最高峰时，有纸槽 360 多个，几乎占了全长汀造纸作坊的一半（但据 1987 年版《长汀县志》，1943 年长汀最高年份有纸槽 630 多个，年最高产量为 10 万担）。古城 360 多个纸槽有可能是个累计数，即凡办过纸槽的都被统计在内了。其实，每年都有纸槽停办，有的只生产半年，有的只生产一季，古城 360 多个纸槽，并非是全部全年满负荷生产的。但是，有一点不容置疑，即古城的造纸业列长汀首位。解放以后由于机器造纸的引进，纸槽才逐步减少。传统手工造纸，一个纸槽需10个人，其中9个是师傅，1个是砍柴烧火。造纸师傅的分工是：做纸1人，扛尾1人，剥竹麻2人，踏竹麻2人，干纸2人，挑竹麻1人。如果加上东家管理纸槽的1人，那么一个纸槽总计11人。

管理纸槽的，也称为"管槽"，他是槽主派来在纸槽内管理的，有许多的"管槽"由槽主自己担任，但也有的槽主有多个纸槽，一个人管不过来，所以就请人来帮助管理。"管槽"和做纸师傅们同吃同住。他的职责是，管理纸槽一天三餐的粮、菜供应及采购，验收每天做好的纸，并请工人将纸从山上挑到槽主家中。

古城旧时有纸槽300余个，1个纸槽要11人，总共有3000余人从事纸业生产，因此有许多造纸工人要从外乡请来。造纸师傅大多来自长汀城关、新桥、策武、馆前、河田等乡镇。

古城纸槽每年做两季纸，第一季从正月开始到六月中旬停槽，第二季从七月中旬开始到十二月中旬止。每个纸槽每天做一担毛边纸（也叫玉扣纸），一担7刀，每刀200大张，总计1400张。纸槽一年最多生产纸300担（即一年开工300天），绝大多数每年生产200多担（即每年开工200多天）。我们以每年200担算，300个纸槽全年共生产纸6万担，这是一个十分可观的数目。

古城老槽户们介绍，每生产一担纸，需消耗竹麻2000斤，那么年产6万担纸，总计需竹麻1200万斤。1200万斤的竹麻不是小数目，砍竹麻的时间不过5~10天（时间太长，春笋的枝条就长出叶子），这么短的时间内要将全部竹麻砍下，就像北方割麦子一样，需雇用大批的工人。这些砍竹麻的工人大多来自江西瑞金、石城。因为江西瑞金、石城的丘陵地带无竹山，他们有大量的劳力可以过来做工。而且瑞金离古城近，所以大多是雇请江西老表。砍竹麻每天的工资8角至1元，吃住都在东家的家里。每户山主都要请砍竹麻工人10来个，山主家中腾出房间或厅堂让工人打地铺。睡觉用的草席由山主提供，所以山主家中都备有10多条草席，棉被需由工人们自己带来。由于过去许多农户贫困缺衣少吃，更不用说棉被了，所以许多砍竹麻的工人两人合带一床棉被，他们会自己事先商量好。山主并不等于都是槽户，有些山主虽然有竹山，但并没有纸槽。一些是因为竹山不多，砍下的竹麻不够半年生产，另外有一些是山主图清闲，将砍下的竹麻卖给造纸的槽户，当时的价格大约每10斤竹麻1分钱，1000斤竹麻1块钱，山上砍下后就卖掉，这叫卖青竹麻。

竹麻砍下以后，集中到一个一个的竹麻窖里，用石灰腌浸，至冬天竹麻完全烂透后，其纤维就是造纸的原料了。所以一般都是清明的竹麻砍下后，到十月份就可造纸，一直要用到第二年的新竹麻腌出来。

2. 纸的等级

毛边纸的等级一般分为1号至8号共8个等级。1号纸为最好，依次类推。1号至4号中又分正1号、副1号，正2号、副2号，正3号、副3号，正4号、副4号，有些纸的质量十分差，也有9号、10号的。1号至2号纸极为少见，特别是1号纸，有时几年也生产不出来。为什么呢？因为造纸是连环作业，从竹笋长出来到砍竹麻，从石灰腌竹麻至剥竹麻、踏竹麻，凡涉及的所有工序都会影响纸的质量。以1号纸来说，纸质要洁白，韧性要好，纸的厚薄要均匀，不能有任何的洞口或斑点。只有每一道工序都保持高质量才能生产出高质量的毛边纸。有时环环都很好，偏偏做纸的时候刮风或下雨，这样也会使灰尘落在纸浆上，使纸的质量受到影响。所以，1号纸极为罕见，甚至连2号、3号纸也极不容易生产出来。在产纸的山区，凡是见到女孩长得特别漂亮，人们会称她为1号纸；有的男孩长得特别英俊，也会称他为1号纸。

正常情况下，生产出2号、3号纸就属上品了，4号、5号纸为中等，6号、7号、8号纸为大路货，特别差的纸就只好列为9号、10号了。

好的毛边纸大多用于印刷线装书，旧时印书的纸张销量非常大。5号、6号纸大多用于做账簿，旧时商店、货行以至家庭都用毛边纸印成竖行条格，用毛笔书写记账。不但国内广泛用毛边纸记账，连东南亚、中国香港和台湾地区及欧美华人小区均用毛边纸的大账簿记账，需求量十分大。另外，学生读书写字的毛笔字本、描红簿也是用毛边纸制作。7号、8号纸大多用于宗教祭祀如金银纸、冥纸，9号、10号纸大多用于各类包装。

纸的等级分类全凭看纸师傅手工鉴定，看纸师傅如同品茶师、品酒师一样，茶和酒的好坏经他们一尝就定出等级。看纸也是这样。他们看纸的本领是经多年的实践练出来的。看纸师傅多半由纸行的老板雇请，凡挑纸来纸行收购，看纸师傅就从每担纸中任意抽出两刀，一般从一担的每一头各抽1

刀。抽出的纸被打开，平摊在一张大桌上。看纸师傅右手拿一把长戒尺（戒尺用竹子削成，长约2尺，宽约3公分，厚约1公分），这是看纸师傅的重要工具。

看纸时，首先看纸的洁白程度，纸被平摊在桌，一眼就可以看出。然后看纸师傅将整刀纸卷起一角（每刀纸有200张，因此是厚厚的一大沓），然后用戒尺顺着卷起的部分，"唰"地用力刷过去，卷起部分就如同一把扇子一样地打开了。然后在另一边用同样的方法卷起，又用戒尺刷过去，又如同扇子一样打开，这是察看纸有无破损。最后又从中抽出一张纸，用双手拉一拉、抖一抖、摸一摸，这是检验纸的柔韧程度、细腻程度以及厚薄是否匀称。这些工序都完了以后，看纸师傅就向账房高喊一声："4号"，那么这担纸就是4号了。如叫"6号"，那么这担纸就是6号。账房收纸后，就按看纸师傅定的等级付钱。

因此，纸的好坏等级全凭看纸师傅定夺，看纸师傅大多有长期看纸的经验，定的等级基本正确。槽户们也在长期的做纸过程中能大体定出自己生产出来的纸的等级，和看纸师傅定的等级大体能八九不离十。有时槽户也会和看纸师傅发生争执，如果争执，特别是等级差别在两级以上，那就会请另一位看纸师傅来看，如果两位看纸师傅看的都一样，那槽户就只得服从。如果后一位看纸师傅看的等级和槽户意见相同，那就得依后一位看纸师傅定的等级。发生争执的现象是极少的。

座谈会上老人们介绍，有时纸的等级不好，槽户们就会亏本。因为请来的做纸师傅工资是固定的，10个人的工资，每天大约是30个毫子（10毫为1个银圆，即1元），重要的有：剥竹麻一师一徒两人，师傅2.5毫，徒弟2毫，做纸师傅4毫，扛尾3.5毫，干纸两人每人3毫，踏竹麻两人每人2.5毫，砍柴烧火1人3.5毫，挑竹麻2毫。这个工资是固定，不论生产出来的纸是几号，都必须付这个工资。因此，如果纸槽生产出来的毛边纸等级太低，卖不到好价钱，就会亏本。

解放前夕，长汀毛边纸的纸价大约为1号至2号每刀在2元（指银圆）以上，但由于1号至2号纸太少了，成为有价无货。3号纸每刀1.5元，4号纸1.4元，5号纸1.2元，6号纸1元，7号纸0.8元，8号以下的纸价格更低。假设由于种种原因纸槽生产出的纸仅有7号，那么每刀仅0.8元，每天生产一担纸计7刀，仅可卖5.6元，除了做纸师傅的工资3.0元，还剩2.6

元。这个2.6元还包括了做一担纸的竹麻2000斤价值2元，还要请人从纸槽挑纸到古城，又从古城挑纸到长汀县城，每担纸还要付出挑担工钱约1元。这么一算，纸槽老板就亏本了。所以，所有纸槽都希望多生产出3号、4号纸，这样才赢利。古城生产的纸基本上全部销到长汀县城，再转销广东。

3. 做纸的神明崇拜和习俗

做纸崇拜的是蔡伦。蔡伦是我国古代造纸的鼻祖，称为"造纸先师"。古城的每一个纸槽都在槽内墙上贴有"蔡伦先师神位"的红纸。每年春天开槽之前和夏天开槽之前都要祭拜蔡伦先师，每个纸槽在初一、十五日都要在先师神位前烧香。

造纸有行业的规矩，早上一般都要禁止出声，避免说错话给一天都带来坏运气。由于纸槽都处于深山之中，过去有野兽出没，纸槽工人的食物常被野兽吃掉，所以在纸槽内有许多暗语，比如食盐叫"海沙子"，猪肉叫"滚头老"，吃饭叫"量米"，吃茶叫"吃黄汤子"，说暗语的目的是不让野兽听懂，避免它们来夺口中之食。

(二) 竹业

竹林除了用于纸业生产之外，还有最直接的收入就是毛竹的出售。竹山的毛竹，其长笋的最旺年龄是成年竹的第三、四、五年，第六年以后的毛竹长笋率就会逐年降低。所以每年都要留下健壮的笋做竹种，并且要将生长期在6年以上的老竹砍下来。古城由于竹山多，每年砍伐的老竹数量也十分惊人。

每亩竹林的成年大竹有50株至60株，每株每年可长3根至4根笋。笋除了大量砍伐做竹麻造纸外，每亩要留10根以上的健壮笋做竹种，同样每亩可砍下10根的老竹子。以解放前古城10万亩的竹林计算，每年老竹子的砍伐在100万根。

长汀县旧时无论城乡，竹制品生产相当发达，著名的汀州斗笠，便是竹制品。与广大人民群众生产生活息息相关的竹制品，生活方面的有：斗笠、竹椅、竹凳、竹床、竹柜、竹桌、竹童椅、竹茶桶、竹饭桶、竹蒸笼、鸡鸭笼、竹瓜篓、竹烟筒、竹杓、竹筷等，生产方面的有：笔箩筐、竹谷笪、粪箕、米筛、簸箕、扁担、竹竿、竹耙、竹棚、竹连茄、竹寮、竹瓦、竹围栏、竹篱笆等。真是处处都与竹有着割不断的关系，竹制品成为长汀城乡生产生活中最广泛使用的用具。因此，不论城乡都有许多从事竹加工谋生的人，这种人称为"竹匠"。

据老人们介绍，解放前夕，毛竹的价格为1个大洋卖两根，0.5元1根，毛竹的规格为1尺以上。所谓1尺即从1人高处地方量竹子的圆周长，周长达到1尺的，称为1尺的竹子。古城生产的竹子大体上销往三个地方：一是本地自销，二是销往江西，三是销往长汀县城。

江西瑞金有很大的竹子市场，这些竹子又销往瑞金的各乡镇及石城等地，所以瑞金专门有人来古城收购竹子贩到江西出售。古城至瑞金仅30里，许多古城人到瑞金赶墟、做买卖，也会顺便扛竹子到瑞金出售。一人每次可扛两根至三根竹子。也有专门请人扛竹子到瑞金。扛竹子的工钱每根大约1毫子，专门扛的人每次可扛三根竹子，早上从古城出发，中午到瑞金，下午3点以前就可以回古城。

销往长汀县城的竹子，一方面是供县城竹匠从事加工竹制品，另一方面是供给建筑业用。长汀县城居民从事做斗笠、纸伞、谷笪、只箩等竹匠工人甚多，竹制品加工历来是长汀县城的传统产业之一。1938年春，新西兰友人路易·艾黎来长汀考察"工合社"（工业合作社），协助长汀于同年5月4日成立"中国工业合作协会东南地区长汀事务所"，至1940年，成立的工合社计34个，其中有"长汀城区雨伞社"和"西门斗笠社"，这两个社都是专门从事竹加工的。至于从事竹加工的个体竹匠就更多了。长汀建筑业也需大量的毛竹，因此，长汀县城对毛竹的需求量是很大的。销往长汀县城的毛竹主要有古城、铁长、庵杰、大同等乡镇。长汀县城的东郊、西门外都设有竹、木交易市场。

（三）笋业

竹多笋自然也多，因此笋也成为古城人的经济来源之一。笋业主要是冬笋和笋干两项。

冬笋。每年的冬至前后就是冬笋生长时期，冬笋可以大量挖取，并不影响春笋的生长，而且冬笋如不挖，入春后也大多会烂掉。只有在立春以后生长出来的才是春笋。春笋要让它长成竹麻造纸，所以为保证纸业的生产，春笋是不能挖的。只有到谷雨节气后，春笋都已高过人头了，对于那些仍长不高的春笋，就可以挖掉，如不挖掉它会烂掉。

竹山的农民，挖冬笋是非常有经验的。冬笋长在泥土里，并未露头冒尖，外行人满山找也只能找到几根，收获极少。老农介绍说，笋是顺着竹根长，而竹根又是顺着竹叶的朝向生长的，挖笋时只要按竹叶的朝向，顺着竹根，就能挖着笋，有时一条竹根就长着四五根笋。因此，他们上山，一天可挖上百斤的冬笋回来。虽然旧时冬笋才几分钱一斤，但挖一天也可收入几元钱。挖冬笋的季节大约有一个月。古城的冬笋除了在古城墟市上出售外，同样也销往江西瑞金及长汀县城。冬笋的产量每年有数万斤之多。

笋干。笋干有两种，一种是笋尖晒成的笋干，另一种是明笋干。笋尖晒成的笋干，是砍竹麻时，每根高约1丈的竹麻笋的顶端，约有两尺的嫩尖纤维少不能造纸，必须把嫩尖部分削下来，制成笋干。制法是先将笋尖的外壳剥去，然后放入大锅中煮透，煮透后捞起晒干。这种笋干相当鲜嫩，既可单独煮了吃，也可加肥猪肉一同烧煮。竹山农户长年都留有这种笋干做菜，同时也出售一部分，还有一部分当作馈赠亲友的山货礼品。

明笋是用长不高的整根笋压制做成。这些笋高约1尺半，连根部一同挖出。首先将笋的根部削干净，然后将整根笋剥去外壳，入锅内煮透，捞起后，将整根笋（不能切开）整齐排列在四方形的榨槽内，排列好后用厚木板及大石块压着，上面还要用一根横杠压住，横杠的一头吊着一块大石头，这样可以使笋压在一定的重力下，保持压榨的作用。这一切都压好后，用竹管引来山上的泉水，注入榨槽内。明笋压在榨槽内一直要到夏天过后才取出来晒干。这些笋经过半年多的压制，已经成为扁扁的如鞋底一般厚薄，晒干后显黄色半透明状。为什么明笋可以压制半年多而不腐烂，关键就在于有长流泉水日夜不停地冲洗，流水不腐就是这个道理。这种明笋价格较高，农户舍不得自己吃，全部用于出售。大多销往江西和长汀县城，有许多经长汀县城销往广东等地。

（四）木材业

古城除了十多万亩的竹山外，木材林也有十多万亩，主要是杉木和松木，因此木材业同样在古城的传统经济中占有重要地位。古城的木头大多销往江西，因为有古城河可以直接流入瑞金，很适合放排，同时江西南部是缺木材的地方，而古城到长汀县城无水路运输，所以很少销到长汀县城。

木材的买卖主要通过木材商人进行，古城每年 80%～90% 的木材就是经木材商销出去的。这些木材商人都是本地人，一般都提前一年到山主的山上察看木头情况，估算大体可以砍伐的数量，然后根据估算的价值，先支付给山主三分之一的定金。只有先付了定金，才能保证这些木头不卖给别人。旧时木材按根计价，每根木头长二丈五（约 8 米），尾径越大的价钱越贵。"尾径"指一根木头尾部的直径。尾径 6 寸（约 18 公分）的每根 1 元，尾径 7 寸（约 21 公分）的每根 1.2 元，尾径 8 寸（约 24 公分）的每根 1.4 元，尾径 9 寸（约 27 公分）的每根 1.6 元，尾径 1 尺（约 30 公分）的每根 1.8 元，尾径 1 尺以上的价格另行面议，大多在 2.5 元左右。砍伐木材多在八月到十二月，因为这段时间雨季已过，秋高气爽，气候干燥，便于工人上山作业。伐木工人是古城本地人和江西人，山主包吃包住，每天工资 1 元。上山伐木两人一组，每人一把斧头，两人合一把拉锯。伐木时两人合力拉锯，木头伐倒后，用斧头劈掉枝杈，然后将木头拖至"溜头"溜到山下（"溜头"是专门用来溜木头的道槽，每座山头都有人工开掘的滑道，所有的木头就从这个道槽一直滑到山下，免去了人工扛的辛劳）。

　　木头伐下集中到山下后，山主又请人将木头扛到古城河坝边上整齐码放好。扛木头的工资按路程远近和木头大小不同，分别是每根半毫（5 分）至 1 毫半（1 角 5 分）不等。

　　砍伐木材也有神明崇拜和禁忌。在一处山林砍伐较多木材时，比如砍伐数十立方米或者几百棵树木，是极为慎重的。砍伐前要在进入山场的路口，找一处有石壁的地方（没有石壁的，可以找大石块），在石壁前烧香，供上三牲供品，有些人还会带一只公鸡去杀，将鸡血祭山场。伐木工对着香、烛要拜三拜，师傅口中念道："请××山土地大伯公，保佑我们伐木无损无伤、平安无事、顺顺利利，砍伐完后一定再来酬谢土地大伯公。"如此之后便可以上山伐木了。以后每天进山，都要在这处石壁前烧三炷香，但不必供三牲。砍伐结束后，还要再到石壁前烧香、杀公鸡以示对土地公的酬谢。

　　上山伐木的前一天晚上就要将斧头、锯子磨锋利，磨好的斧头、锯子要用布擦干净，并且挂在墙上，避免粘上不干净的东西。烧的香用红布或红纸包好，也一同挂在墙上留待第二天用。

　　如果单独砍伐某一株大树（如合抱大树），要在这棵大树下烧三炷香，并对土地公拜三拜，请求土地公保佑平安。

上山伐木前要避免在家中吵口、打骂，这是非常忌讳的，吵口、打骂都会给伐木带来不吉利。甚至家中的小孩哭闹也要避免，有些小孩会哭闹着跟随大人上山，所以家中有人上山伐木，要事先将小孩引到别处，避免他的哭闹。

伐木工人一路上山都不许说倒霉的不吉利的话语，不许说死人的事，不许说鬼说怪及其他七七八八的事，话多必失，给伐木带来晦气，所以大多伐木人上山闭口不说话。在山上伐木，树要倒下时，并不说树要倒下了，而是以"噢嚯……"作为树要倒下的呼声，同伴一听到自然会注意安全了。同伴上山相互间不能直呼姓名，叫了姓名会让山上的鬼怪听见，会遭鬼怪的残害，所以山上打招呼都是以"哟嗬"声来代替。

每年十二月至次年三月是扎排的时间。扎排在古城河坝上进行，每一排大约 20 根木头（每排两驳，每驳 10 根），所有的排扎好后，整齐地堆放在河边，等待春天雨季的到来。

四月以后春季来临，古城河水满了（古城河是小河，即使水满也只能放这样的小排），就可以放排了。放排工人大多是古城本地人。古城放排到瑞金 30 里水路，因是顺水，3 个多小时便可以到达。到瑞金交货后，放排工人就返回，当天可以一个来回。古城河流到瑞金后，水深了，河面宽阔，所以在瑞金全部扎大排再放到赣州。放排是较危险的工作，工资较高，每放一排每人工资 1 元。放排的工资是由木材商人支付的。

四、古城墟市

（一）古城墟的地理位置及特点

古城墟是闽赣两省交界处的重要集市，是两省的物资集散地和重要的中转站。长汀县城到江西省瑞金 80 里，古城正处于这 80 里的中部，因此当地人自豪地称"30 里的县，50 里的州"，意思是古城到瑞金仅 30 里，到汀州（即长汀县城）也才 50 里。地处一个县城和一个州府之间这么短的距离，这在长汀所有乡镇中是绝无仅有的，即使在福建省内处于这样位置的集市也不多见。一个县城和一个州府恰好又分别是两个省，因此注定了古城集市要担当起省际物资集散的重要使命。

所有墟市一般都是五天一墟，然而古城却不同：原本古城墟是逢五、十，为了满足商品交换的要求，在十天内又增加逢三、八，形成了逢三、五、八、十的十天四墟的墟期，其中五、十是大墟，三、八是小墟。这样密集的墟期在长汀所有乡镇墟市中是没有的，在福建省也属罕见。十天四墟是清末民初增加的，20世纪40年代末又恢复十天二墟。

（二）盐关

明代古城设有盐关，专门管理从长汀运往江西的食盐。汀州在宋朝以前食福州盐，但由于"福州滩流险峻，漳盐山路崎岖"，"价复昂贵，民食不便"，因此争贩私盐，尤其是"汀境接近虔、潮，虔亦不产盐，乃相与盗贩潮盐，缉私急"①。为了从根本上解决盗贩私盐的问题，宋绍定五年（1232）汀州食盐改从潮州运来。因汀江直达广东潮州，缩短了运盐时间，大大降低了盐价，其时虔州盐也由汀州收下并结算，"嘉祐末，令广南盐入虔，所过汀州县收算"。从而，赣南大量食盐经由汀州运输。

明代王守仁在平定赣南之乱后，为了加强对盐政的管理，就在古城设立了盐关。民国《长汀县志·古迹志》载："盐关。明王守仁抚赣时，设关于古城。任瑞邑米贩抵汀，以米易盐，讥而不征，民甚便之。"江西虔州十八县皆是缺盐区，虔州的食盐大部分都是由汀州经古城运过去。当时江西百姓挑米到汀州，又从汀州挑盐回江西，路过古城关卡时，守军只盘问挑盐人的身份而不征税，大受江西人的欢迎。后来，汀州人索性把大量的盐运到古城，江西人在古城就可以购到食盐，方便极了。从潮州运盐到汀州，再转输赣南，这条运盐路线在历史上起着极其重要的作用，也是最便捷、最节约成本的运输线，古城盐关也因此在闽赣交通史上扮演着积极的重要角色。

（三）闽赣中转站

已提到长汀将大量的盐转运到江西，而江西将大量的米销到长汀。长汀收购大米并不全是长汀人吃，而是将米用船运往广东。旧时在古城街上前后累计开有米行10多家，这些米行专门收购江西挑来的大米。米行基本上是古城人开的，他们专门帮城里的米商代收代购大米。长汀的米行老板到古城

---

① 《长汀县志·盐法志》，清光绪五年编，民国二十九年续修。

雇人将米挑到县城，挑夫一部分是古城人，大部分是城里人。

每天挑米的挑夫有 100 余人，他们天亮就从长汀县城出发，挑两篓盐，每篓 30 斤，计 60 斤。上午 11 时左右到古城，吃过午饭后从古城挑米回长汀，一般挑 120~140 斤，傍晚就可以回到长汀。米和盐都是怕雨淋湿的货物，所以过去的挑夫都带着三张油纸，一顶斗笠，用两张油纸包裹担子两边的货物，另一张油纸围在身上，以防雨水打湿衣服。

古城除了米行外，盐店也累计有五六家，这些米行和盐店，负担着大量的米盐中转业务。我们在调查中了解到，长汀和瑞金到古城的挑夫各有百人之多，加上古城本地的挑夫数十人。按每人挑米一担 100 斤计算，江西挑米到古城的 100 人总计每天 1 万斤，长汀人挑盐到古城按每人挑两篓 60 斤计，每天挑盐 6 000 斤，全年除了年、节以及特大冰雪、暴雨天气外（下小雨照样挑），以 300 天一年计，中转大米达 300 万斤，中转食盐 180 万斤。如果再将古城本地的挑夫以及每天 30~40 辆的鸡公车运输（一辆鸡公车可载 300 斤左右）计算在内，中转大米将达 400 万斤以上，食盐 200 万斤上下，这是一个十分巨大的数字。

古城的每个米行和盐店都与江西瑞金及周边墟市的米商、盐商有固定的业务往来。挑夫们在长期的挑运过程中已熟悉了其中的操作规则：从江西挑米到古城的米行后，米行付给工钱；然后从盐店挑盐回江西交给江西的盐商，由江西盐商付给挑盐的工钱。长汀的挑夫也同样是这样的规则。各地的挑夫都遵循不偷货的道德，因为只要偷了一次，那么再也无人请他挑了，他将丧失这个工作的机会。而且挑夫都是江西或长汀的当地人，偷了东西，老板可以直接到他家去索讨。

江西瑞金、合龙墟、壬田寨到古城均 30 里，江西日东墟距古城也仅 50 里，这些地方的挑夫清晨出发挑 120~140 斤的米，于中午到古城，中饭后挑两包盐回瑞金，下午即可到家。

（四）古城墟

在墟日，从江西瑞金、合龙墟、壬田寨来赶墟的江西老板非常多，从长汀、上杭、武平、连城等县来赶墟的人也相当多，所以古城墟的服务行业相当发达，一是饮食业，二是客店业。

饮食业。一是代客加工饭菜，即米和菜由顾客自备，饮食店每人只收 5 分钱的柴火费。这种代客煮饭的，都是古城的村民，他们都没有开店，只是在家中为客人加工服务。这些挑夫们也都是老主顾，相当熟悉了。另外是经营米饭、煮面、氽猪肉、煮豆腐、炒白菜、煎河鱼等，也备有米酒，随时满足客人的需要。当年一大碗米饭和一碗豆腐青菜，只要1角钱，米酒5分钱一大碗。每到墟天，各个饮食店都挤得满满的，生意十分红火。

客店业。客店的生意也很好，凡是从赣州、上杭、武平、连城来的客商大多要在古城落脚住宿，另外从长汀、瑞金来古城结算米盐业务的也要在古城住夜。因此，古城的客店业也比其他乡镇生意兴隆。当年旅店都睡通铺或两人合一铺，每人收费1角钱。国民党政府也特批在古城开设了赌场。

由于古城墟市的繁荣，所以古城人说，旧时他们的生活是很好的。古城老人在座谈会上说，每次散墟过后，街上是厚厚的一层花生壳和甘蔗渣，在古城连卖花生和甘蔗的小贩们生意都这么兴旺，你说古城人生活会不好么？

古城作为闽赣两省的物资中转站，其墟场交易的货物绝不仅仅是大米和食盐，还包括各种农副产品，无所不有。长汀城里的小贩多来古城收购鸡鸭、黄豆、菜油等；长汀大同、策武、四都的小贩来古城除购米、豆外，还购买江西产的红糖、辣椒、生姜等；每年冬天大量江西的荸荠贩到长汀各地销售，因为长汀人家家户户、男女老少都爱吃荸荠；上杭、连城的小贩专门到古城贩运江西运来的小狗，因为上杭与连城都有吃狗肉的习俗；武平、上杭、连城包括长汀的牛贩子、猪贩子都来古城贩牛贩猪；还有从长汀大同、城关来古城购买各种竹木生活生产用具的。

为了适应两省边界交易的需求量，古城墟逐渐形成了一些专门的市场。在古城下街口有一处"猪崽街"，是进行猪崽交易的场所。猪崽用猪篓装着，江西的猪崽大多是白猪，本地大多是黑猪，也出售"猪条"的，所谓"猪条"即大约八九十斤重的猪。在下街石桥下的河坝上专门辟有竹、木家具交易市场，主要的竹、木家具有：簸箕、米筛、糠筛、粪箕、盘篮、谷箩、才斗、竹竿、斗笠、蓑衣、竹爪箩、竹椅子、竹凳子、竹火笼以及木板凳、木四方凳、木四方桌、木饭甑、舀水杓、木扁担、牛压、犁把等。米、谷、豆、麦谷物类产品则在墟上满街摆。

墟上还有各类小贩，卖花生糖的，卖豆子糖的，卖江西炒米花的，卖江西辣椒、生姜的，卖江西酱菜、豆渣饼的，把墟市挤得满满当当。

如果是春节前，满街都是江西的荸荠，一箩筐一箩筐的，每墟都有上百担的荸荠，加上古城当地出产的笋干、明笋，长汀县城贩来的鱿鱼干、桂圆干、汀州豆豉、长汀酱油，还有长汀、江西的香烛，武平的鞭炮，长汀的鞭炮、花蜡烛以及纸钱、纸冥币、纸花边，妇女们绣花的各色丝线、箩帕、围裙、簪子、包髻、纱网等，整个古城墟市十分红火、热闹。

古城墟过去分为上街、下街，旧时街市店铺如下表：

表3-2　　　　　　　　古城墟旧时街市店铺表

蔡招娣妹客栈	上街	民宅住宿	古城河
林运祥米店、京果		民宅煮中饭	
陈有章豆腐店		民宅煮中饭	
叶生辉酒店		民宅煮中饭	
谢福崇打铁店		民宅	
胡其由布店、油盐		民宅	
中桥巷			
林永基打屠、酒店	下街	民宅	
胡利金米、谷、纸店		民宅兼客栈	
陈声尧打屠店		民宅兼客栈	
阙德荣客栈		民宅兼煮中饭	
李永峰杂货、布店		民宅兼煮中饭	
邓××牛肉店		民宅兼煮中饭	
黄隆泰药店		民宅兼煮中饭	
古城河	老石桥		
王桂义米谷店	下街	民宅	
王桂生米谷、百货店		民宅	
叶姓"聚有恒"百货		民宅	
彭克勤酱油		民宅	
李老板布匹		民宅	
李茂荣中药店		民宅	

古城墟处于闽赣交界，与江西瑞金、合龙墟、日东墟、壬田寨墟有着十分密切的关系，与长汀本县和策田、四都等墟场交往也十分密切。

瑞金：距古城30里，古城的竹木及其制品除销往长汀城及大同等地外，也销往瑞金，同时瑞金县城（称象湖镇）也是米、豆、油的交易市场。瑞金县城的通荡街为布街，廖尾坪为柴炭、石灰市场，西门大街为鸡鸭街，河背街为粜米街，龙云桥下的牛岗坝为牛市场，以上都与古城交易十分频繁。

合龙墟：墟逢二、七，距古城30里，属瑞金县所辖。合龙主要是猪、牛市场，特别是这一带猪崽和牛崽的交易中心。上杭、武平的牛贩子及猪贩子大多经古城到合龙购买，购买后回古城住宿。古城的客店都会义务帮这些客商看管购来的耕牛，所以古城有的客栈备有很大的牛栏或店坪，便于客商安置耕牛。连城人、上杭人也到合龙墟采购小狗，贩回连城出售，这些商人也是在古城住宿。

壬田寨墟：也是江西瑞金的墟场，墟期逢三、八，距古城30里，壬田寨墟主要交易大米和黄豆。古城人到壬田寨大多是为了购买米豆。

日东墟：江西瑞金县所辖，期逢二、七，距瑞金50里，主要交易米、豆等农产品以及竹、木家具等。

策田墟：距古城75里，期逢三、八，古城小贩多将米、豆等贩到策田墟，策田的小贩将长汀县城的小百货贩到古城。

四都墟：距古城60里，期逢五、十，四都墟主要为米、竹、木、土纸、笋干等山货交易市场。

五、古城的神明信仰和庙会

（一）古城的寺庙

在古城这个小小的地方（指古城街）竟有庙宇达10座之多。现分述如下：

1. 金峰寺及每月十九日庙会

金峰寺坐落于金峰山顶。金峰山位于古城镇北面约2里，因山形如一个"金"字，故名金峰山。山后群峰相接，形成从北蜿蜒向南的山势，整个山脉顺着古城河而来。虽然山不太高，仅海拔383米，但由于引人注目，显得其势不凡。

山脚下是石主庵（详见后文），沿石主庵后面南麓庙背岭攀登，有石径可上。沿着石砌小路，一路松林密布、灌木夹道、迎风送爽，使人赏心悦目。大约行走20分钟，便到了半山腰，这时在半山的丛林中显出一座庙宇，门匾上有"三官庙"三个大字（三官庙详见下文），门前苍松翠柏高低错落。经过三官庙，踏上石阶陡坡，环顾古城四野，顿觉得眼界大开，令人心旷神怡。

金峰寺耸立在金峰山顶，虽然寺庙占地仅200多平方米，而且是瓦屋悬山顶的普通建筑，但由于高踞于山顶，因而也显得巍峨壮观。站在寺门口鸟瞰古城，山乡古镇的万千风光尽收眼帘：阡陌纵横，墟市繁忙，家家户户炊烟袅袅，四面田亩稻熟粮丰，古城河穿镇而过，远处青山层层叠叠，真是一幅山乡水墨图。踏进寺庙大门，正面是大雄宝殿，十大佛像光彩夺目。老人们都说金峰寺的主神是观世音菩萨，她供奉在左厅，是千手千眼的造像，显得大慈大悲。右厅安放的是妈祖神像，虽然古城镇上有天后宫，但是在金峰寺内仍然有妈祖像。金峰寺现住有尼姑两人。由于女性信仰观音的较多，因而金峰寺大多为女信徒们去烧香拜佛的场所。

金峰寺的庙会为每月十九日，全年共十二次（逢闰年有十三次）。每年十二次的金峰寺庙会活动，分为十二个朋。她们所说的朋，已经和其他庙会活动的朋有所区别。其他地方的朋有明显的地域和房族的特征，即使没有这些特征，它也有小村落或左右相邻这样的明显关系；另外，朋还具有轮流组织举办庙会的功能。而金峰寺庙会所说的朋却不具备这些特征。它每年十二个朋完全是十二个自愿结合体。每个朋的人员来自不同的村落，大多是比较要好、相熟的，因此朋的人数也有多有少，有的达到六七十人，有的仅二三十人。另外金峰寺的朋不起牵头组织庙会的职责。这个月轮到某一朋，某一朋的姐妹们就在十九日这天到金峰寺聚会，其余的朋均不参加。同样下个月轮到另一朋，也仅另一朋的人参加。因此，说得准确一点，金峰寺庙会实际上是每年分成十二个聚会小组，每组参加每月的十九日聚会而已。

无论轮值朋的人数多寡，她们都极其认真。上午约九时，便聚齐在金峰寺的主殿内，举行烧香、念经活动。念经是由庙里的尼姑领头，其他人跟着念，整个上午基本上是念经、拜佛、烧香。

大约到中午一时左右，在庙里吃斋饭。斋饭有8~10碗的素菜，大多是炒米粉、炒面条、粉丝、豆腐、豆腐皮、油炸糕等。八人一桌，多的有十来桌，少的有二三桌不等。斋饭的费用及菜肴是朋员们自愿带到庙里的，大多是带油一瓶，或干面条三四斤，有的带干粉条等。她们带到山上东西的价值是足够中午一顿斋饭的费用的。庙里的尼姑将东西收下后，便会将中午素饭需要的东西采购齐。凡是新参加朋的成员，除了带来东西外，还要捐钱给庙里，补贴庙里的费用，旧时交 1~2 角，最多交 5 角，现在大多为每人交 50 元，也有交 60 元、70 元或 100 元的，交多交少并无规定。其实这相当于交入朋（会）费，交了费以后便成为这个朋的成员，可以参加朋的活动。

朋的成员每年都在变化，有的年老去世，有的生病不能来，有的迁出外地。同样，每年都有新的参加进来。如果碰到闰月，该月的十九日就由庙里组织一次庙会，参加的人不限，什么朋都可以来，但是不能空手上山白吃，要自带东西上山。

2. 三官庙及每月二十四日庙会

三官庙位于金峰山的半山腰，庙不大，约 150 平方米，分为正殿和边房，供奉的是"三官大帝"，有住庙和尚一人。据说三官大帝是针对过去人间社会中举的"三元"而来。科举的三元，指状元、会元、解元，即殿试第一名、会试第一名和乡试第一名。九月二十四日是古城三官庙的庙会。庙会并无烦琐的活动，主要是请鼓手在庙里吹吹打打，百姓们自由到庙里上供烧香，时间为一天。请鼓手的费用，由庙里的看庙和尚到古城墟上去化缘，多少不限，随人自愿。

三官庙的庙会虽然无多大的特色，但却和金峰寺一样，每月二十四日有庙会。这个庙会主要是喝酒，其他寺庙内均不许喝酒，唯独三官庙可以。正因为是喝酒的庙会，因而都是男人。这样在古城就形成了金峰寺是女人们参加的庙会，三官庙是男人们参加的庙会，这也算得是古城庙会的一大特色。

解放前，每月二十四日，古城镇上的绅士、老板、米商、纸商或其他小生意人都会邀集起来到三官庙喝酒。喝的酒是当地老百姓蒸的米酒，下酒菜一般是豆腐、猪肉、白菜，另加米饭等。酒、菜都从镇上抬到庙里，所花的钱按人均摊。每次有 4~5 桌，每桌 8 人。

然而，虽然三官庙可以喝酒，却不能在正殿喝，必须在边房喝。三官庙的喝酒庙会并没有"朋"的组织，约定俗成，爱喝酒的人在二十四日这天去喝就是了，可以去也可不去，无任何约束。凡是爱喝酒的人几乎每天必喝，所以对于每月一次的喝酒聚会毫无疑问会去参加，他们会在这天互相招呼相邀而去，边喝酒边聊天，自有一番情趣。

三官庙每月二十四日聚会喝酒的习俗解放以后已经消失，现在只剩下每年九月二十四日由庙里组织的鼓手演奏及烧香活动而已。

3. 石主庵及八月十二庙会

石主庵坐落于金峰山下，地域上属于古城上街的范围。石主庵供奉的是许真君菩萨，庙里有住庙的女信徒两人。石主庵规模与三官庙相仿，属于较小的庙宇。

八月十二日是石主庵的庙会，称为"石主庵醮会"。石主庵庙会有时三天，有时一天。主要是和尚坐台和念经。和尚是从长汀县城的卧龙山金沙寺请来的，3~5人不等。

醮会期间还有搭台唱木偶剧，木偶剧团从本镇元坑村请来。长汀其他乡镇也盛行木偶剧，但各乡镇的木偶剧均唱汉剧，这是闽西的地方戏，而唯独古城木偶唱楚剧。古城的木偶剧已有近百年的历史，1906年在古城元坑创办"炳庆堂"木偶班，由上杭木偶艺人来古城传艺，开始时唱高腔，到第二代传人蓝昌达（现年65岁），由唱高腔改为唱楚剧（即祁剧）。楚剧是湖南的地方戏，该剧传到赣南后，在赣州成立了楚剧戏班，经常到长汀演出。古城元坑木偶剧"炳庆堂"认为楚剧的唱腔比原来的高腔好听，而且曲调丰富，所以拜师学艺，将楚剧曲调运用到古城的木偶剧来，因此楚剧曲调在古城木偶剧中保留至今。这是长汀唯一唱楚剧的木偶剧团，也是两省文化渗透的特征。主要演出的剧目有《大名府》《孔明借箭》《穆柯寨》《空城计》《开封府》等。古城当地的庙会、打醮等民俗活动大多请本镇的木偶剧团演出。平时，古城木偶剧团也有到邻省的江西瑞金、石城等乡镇去演出。古城木偶剧团到现在已经是第三代传人了。

4. 古胜寺

古胜寺坐落于古城上街，据说这是古城最古老的寺庙，古城民间流传"还没有古城，先有古胜寺"。据说原先称为"古信寺"，后改为古胜寺，供奉的是释迦牟尼佛。释迦牟尼佛的生日是四月初八，所以每逢四月初八便有许多百姓前去烧香。后来发展到每月的初八都有百姓前去烧香。

古胜寺是个小庙，无住庙和尚，也无人看守。

5. 七圣宫

七圣宫坐落于上街，是个小庙，供奉七尊小佛像，无住庙和尚，也无人看管。每逢初一和十五日百姓们自由去烧香。这个小庙仅上街人有份。

6. 五通庙

五通庙坐落于古城上街，供奉五通五显公王，无人住庙。这个庙是众人共有的庙，所以上街和下街的村民百姓都在初一、十五日前去烧香。五通庙的庙会是每年的正月十五日，详见下文详述。

7. 洋石庙

洋石庙坐落于古城下街，供奉汉圣大帝（相传是刘邦），无人住庙。平时百姓们在初一、十五日会去烧香。庙会的时间是正月十六日，详见下文。

8. 关爷庙

关爷庙即关帝庙，供奉刘、关、张桃园结义三兄弟的塑像。关爷庙是前面提及的洋石庙旁边附带的小庙，无人住庙，也无庙会活动。

9. 天后宫及其庙会

古城天后宫坐落于古城上街，是古城最大的庙宇。据天后宫的碑文记载（碑现已毁）：天后宫于清道光二十年（1840）动工兴建，咸丰元年（1851）建成，前后历时 11 年。天后宫占地面积 1 100 余平方米，分为前殿、中殿和正殿。正殿正中供奉的是天上圣母妈祖，正对妈祖塑像的是戏台，戏台两边各有三层楼阁，这是供外地戏班的戏子们住宿、更衣、化装用的。在前殿和中殿之间是个约 200 平方米的大天井，这是老百姓看戏的地方。中殿和正殿都有斗拱、廊柱，墙上有壁画，壁画反映的是妈祖从出生到海上救人一直到羽化升天的内容。因此，古城天后宫是当地一座十分宏伟的建筑，很可惜，这座建筑于 1984 年被拆除。现在的天后宫是 1986 年重新修建的。

据老人们介绍，古城天后宫有庙偿店和庙偿房 400 多平方米，有庙偿田 60 多亩（据说最早的时候有 1 000 多担田）。庙偿店房的租金和庙偿田的田租除了供天后宫日常开销、庙会打醮外，还在古城的老石桥旁建了一座"养生堂"，专门收留无家可归的穷人，供给食宿。

古城天后宫的庙会是三月二十三日和九月二十三日。相传三月二十三日是妈祖的诞生之日，九月二十三日是妈祖羽化升天的日子，每逢这两个日子举行春、秋大祭，一定要打醮。

天后宫的庙会是三天。春醮的三天是：三月二十一日至二十三日（二十三日是正日），秋醮的三天一样，以二十三日为正日。庙会的主要内容是请鼓手演奏和唱戏。鼓手班共有 6 人，是本地的。鼓手班在百姓来上香的时候都要吹吹打打，营造出热闹的气氛。天后宫内的戏台上，连续三天都有戏演，演的大多是江西的采茶戏、赣州的楚剧（祁剧）和本地的木偶剧。

在这三天里天后宫热闹非凡，男女信徒络绎不绝。天后宫还要留信徒吃斋饭，最多时达到几十桌，规模十分宏大。

昔日天后宫庙会是由庙方组织的，除天后宫内有两个常住的管理人员外，古城街上由老者、商店的老板组成了一个理事会。理事会有专门的人员负责管理庙偿店房和庙偿田的租金收入及开支，并要每年公布账目，每年的春、秋醮事就由他们来负责。庙会所有的开支均由庙方支付，村民们不必捐钱，但信徒们在庙会时送给庙里的油、面以及功德钱等不限。庙会活动20世纪50年代中期停止。如今的理事会是1986年重建天后宫以后成立的，现在的庙会活动均由他们组织。

10. 社公及打社醮

古城有两个社公，都坐落于上街，分为上社公和下社公，都称"本坊福主公王"。据说古城的社公很灵，所以信仰的人很多。在古城镇，无论谁家杀了猪，都会割一段尾巴和一点嘴巴肉去敬社公菩萨。

解放以前，每年举行两次"打社醮"活动，第一次是上半年的三月，第二次是下半年的八月，称为"春社"和"秋社"。打社醮的主要内容是保禾苗、保牲畜以及保平安。打社醮解放以后便已消失。据老人们回忆，解放前的打社醮，成立了理事会，是由年长的老人自愿组成，不分姓氏，不分上下街。理事会有十几个人，有时人多一些，有时人少一些。参加理事会的人大多是对醮会热心、身体较好、家中空闲的老人。所以有时只要老人自己说一声我要参加理事会，便可以参加。每年的三月和八月，理事会就会约定碰头，请先生择好打醮的时间。时间定下以后，理事们分头向村民说一声，大家便都知道了。

打醮的经费，由理事们到古城街上的商店、米行、纸行、客店、饭馆及百姓家中去募捐。古城街上的老板都十分愿意捐钱，有的1块银圆，有的3块、5块，有的米老板捐大米一担。每次募捐过后，都要在街上的墙上贴出红榜，告示众人。打醮活动的内容按筹集经费多少来定，经费筹得多，打醮的内容也多些，有三天的大醮，最后一天要和尚坐台，做孤菜，每桌十二碗，有七八张桌，最后抢孤菜。孤菜抢回去给猪牛吃，据说猪牛吃了不会得病。如果经费少，就只打一天醮，请和尚念经就可以了。有时也会发生经费太少的情况，只好取消打醮活动。

11．五谷大神

古城有五谷大神菩萨，但没有庙，这尊五谷大神像一直放在胡姓村民的家中。过去，古城人虽然信仰五谷，但自己没有五谷大神像，必须到河田赤峰嶂去朝拜，因而十分不便。大约在民国年间（具体年份不详），古城村民胡师献的父亲去赤峰嶂朝拜五谷大神后，发现赤峰嶂有好几尊神像，于是趁人不备就偷了一尊回古城。偷回来后放在胡家，天天上香，果然古城风调雨顺，太平无事，因而这尊五谷大神像便一直放在胡家，村民们要烧香便到胡家去，这就造成了古城的五谷有神无庙的趣事。

（二）奇特的"送香梗"习俗

古城街至今还保留了奇特的习俗"送香梗"。"香梗"就是香燃灭以后剩下的余梗，同时也包括蜡烛燃灭后剩下的烛梗。"送香梗"就是将每家每户的香梗、烛梗全部收集起来，以隆重的仪式送到下街村口去统一焚烧掉，象征着送掉一切邪恶、鬼魅，示意迎来新一年的好运。这一活动又是和上街的五通庙以及下街的洋石庙紧密相关。

1．庙会的时间

送香梗庙会的时间是正月十五日、十六日两天。古城街以中桥巷为界，中桥巷以东为上街，以西为下街。上街各户的香梗于正月十五日由五通庙收集，下街各户的香梗于正月十六日由洋石庙收集。五通庙收集好的香梗等到正月十六日洋石庙的香梗收集好后，一齐送到村口黄泥潭去焚烧。

古城各户从正月初一开始就将香梗、烛梗仔细保存起来，不要随便抛弃，等待庙会开始时由庙里统一来收。

在庙会前一天（上街为正月十四日，下街为正月十五日）每家每户要打扫卫生，家里家外、厨房周围要清扫得干干净净，猪栏、牛栏也要将粪便清除干净，家中房间里的尿桶也要洗刷清洁。总之，一切能打扫干净的都要打扫，以表示对送香梗的虔诚。

2．正月十五日上午五通庙收香梗

（1）五通庙醮会

正月十五日实际上是五通庙的醮会，收香梗是醮会的内容之一。与其他醮会不同，五通庙并没有三天或五天的醮期，也没有和尚坐台及孤菜等内容。五通庙的醮会由上街的老者组织，他们在正月十四日之前就将醮会的活动做了筹划，同时还要请道士、鼓手班、民乐队等，并确定收集香梗的人员。请这些人员都是要支付报酬的，报酬由抬菩萨和收香梗时收来的米折成现金支付。

正月十五日早上，理事会老者全部集中到五通庙。道士念经约半个小时，念经毕，众人上香。然后请出五显大帝的满公王子（满公王子是五显帝中最小的，客家话"满"是最小的意思，如小叔叫满叔，小儿子叫满子，小姑叫满姑），收香梗要满公王子同行，其余四尊不抬出去。此时，各户自愿前来的带旗、铳等也都到五通庙前集合。

（2）收香梗的过程

上午九时左右，收香梗队伍就出发开始到上街各户收香梗。

队伍排列如下：

打大锣前导，然后是锣鼓队伍或民乐队；

接着是满公王子菩萨；

菩萨后面是打旗的队伍，有二十多面旗，这些旗都是村民自己置备的，专用于打醮迎神时用；

随后是铳，有二十多把，也是村民自备的；

铳后是道士，道士为本村人，已祖传四代了；

最后是挑箩筐和挑桶的各两人，一个箩筐用于装香梗，一个箩筐用于装大米，两担桶是用来盛各家各户的酒的。

（3）收香梗的过程

满公王子从庙内抬出来，便放鞭炮鸣响，队伍走动后，开始向天鸣铳，上街的百姓一听到鞭炮声及鸣铳声便知道收香梗开始了。

村民百姓都在自家的厅堂前摆上桌子（八仙桌或小供桌），桌上摆放三碗酒和一升米，从初一至十五日积累起来的香梗用纸包好，放置在桌子的一旁，等待队伍前来。

收香梗的队伍敲锣打鼓、放铳，到了上街的街口，将菩萨停在街中央，道士带领挑箩筐挑桶及放铳（1人）的人员挨家挨户去收集香梗，其余的旗、铳都在街上停下等待，民乐队及鼓手班在菩萨轿的前面继续演奏。

道士和收香梗的人员进入村民家中，道士先在供桌前念一段经，2~3分钟即可，随后就由收香梗的人将桌上供的酒倒入桶里，米倒入箩筐里，将香梗收入另外的箩筐里。收完以后便就由放铳的人在这家的门口放一铳，表示驱赶走了邪恶，从此将太平无事，随后又到另外一家去收。

有的人家在过去的一年中碰到不吉利的事，或家中有人上吊、淹死等不正常死亡，或者生小孩夭折，或猪、牛染瘟等。这时户主会要求放三铳，以振兴龙脉、驱除邪恶。放铳的人即按要求放三铳，满足主人的要求。主人必须要送上三升米，表示感谢！

如果带去的箩筐、桶已经装满了，便挑回到五通庙内，再挑空箩筐和空桶继续去收。菩萨在街上停的时间长短，要看周围人家的多寡，户数多的可能要半个小时，户数少的二十来分钟就行了。整个上街收香梗时，菩萨要停三次（即街口停一次，上街中部停一次，上街街尾停一次），约十一时便结束了。所有收集来的米、酒、香梗都挑进五通庙内。米、酒作为开销用，除了支付酬劳外，煮了米饭配上酒菜，所有参加的人员集中吃饭。

正月十六日上午为"洋石庙"收集下街各户的香梗。洋石庙抬的是汉圣帝，收集的方式与五通庙的相同，不再详叙。

（4）送香梗

正月十六日下午是送香梗的时间。

这天下午整个古城镇非常安静，不能放鞭炮放铳，不能大声说话、吵闹，只有在安静的气氛中送掉香梗，才能保佑来年五谷丰登、六畜兴旺。

两三点钟，首先由五通庙将香梗送到洋石庙，五通庙的满公王子紧随挑香梗的队伍，以示押送。当行走到洋石庙旁边时，放铳三声，这是告知洋石庙。五通庙的香梗挑进洋石庙后，便从原路返回，菩萨必须倒退回到五通庙里。

洋石庙收到五通庙的香梗后，连同自己庙里收集的香梗一起送去焚烧。焚烧地点在下街尾村口名叫黄泥潭的地方，距古城镇大约一里。洋石庙的汉圣帝不必押送，只是由道士陪同挑香梗的人一同前往就行了。

焚烧时必须先由道士念经，再点火焚烧。焚烧香梗，代表着将所有邪气、坏运气随着香梗一同烧掉了，示意着一个崭新的年头的开始，寄托着古城人们对新一年的美好憧憬。至此，整个送香梗庙会才告结束。

六、盛大的二月二花朝

花朝传统民俗活动在长汀县的好几个乡镇都有流行，有些村也有花朝这一节日。但是古城花朝仪式最为隆重，影响最为深远。古城二月二花朝成为继城关"九月十四"、新桥"二月初五"、馆前"三月三"、四都"四月八"之后长汀最具影响力的传统民俗活动之一。在古城，虽然二月二花朝是以古城镇的上街、下街为活动的中心，但整个古城17个村都会来赴会，成为全镇性的重大活动，也是古城所有传统活动中首屈一指的。

（一）古城花朝的由来

古城花朝源于何时，已无从查考，在采访中所有的老人都说很久很久以前就有了。

长汀方志办原主任廖春生先生在《长汀"花朝"习俗与客家因缘》一文中说：花朝在我国起源很早，至迟在汉代已出现，张衡的《归田赋》里提到"仲春令月，时和气清，原隰郁茂，百草滋荣"。到唐代花朝节活动已发展得十分热闹了。相传唐太宗李世民曾在花朝节里于御花园中主持过"桃李御宴"，在宴席的佳肴上点缀各种可供食用的花，边饮酒，边选食。武则天也在花朝节这天于兴庆宫，令宫女们采集百花和米捣烂，做成花糕赐群臣食用。此后这一活动传到民间，民间不少地方这天也都举行花朝盛会。

我国许多地方均有"二月二"习俗。河南一些地方将二月初二称为"龙历节""龙抬头""龙头节""中和节"。《洛阳市志·风俗编》中记述："二月二日花朝节，洛阳风俗，士庶游记。"《清河县志·社会生活编》记载："二月初二古称花朝，俗称'龙抬头'。"

（二）古城花朝盛况

古城花朝时间是二月初二。时间虽然只一天，但二月初一就已经有浓厚的节日气氛了。因为许多来古城赶赴庙会的人，在二月初一就已到了，大多数住在亲戚朋友家中。来古城参加二月初二活动的，主要来自：一是长汀县城。许多商人、老板长期以来与古城有生意的往来，他们自然会在花朝这个古城重大节日里来捧场。另外，长汀的许多绅士、教书先生、衙门官员等以朝拜花神的虔诚之心，来古城赶会。至于长汀县城中与古城有亲戚关系的百姓那更不用说了。二是江西邻近各县。主要是江西的瑞金县、石城县、赣州府及其周边的有关乡镇如壬田寨、合龙、黄柏、蓝田、日东、洋地、叶坪、泽潭等。三是长汀本县各乡镇。主要有长汀县四都、大同、策武等邻近乡村。四是古城各村。前面已提到，花朝节虽然活动的中心是古城镇所在地，但古城人都视为自己的节日。

鉴于以上四个方面与花朝密切相关的地缘人缘关系，虽然二月初一不是古城的墟日，但街上人来人往，热闹非凡。各地商贩自然也不会放过这个机会，因此卖布的，卖糖果的，卖京果手信的，卖碗、筷、锅、瓢、勺的，卖丝线、花线、花粉、绣花针的，卖布鞋、布袜、草鞋、围裙、头帕、儿童鞋、帽、围兜的，都在街上摆起摊子。到后来卖犁、耙、锄的，卖小猪、小鸡、小鸭的，卖竹箩、竹筐、鸡笼、猪笼、尿桶、簸箕、谷笪的，卖各种菜种、瓜种的，也来摆摊了。街上的饮食店也纷纷开张，大多供应泡面、泡粉干、氽猪肉、炆豆腐、大米饭等。

古城街的村民百姓也家家户户做豆腐，蒸米冻，做灰水糍，买猪肉。米酒早在年前就已蒸好，足够喝的。做好这一切的准备，是因为二月初二花朝，古城街所有农户都是高朋满座，家家户户都有许多的客人，这也是古城人们除了过年之外最为隆重的节日了。

（三）花朝的组织

据介绍，解放以前古城的花朝是由理事会组织举办。理事会由三方面的人员组成：一是古城的乡绅（里长、保长）等，二是商店的老板，三是有威望的老者，共有十多人。理事会在每年的正月十五日以后就开始筹划花朝活动。主要工作一是马灯、茶灯、龙灯、船灯的人员落实和排演准备，二是经费的筹集。古城花朝的费用并不要各户摊派，几乎全部由古城街上商店的老板捐献，每一个商店都会捐钱，多的捐5~10元（光洋），少的也有1~2元（光洋），古城墟上几十家的商店，每次都捐到上百元，足够活动开销。乡绅也会捐一些，捐来的钱主要用于马灯、龙灯、船灯的扎制，香火蜡烛鞭炮、三牲供品开销等，用不完的钱结转到下一年用。

解放以后，花朝仍年年举行，有一段时间是由镇政府和上街、下街共同主办，以花朝为依托，开展边界贸易，活动内容增加了演戏、踩街、放电影等。现在由天后宫理事会负责操办花朝活动。

（四）花朝的主要内容

古城花朝的主要内容已经从敬花神、赏花、踏青演变成各地都流行的抬菩萨了。据古城老人们说，花朝节的确原来是敬花的节日，但是据他们所知道的，从上辈以来就是抬菩萨了，除了抬妈祖，其他的菩萨也大多抬出去，形成很壮观的队伍。可见，花朝从敬花神演变到抬菩萨娱神已经是很久很久了。但是，在传承至今的古城花朝节日里，仍可捕捉到踏青、迎春的历史痕迹，主要是古城传统的民间文艺马灯和茶灯。

马灯是用竹篾扎成马头和马尾，并用纸糊裱，将马头绑在表演者的胸前，将马尾绑在腰后，一般由 10~20 个男女少年表演，主要体现了骑马踏青、观看春天美景的情景。马灯的表演和装扮与北方的"跑驴""走马"完全一样，是一种民俗娱乐形式。

茶灯由男女若干人表演，人数可几人、十几人，也可以几十人，是在街上行走着表演的。前面一男一女穿着老头、老太太的衣服，他们手上高举着茶树枝，装扮成十分受古城人们欢迎的"茶公""茶母"。后面的男女青年都挑着装茶叶的茶篓。表演时，由前面的"茶公""茶母"举着茶树枝扭着步子边走边跳，引导着后面的队伍，后面的青年们挑着茶篓紧随"茶公""茶母"前进。表演的内容是体现一群男女青年，采了满满一担春茶，兴高采烈地庆祝、欢乐的情景。表演中还要唱《茶灯调》，歌词如下：

> 正月摘茶是新年，放落茶篓点茶钱。
> 茶钱要点十二篓，山主收租交现钱。
>
> 二月摘茶茶生芽，手攀茶枝摘茶芽。
> 郎摘多来妹摘少，多多少少摘回家。
>
> 三月摘茶茶叶青，茶树兜下绣花巾。
> 两边绣的茶花朵，中间绣的摘茶人。
>
> 四月摘茶日渐长，耽搁几多莳田郎。
> 莳得田来茶又老，摘的茶来秧又长。
>
> 五月摘茶茶叶浓，茶树兜下生茶虫。
> 多买金钱谢土地，土地唔灵亏茶农。
>
> 六月摘茶热难当，摘茶摘到两头暗。
> 当昼口渴肚又饥，摘把树叶遮荫凉。
>
> 七月摘茶秋风起，姐在家中织花衣。
> 茶衣织哩三五件，留来冬下赴茶墟。
>
> 八月摘茶桂花香，茶树兜下等茶郎。
> 茶郎问姐几时嫁，要问茶神和爹娘。

九月摘茶是重阳，满山菊花满山黄。
郎在茶山多摘茶，姐在家中炒茶忙。

十月摘茶正立冬，十担茶篓九担空。
一担茶叶难交租，终年劳累作场梦。

十一月摘茶大雪飞，挑担茶叶过江西。
茶郎沿街喊卖茶，姐在家中盼郎归。

十二月摘茶又一年，挑担茶篓接茶钱。
上街接来下街转，上屋下屋约明年。

《茶灯调》，记谱如下（演唱者，古城长校农民吴仕兴，现年70岁）：

```
6 6 1 6 5 | 6 1 6 1 | 2 2 1 | 6 5 6 1 | 6 2
正 月 个 摘 茶 是 新 年 哦 呀 呀 哦 唧 呀 来 放 落

1 2 | 6 2 1 6 | 5  6·1 2 | 6 6 1 6 5 | 6 ——
茶 篓 点 茶 钱 呀 的 嗬  哩 花 都 儿 花 留 香
```

茶灯表现了迎春采春茶这一特有的内容，从以上马灯和茶灯的内容看，虽然与花朝原本的敬花神有不同，但在骑马游春及采春茶这一特定的内容上仍保留了花朝的原始信息。这里还需指出，茶叶在古城并不是主要的农产品，但是长汀的所有乡镇都生产茶叶和油茶籽，有许多茶树是野生的，也有一些是人工栽种在房前屋后。过去长汀农村的茶叶大多为自用，采茶及摘茶籽几乎是家家户户的农活之一，因而在古城有采茶调也就不足为奇了。

（五）花朝游神

古城花朝游神抬菩萨和长汀盛行的庙会、打醮游神不同，花朝不是以某一庙宇和神佛作为载体，整个活动也不是在某一庙宇内进行。原先以抬妈祖为主，后来竟越抬越多，几乎将古城镇上所有庙宇的主要菩萨都抬出来了。

游神队伍从古城上街的入街口开始，队伍排列为：

锣鼓乐队演奏排在最前面；

随后是妈祖菩萨，紧接妈祖是五谷大神、五显大帝、释迦牟尼、观音、汉圣帝、刘、关、张等（排列顺序可前可后）；

菩萨过后是"马灯"表演，表演装扮骑马的有男女少年十多人参加，人数逢双，两人一排；

茶灯表演紧随其后，"茶公""茶母"前导，后面是十几位挑着茶篓的男女青年；

其后是船灯、龙灯等长汀普遍流行的民间文艺；

最后是旗幡队和铳队，旗幡有数十面，铳有十多把。

游神队伍开始后，古城街所有的住户都在门前供了三牲及香烛，等游神队伍一到，立即燃放鞭炮迎接，整个古城沉浸在一片热闹、隆重的喜庆气氛之中。古城万人空巷，村民都挤在街道两边观看游神及茶灯、马灯的表演，活动从上午9时左右开始，到中午12时左右结束。游神结束后，家家户户都是宴客的酒席，尽展古城人们的好客民风。

被访谈人员名单：

饶坤禄，男，84岁，古城上街村退休干部

胡师献，男，72岁，古城上街村农民

胡立元，男，61岁，古城上街村退休老师

罗德禄，男，57岁，古城上街村农民

胡荣元，男，60岁，古城上街村农民

彭盛元，男，65岁，古城上街村退休干部

廖世荣，男，55岁，古城镇人大常委会主任

李德有，男，72岁，古城中心小学退休老师

曹炳昌，男，57岁，古城镇原人大常委会主任

钟小亮，男，38岁，古城上街村支部书记

黄发林，男，35岁，古城上街村主任

毛立波，男，37岁，古城下街村主任

余德水，男，40岁，古城下街村支部书记

彭大钦，男，76岁，古城下街村退休老师

胡维汉，男，83岁，古城下街村民

四都镇渔溪村石圣祖师崇拜*

赖光耀

一、概况

　　四都镇渔溪村位于长汀县城西南，距县城 70 里，距镇政府所在地同仁 5 里。渔溪村东至新华村 15 里，南至同仁、红都村 5 里，西至溪口村 15 里，北至上蕉村 5 里。全村有渔溪、上湾、下湾、田螺岗下、熟坑、吴屋、赖屋、石窝、熟坑口、墓子沿等 10 个自然村落，全村面积约 25 平方公里，耕地 983 亩，山地面积 28 500 亩，全村 213 户 1 086 人。以种植水稻、烤烟为主，兼养猪、鸡、鸭。2000 年人均纯收入 2 290 元。

　　渔溪村地势西高东低，东面大山横亘，犹如一天然屏障，好像一只振翅欲飞的凤凰，被当地人称为"飞天凤"形，著名的镇溪庵坐落在凤凰的尾部，庵内供石圣祖师等菩萨。南面的水口山像一只大大的田螺，因此被称为田螺岗，在水口的桥边设有一社公。汀四公路在西边山脚越村而过，四都河由北向南在村东沿山脚蜿蜒而下，流入同仁、红都。

　　渔溪目前居住的姓氏主要有廖、刘、王、黄、赖等姓，最早在渔溪开基居住的张、邹二姓已不存在。整个行政村人口最多的姓是廖姓，170 多户 800 多人；其次为赖姓，20 户 68 人。渔溪地名的来历，据老人们介绍，先前这里河里的鱼非常多，据说多到用粪箕都可以捞得到。这条溪供村人而渔，故

---

　　* 原载杨彦杰主编：《长汀县的宗族、经济与民俗》（下），第 504～523 页。

名渔溪。由于种种原因，往日风光早已不在，让人徒增许多感慨。

二、主要姓氏介绍

（一）廖姓

据1998年重修的《廖氏族谱》载：渔溪廖姓，武威郡。南宋绍兴二十七年（1157）由四都的楼子坝村韩屋畲自然村迁入渔溪，开基始祖是廖六三公。当时的廖六三公给渔溪的刘屋人放牛、做长工。有一次，刘姓请了个姓吴的地理先生帮其看风水，六三认为地理先生乃主人的贵宾，应该非常尊敬他，就用金脸盆装水给地理先生洗脸，当时刘姓主人满肚子不快，待地理先生歇息后，就对六三破口大骂："你这个笨蛋！俗话说财不外露，你不过是我家的一个长工，怎么可以自作主张将金脸盆拿去装水给一个走江湖的人洗脸？万一发生了什么意外，我绝不饶你！"六三遭主人骂后，觉得非常委屈，跑到屋后山冈上，越想越伤心，由抽泣转为痛哭。不想惊动了地理先生，地理先生问六三何故，六三一边擦泪一边说："主人骂我不该用金脸盆装水给先生洗脸，还说财不外露给江湖客看。"地理先生听后仰天长叹："刘姓人没福！"于是安慰六三道："孩子，你不要伤心。你为我受了委屈，我一定会好好报答你！"从此地理先生就开始帮六三物色风水宝地。后来地理先生发现黄竹子头下是块风水宝地，于是对六三面授机宜。

到这年过年的时候，主人叫六三去吃年饭，六三故意不去吃，跑到黄竹子头下大哭。主人来问何故，六三边哭边说："大家过年都烧香照烛供奉祖宗，我帮人做长工几年，不但自己上无瓦片，下无寸土，没赚到钱又不敢回家，现在连给祖宗烧香的地都没有！"主人一直劝他："先回去吃饭，此事以后再说。"六三说："主人，求你让我在此安个祖宗的牌位，让我为祖宗点盏灯、烧炷香，行吗？"主人念六三一片孝心，就应允了，并将此地赠予六三。此后，六三便趁机在那用杉皮搭了个寮子，每逢过年过节便要在此烧香拜祖。六三后来又到河田丘坊坝去帮人放牛、做长工，在此时期认识了丘五娘。丘五娘与六三一起劳动，见六三勤劳节俭、纯朴善良，顿生爱慕之心。两人结为夫妇后，六三就携五娘回到渔溪村。

六三夫妇勤俭持家，家道日渐殷实。吴姓地理先生闻说就来到渔溪，帮六三做祠堂。地理先生问道："祠堂两边要不要留阴巷（俗称马槽）？"六三问:"何故?"地理先生说:"留了阴巷就不会绝刘姓,若不留,刘姓人就会绝。"六三听后连忙说:"不敢,不敢!做人要有良心,当初若不是刘姓将这块地赠予我,我哪能在此定居?"于是就留了马槽。因而刘姓人并未绝掉,现在居住在渔溪村的刘姓人始终没有大发展,现仅存8户30多人。因为好的风水被廖六三做去了。

廖六三定居渔溪后生下惟清、惟浩二个儿子,惟清传至第五世分四房,详见世系表。

表 4-1　　　　　　　　　渔溪廖氏世系表

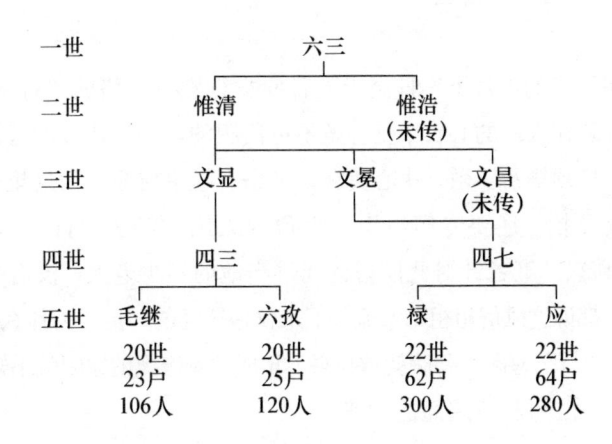

一世		六三		
二世	惟清		惟浩(未传)	
三世	文显	文冕	文昌(未传)	
四世	四三		四七	
五世	毛继	六孜	禄	应
	20世	20世	22世	22世
	23户	25户	62户	64户
	106人	120人	300人	280人

廖姓建有四座祠堂,它们分别是:总祠(六三公祠兼禄公祠),坐壬兼巳,丙向分金,1994年重修,1997年八月初二子时进香火。应公祠,坐亥兼乾,1980年重建。毛继公祠,坐辛兼戌,据说已有几百年的历史。六孜公祠,坐甲兼卯,据说也有几百年的历史。

廖姓曾出过一个武秀才廖文炳,因此在总祠出门口立有一对石桅杆,杆上刻有"同治辛未年(1871)冬月廖文炳"字样。还有一对嘉庆十二年岁次丁卯年(1807)立的石桅杆,因杆上无署名,族谱也无记载,故无法考证为谁人所立。廖文炳之子廖永享曾任清代农民起义军千刀会首领,廖文茂为副首领。

(二)刘姓

刘姓是最早在渔溪开基的姓氏,据说是从武平湘坑湖迁来此地定居的。现有8户,发展至26世,有30多人。

(三) 王姓

渔溪王姓据说比廖姓先迁到渔溪，与四都山坑王姓同出一脉。当时王文显带德崇、德辉、德琼三个儿子从濯田迁来四都时，德崇与山坑始祖德琼留在了四都山坑，德辉就来到了渔溪，成为渔溪王姓的始祖。王姓现仅存7户，发展至24世，有20多人。

(四) 黄姓

黄姓由策武迁来此定居，才7代，现有3户，13人。

三、渔溪村"打菩萨"醮会

渔溪村在每年的正月十三日至十五日要举行别具一格的"打菩萨"醮事。人所共知，菩萨在人们的心目中是神圣不可侵犯的，任何地方的菩萨逢醮事只有用肩膀抬，且须毕恭毕敬，小心翼翼，唯恐有丝毫冒犯。而这里的菩萨（石圣祖师）不仅要抬，还要专门组织一大帮的人用竹竿去"打"，甚至传说越"打"菩萨越高兴。笔者针对此风俗询问过当地的不少老人，没有一个人能说出所以然来，都说这风俗祖祖辈辈流传下来就是这样的，至于为什么要"打"菩萨和越多的人"打"菩萨，菩萨就越高兴、年成就越丰熟的原因就不知道了。

(一) 石圣祖师及镇溪庵的由来

相传，在很久以前，石圣祖师是田螺岗下岗背一块用来堵田缺的石头。

有一次，一个农民因做水，在傍晚时将这块石头用来堵了水，等他第二天早上到田里一看，那块堵水的石头跑到田埂上了，田里的水早已流得干干净净，气得那农夫七窍生烟。一连几天，天天如此。那农夫暗想，究竟是哪个王八蛋将我田里的水放跑了？我晚上来这田坎上埋伏，看看究竟是谁捣的鬼？一定要抓住你，不把你打个半死，我就不姓廖！这晚他早早吃过晚饭，来到了上丘田的田坎上，一直到了大半夜都无什么动静，农夫又困又累，正想离去时，突然间"轰"的一声，那块石头蹦起，落在田埂上。他"呼"地站起身来，左顾右盼，整个田段除了自己之外空无一人，于是他将那块石头放回原处。谁知他一回头想走，那块石头又"轰"的一声蹦起、落地。气得他大骂起来："我今天不管你到底是神还是鬼，不揍你就消不了我的气！"手起锄落，"砰"的一声敲在那石头上，只见有一块碎石射到他的眼睛，痛得他哇哇大叫。他这时害怕了，赶紧跪下祷告："你到底是什么神？我今天无知冒犯了大神，请多多原谅！"话刚说完，眼睛就不那么痛了。他见如此灵验，便说："你既然是神，我今晚就用藤将你捆起，用锄头背着你走，你想在哪安身，藤就在哪里断。"农夫就将那石头背起走了。一直走到上湾河沿边的凤形尾部，那绑石头的藤就断了，于是暂时将那石头安奉在那里。那农夫回来将他的奇遇告诉村里人后，大家都认为这石头一定是块神石，加上渔溪河经常发生不安全的事，在河边为这块神石建个庵镇邪，可谓一举两得。于是大家就出资出工建了一座庵，取名镇溪庵，尊那石头为石圣祖师。据说，从那以后每年渔溪村的五谷都十分丰熟，六畜也十分兴旺，渔溪河也没发生这样那样的坏事了。

镇溪庵始建于何时已无法考究。根据老人们说，世世代代留传下来就有此庵，也不知多久了。老庵于"文化大革命"时被毁，现在的庵为1984年间由五位廖姓人牵头，145户人捐资重新建造的。这145户人家中有廖、刘、王、赖、童、吕、黄、陈、林、丁、杨、曾、李、吴、岳等15个姓氏，这其中包括了在渔溪做工、临时居住或后来迁入的村民。

镇溪庵坐落于渔溪村东南面的上湾村，坐东南朝西北。与渔溪村隔河相望。过了渔溪河，走过田段，上一高坎即到。首先是镇溪庵的贴脚楼，楼下有一休息厅及两个房间，拐弯过一小石桥，才到庵的正殿。庵门前一石亭设"天地虚空、日月万灵、坛前使者、过往神祇真宰位"，庵门贴一"德从宽处积，福在俭中求"的对联，庵后是一大片的竹林，属庵里的财产。进入庵门，左边是厨房，右边的厅子摆放着各种杂物。中间神龛后排供奉着如来、田君、真武祖师、古佛，中间分别是五谷大神、定光、观音菩萨、罗公、伏虎，最前面的是原来在后山法华殿的真武祖师，后因法华殿毁，这尊菩萨就安奉在这了。田君、土地安奉在右边，石圣祖师在左边的神龛上。

石圣祖师	古佛	真武祖师	田君	如来	土地 田君
	伏虎	罗公	观音	定光	五谷大神	
	真武祖师	

图4-1　镇溪庵神像位置示意图

渔溪村的石圣祖师被当地的老百姓亲切地称为"石头娭娌"（娭娌，客家话即母亲的意思）。这是因为，四都东河流域（含南严、上蕉、同仁、红都、新华、羊牯岭）百姓的孩子如果"八字"太高或体弱多病不好带，就往往会叫一识文断字的先生帮忙写一张孩子的生辰八字，或由母亲背着孩子，带上鞭炮、香烛来到这镇溪庵，跪在石圣祖师面前祈求这"石头娭娌"庇佑孩子无灾无病，快快长大成人。此后每年的正月十五日都要来烧香上供。如果孩子的身体日益见好，来年就要来还愿。还愿一般要油、香、烛、鞭炮、红布做的旗或菩萨供桌前的桌围。

（二）镇溪庵的管理机构

镇溪庵归渔溪廖氏所有，由渔溪村廖氏理事会直接管理。廖氏理事会由廖姓中较有威望的八人组成，会长由其中一人担任。镇溪庵没有专门的庵老在此居住，但经常会有一些与家人发生了口角的老人或因其他事情一时想不开的人会到庵里住些日子，以求清静。他们在庵里居住时就会帮助服侍菩萨，上香，点灯，料理庵里的事务，打扫清洁卫生等。若无人来住时，由廖氏理事会的人轮流到庵里上香，点灯，服侍菩萨。现在正月半打醮，除廖姓外，其他迁来此地居住的人也编入其中，一起出钱参与打醮。他们总共分为7大券，每券20多户。详见正月半各券供素饭安排表。1949年以前券的划分均按房派，即按廖姓的四大房划分轮流，如今的券都按居住地域来划分，连其他姓氏也编入其中。

表4-2　　　　　　　　　　正月半各券供素饭安排表

时间	券别	户数	时间	券别	户数
12日晚	第一券	13户	14日中	第四券	23户
13日早	第一券	12户	14日晚	第五券	29户
13日中	第二券	10户	15日早	第六券	21户
13日晚	第二券	10户	15日中	第七券	10户
14日早	第三券	22户	15日晚	第七券	10户

（三）正月半"打菩萨"醮会

1. 准备工作

渔溪村的正月半是一个非常盛大的节日，在渔溪有亲戚朋友的，都会呼朋唤友去"做月半"。

"做月半"，从正月十三日开始至十六日结束。在此期间，轮到做头这券的福首要召集本券的各家长来开会，安排具体事务，到本券的各家各户收取打醮所需经费（本券的其他人家按人头2元收取，不够部分由做头的人凑满，其余券的人家只要在打醮期间帮忙供素饭），联系鼓手、道士，购买打醮所需物品等。福首及参加抬菩萨的人从初六开始要"封斋"，待十六日菩萨送回庵后方可开斋吃荤。就连晚上洗澡时换洗的衣服都要自己拿，绝不能让家里的女人动手。

十一日，福首带领本券的人到山上砍"打"菩萨的毛竹。来到山上要先烧香、照烛，方可动手砍。毛竹要选头年生的，粗约寸余，长一丈左右，尾部的竹枝不能修掉。100多根毛竹扛回后，把竹枝弯曲，用镇溪庵的红布条扎4~5驳。

正月半执事人员安排

总管：1人

理数：1人

抬石圣祖师：4人

蒸斋果、抬五谷大神：2人

司茶酒、抬定光：2人

顾香火蜡烛、抬伏虎：2人

采购、粉粞（粞，客家话即米粉，粉粞即碾米粉）、抬罗公祖师：2人

安排床铺、抬田君：2人

做豆腐、扛牌灯：2人

走杂、抬香亭：4人

打宝伞：1人

2. 庙会盛况

正月十二日下午，被请的鼓手、道士来到渔溪村。

（1）参神。时间为十二日傍晚。在道士的带领下，福首、香首到村南水口桥边去请本地的福主公王。道士念经，告诉上到溪沿、下到水口、社令真官、福主公王、开山土地、杨大伯公今天渔溪打醮，恭请神祇到醮头下（即

福首家）去领香火。回来后在醮头下安神位，本日醮事结束。

（2）抬真武祖师游村。时间是十三日上午。吃过早饭后，鼓手们吹起唢呐，敲锣打鼓来到镇溪庵，将真武祖师抬过来，沿着村里的大街小巷巡游。游神队伍排列如下：

头灯：1人

牌灯：2人

抬香亭：4人

抬真武祖师：2人

鼓手：4～6人

放鞭炮、铳：4～6人

一行人沿着如下路线：镇溪庵→中心坝过桥→田塅→添灯架下→村上乌竹背→墓子沿→熟坑口→墓子沿→王屋背→虾公形→过水口桥→田螺岗下→

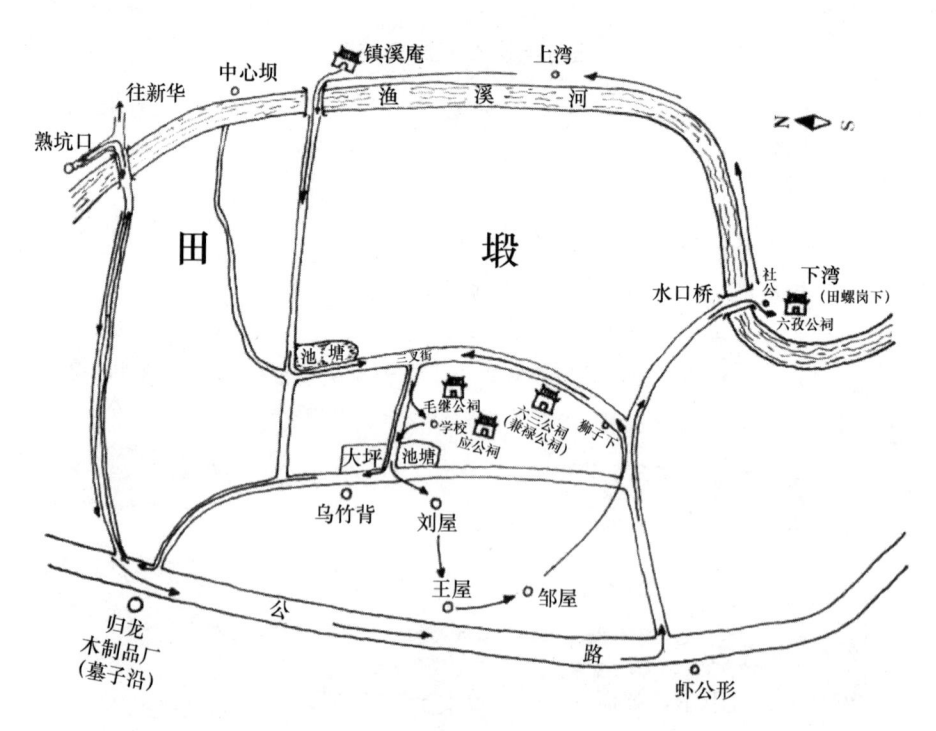

图 4-2 真武祖师游村示意图

上湾→庵门口东桥→添灯架下→三叉街→学校→刘屋→王屋→邹屋→岗背坑→水口桥头→狮子下→街上→乌竹背→墓子沿等，村上有人家的每条小街巷都要游遍，详见游村示意图。游完后抬回福首家。

在菩萨经过的地方，每家每户都要在门口摆上香烛、供品，燃放鞭炮迎接菩萨。

（3）奇特热烈的"打菩萨"。十四日，为正醮日，即是远近闻名的"打菩萨"活动。这天，邻近乡村的人都会前来观看。如果头年在石圣祖师面前许了愿的，这天要早早地到此还愿。抬菩萨的人虽然早早地来到镇溪庵，但是要等到还愿的人们烧完香、上完供后才能抬走菩萨。

抬菩萨队伍排列如下：

凉伞一把，1人。凉伞上书"敬奉　镇溪庵满堂诸佛御前叩许祈　保平安沐恩弟子先意于1995年岁次乙亥正月十八日赛还拜"。

头灯，1人。头灯左边画龙右边画凤，上面写着"合乡清吉"四字。

牌灯，2人。两盏灯正面书"上元清醮"，左右两边分别写上"大田禾熟""五谷丰登"字样。

接下来是香亭，4人抬。香亭六角形，正面亭额刻"神通广大"四字，亭两边柱上刻"金炉不断千年火，玉盏常明万载灯"，正中贴"镇溪、法华两殿满堂诸佛、玄天上帝之神位"。

石圣祖师4人，罗公祖师2人，观世音菩萨2人，定光2人，伏虎2人，五谷大神2人，田君和土地共一个轿，2人。

挑供果1人，龙灯队9~11人，放铳2人，鼓乐队4~6人，船灯2~3只，每只船灯5人，十番4~6人，放鞭炮5~6人穿插在队伍中间。

走在队伍最后的是提杂物1人，竹篮内装镇溪庵红布。"打菩萨"竹竿上的布或抬菩萨人头上的布脱落时，就用这布重新捆扎上。

抬石圣祖师的是4个年轻小伙子，他们统一地用红布包头，腰扎红腰带，裤脚也用红布条捆扎住。抬其他菩萨的16人普通装束。这时，他们将香亭以及观音菩萨、罗公祖师、定光、伏虎、五谷大神、田君、土地的神像先抬到庵对面的田墘处等候，抬菩萨的人要倒回去"帮轿"，即帮抬石圣祖师的4人推拉着前进，帮轿的人数不限，但都是轮到做醮事的这券人。石圣祖师用红布条在轿子内绑得扎扎实实，然后抬至河上游的水口坝，从那下在河里洗去尘埃，再抬上岸。菩萨一上岸，早已等在河岸这边"打菩萨"的

100多人，举起手中的竹竿一拥而上，一百多根竹竿直指石圣祖师轿。参加"打"菩萨的人仅限于男人，女人是不能参与的。如果去看热闹的客人有兴致，也可手执竹竿前往一试，体验一下那其中的刺激。抬菩萨的人要使劲地往前冲，打菩萨的人们则在菩萨轿的前面用力把菩萨轿往后推。围观的人们在旁边摇旗呐喊，人潮随着菩萨轿的进退涌动，"呜呜"狂叫，鼓乐队也随着人们情绪的高涨紧敲紧打，为双方鼓劲加油。这样推推搡搡、左移右挪、走走停停，直至菩萨轿被"打"倒在地。菩萨轿一落地，"打菩萨"的人们"呜"的一声散开，欢呼胜利。抬菩萨的人在原地休息片刻后，又将菩萨抬上肩膀。"打菩萨"的人们一看菩萨轿又抬上了肩膀，复又蜂拥而上。通过一番较量后，菩萨轿往前走十几步路，又被"打"倒在地。从河边到乌竹背摆果盒的坪上，不过四五百米路程，但要走两三个小时。在这段路上，菩萨轿会被"打菩萨"的人们"打"倒几十次。抬菩萨及帮轿的人会弄得满身泥土。在过池塘的路上，往往被"打"落池塘，包括参加"打菩萨"的人也可能会被带下池塘，浑身湿淋淋地，好不尴尬，哭笑不得！惹得围观的人们哈哈笑。

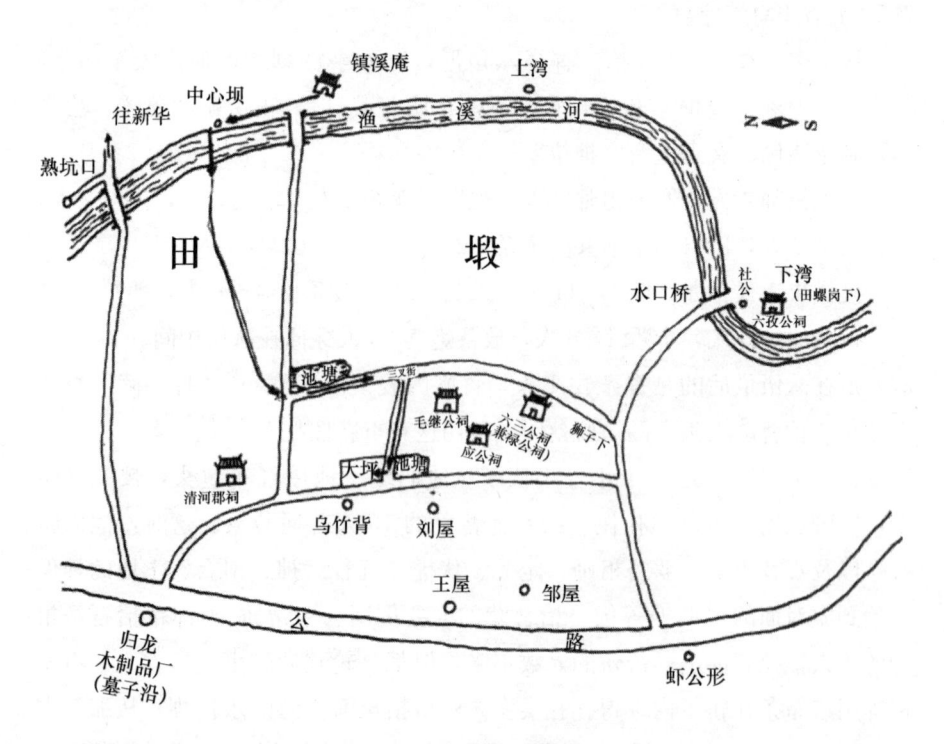

图4-3 "打"石圣祖师路线示意图

听老人们介绍说，解放前"打菩萨"是用竹竿去"压"菩萨，现在的"打菩萨"是用竹竿去顶、捅、撬，毫无规矩，乱打一气，如今已演变成了一项类似体育竞技的醮事活动。尽管这毫无章法地乱打、乱捅、乱撬，但奇怪的是，从来没有出现过大的伤人事故，有些人不免会擦破点皮什么的，但根本不用去看医生或用什么药，过一两天就会痊愈。

老人们告诉笔者，在抗战时，有一年打醮，本村的廖承荣（已故）头天去河沿开路，他看见河边的蓬苁里有许多名叫黄栅刺（一种刺非常长的荆棘），心里想明天抬菩萨千万不要踩上它。谁知第二天抬菩萨时，一不小心几百斤重的菩萨轿全压在他的身上。当时他穿得很单薄，一个人刚好倒在那刺蓬里，他心里想，这下完了，完了！不死也要脱层皮了！众人也吓得脸色发白，赶紧挪开菩萨轿，扶他起来，发现他除了衣服有点脏外，身体竟然一点都没有受伤。大家齐声说："石圣祖师显灵！知道我们在为他做事，所以一定不会受伤。"

待石圣祖师抬到乌竹背坪上时，等在这里的人们马上点燃鞭炮、烟花，一时间鼓乐声、鞭炮声震耳欲聋，绚丽的烟花在空中绽放，争奇斗艳，硝烟迅速在空气中弥漫，上香的人们在那虔诚地磕头，默默地祈求神明庇佑自己全家平安、五谷丰登、六畜兴旺、财运亨通！

待百姓上完香，福首、香首在道士的带领下行香，道士念经，念神印簿（本坊百姓名）。

（4）设坛安神位。摆完果盒，就将所有的菩萨抬往福首家中的醮坛。醮坛需在十一日布置好。大门贴上"满堂迎来千家福，诸佛降临万事昌"的对联，横披"满门德福"，两扇大门贴上"恭迎圣驾"，大门上方的梁上还贴了6张红纸条，上书"众建""上元""天曹""清醮""集福""范坛"，一副"佛驾迁临祈福阜，神光永照佑民康"的对联。

菩萨抬到福首家后，道士帮菩萨安位。

醮坛共设东、西、南、北、中五处：

北面墙上方挂五幅神图。[①] 据道士介绍，自西向东分别是天帝（亦称奏表

[①] 每幅神图长约1.2米，宽0.6米左右，为立轴式。神图平时卷起，用一布袋装上，安放在祠堂的神龛上，从不示人，谁也不敢去动它，只有打醮时才拿出来在醮坛张挂。渔溪村的神图与文献记载的水陆画极为相似，水陆画是举行水陆法会时使用的

功曹)、七雷星、十二诸天、九罗汉、监斋神(观世音的父亲——妙庄王)。

南面自西向东分别是地帝(奏表功曹)、七孤星、十二诸天、九罗汉、孤神。

东面分左右两边,右边是石圣祖师及香案。左边左面是土地、田君、香案;右边是一神位,红纸书"天地虚空、坛前使者、过往神祇真宰位"。

西面分别是皈依三宝图、伏虎像、观音像、三清神牌、罗公像、定光像。

中间的供桌用两张方桌拼起,从西至东分别是五谷大神、释迦牟尼、真武祖师、福主公王、供品、香炉和道士用的法具、经书。

五谷大神和释迦老佛的位置最高,供奉他们的桌子是叠放在那两张供桌之上,他们旁边放有两个谷桶,里面装满谷子。左边(即北边)的谷桶上插一天地宝伞及两块神牌,一块称消灾牌,上面写着"太上消灾教主、解厄天尊、天曹太皇、万福真君",一块神牌上书"法院雷坛诸师兵将神座位";右边也插有一把宝伞、一块神牌和一本黄表纸书写的全村各户主姓名的册页,神牌上写着"前传后度神本宗师神座位"。在五谷大神和释迦老佛前面的是真武祖师,再往前是渔溪水口桥边的福主公王,福主公王前面摆放的是各色供品,它们分别是金针菜、黑木耳、白木耳、豆腐皮、细面、油炸豆腐、红枣、冰糖、桂圆、花生、饼干等。供品前放一香炉,最前面的是道士用的法具钹、木鱼、五雷号令印、朝杯、惊堂木、经书(《石圣祖师经》《观音经》《天上圣母经》《三官大帝经》《玄天上帝经》《雷子宝忏消灾解厄经》等)以及写上全村信士姓名的神印簿。详见醮场示意图。

安位时道士念《石圣祖师经》《观音经》《雷子宝忏消灾解厄经》,安好神位后已是下午两三点钟。抬菩萨及鼓手道士等一干人去洗澡、吃饭。

下午道士无事,称"歇台"。

这天下午,当年福首要召集下一券的人来开会,用抓阄的方式捡出明年

佛教绘画。据传,水陆法会为南北朝时梁武帝首创,流行于宋、元、明、清各朝代。北宋大文豪苏轼曾撰写《水陆法赞》16篇,后世称为《眉山水陆》。水陆法会分为内外坛,全部法事一般以七昼夜为期。在法会期间,悬挂水陆画。水陆画数量较多,往往有数十幅,内容主要是诸佛、菩萨、罗汉、明王、天龙八部、诸天护法等。在民间,其内容也不仅仅局限于佛教,还有道教的紫府帝君、三官大帝、二十八宿、诸斗星君及民间所信仰的阎君城隍、财神土地、四海龙王、功臣烈女、贩夫走卒等,其涉及面非常广泛。参见徐涛:《水陆画》,载《收藏》,2000(9),总第93期。

的福首。先捡号码顺序，然后捡写有"首""佛""福"的阄，如果捡到写有"首"字的即为明年福首，"佛"字为斋首，"福"字为香首。上一轮做过福首的人可以不参加捡，只是来看看热闹，并听候安排明年需做些什么事，供几桌素饭，盘算要花多少钱。如果成了下届的福首，同样要在满堂诸佛面前燃放鞭炮、烧香点烛、放铳以示庆贺。

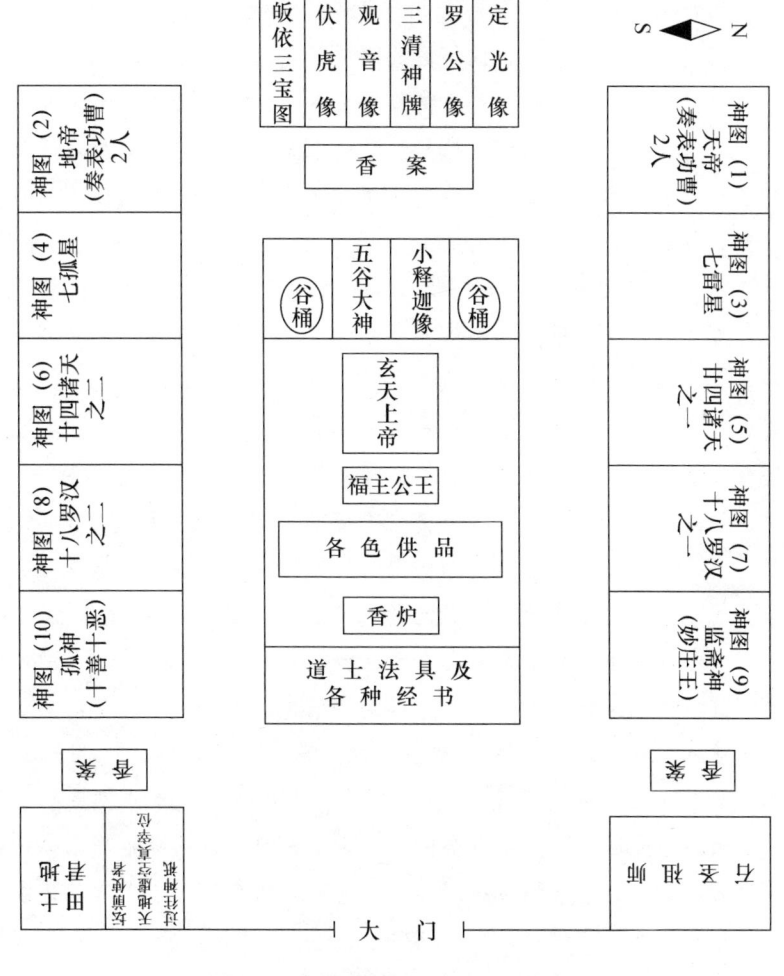

图 4-4　渔溪村正月半醮场示意图

"首"，即为大头，主要职责是负责召集本券的人开会，安排醮事的人员，等等。"佛"与"福"，均为帮头。"佛"首主要负责安排、召集抬菩萨的人员，布置醮坛，等等；"福"首实为这场醮事的后勤部长，负责祭品的采购、醮场的伙食、来客的住宿，等等。

晚饭后做"信礼"，鼓手师傅吹吹打打。一般在9点左右，要选好的时辰（如大进时或长生时）发表，焚表。晚上仪式结束。

表文如下：

雷霆都司给令，为上元祈春天曹清醮文榜一所。伏以神通广大，能降人间之福；佛德崇高，保全民物之安。虔修醮典，敬叩佛慈。臣孙天师度师清微门下，凡昧奉行主持修醮法事，小臣余承诰代启俯拜。

奏为中华国福建省汀州府长汀县成上里三都渔溪乡众姓，于廖宅居住立坛，皈依奉道，集福众建上元祈春天曹清醮，上表保安人口，佑畜祈财，迎喜虔诚。福首廖先沛，香首（负责顾香火）廖文文、廖先福，茶首（负责接待客人）廖先梅、廖先雄，斋首（负责厨房伙食）廖先霖、廖先达，谨仝醮信鸿名开列于后①，右领通家眷等，连日诚心拜干道经师宝高真、天地水阳贤圣、昊天玉皇上帝、万福诸祥真君、三界无量群真、醮筵一切真宰。咸舒青目之祥光，俯鉴民心之忐忑。具呈伏惟满堂诸佛尊神，三太祖师、石圣祖师、真武祖师位下通通福主、一切等神，同降醮筵，主盟修奉，下情言念逢盛世，安分良民感天地之包容、佛慈之庇佑。知归有自，报答何由。兹今修醮之恩，丐保均安之兆。卜取今月十三日连至十五日，伏道于家启建太上正一上元祈春天曹清醮。一日文于内净室洁坛；是早，召请功曹，拜发文表；早朝，祝白安奉众真，陈情达悃，张挂榜文；日中，经科法事，依式宣扬；午，献云厨妙供，虔伸凡意；迨至良晚，开坛秉烛，敕水安方，洒净上香；五方结界，启师设醮，拜进表文、度孤，加持酬谢。福神诸司官将，未乃送别。天颜似光回驾，以此保全民物，化殄灾非，请福延生等因。伏愿显化无边，更祈醮信男妇清吉，人口均安；财通畜旺，耕丰读荣；求谋进益，诸事亨通；官非不染，火盗蠲除；时灾远殄，疫瘴远离；乡坊宁靖，境土和平；男增百福，女纳千祥；粮丁并茂，奕世其昌。凡言未

---

① 经统计共173个户主姓名，其中廖姓140人，刘姓8人，王姓7人，黄姓3人，赖姓3人，吕姓3人，吴姓3人，陈姓2人，张、余、林、岳姓各1人。

尽，全赖佛恩庇佑之至。谨榜以闻，备榜告明三界通知。

　　天运2000年岁次庚辰新正十五日备榜坛司给证盟功德主无上大罗三清三境三宝天尊榜号。

十五日早，做"早朝"。

上午，出馒头供奉时，念《馒头经》，到十一点左右，行香做"午朝"。

午饭后，当年福首双手捧神榜，香首端香炉，和道士、鼓手、十番、龙灯队、船灯队一大伙人敲锣打鼓、吹吹打打送神榜到明年的福首家。到了来年福首家后，福首放鞭炮迎接，道士安神位。

这神榜要在当年福首家中放一年，每天烧香照烛、点灯。以后每月的廿四日要做会、打牙祭，称"廿四会"，意为廿四诸天。

下午，念《石圣祖师经》《观音经》《雷子宝忏消灾解厄经》，四点左右做"晚朝""经坛""霄疏出符"，给每家每户发一张平安消灾符。这平安符要等到十五日晚下半夜，由抬石头菩萨的四人把真武祖师送回镇溪庵后，到每家每户去贴上。

晚上先请圣，而后度孤。这里的度孤是摆"阴席"。摆"阴席"是在三岔路口，且没有桌子、碗筷，如在家中或庵场摆放，有桌子、碗筷、酒等物的称摆"阳席"。具体仪式详见下篇拙文《四都镇归龙山的罗公祖师崇拜》。"阴席"的供品为孤粥一碗、豆腐、馒头、香烛、孤衣（即色纸）。道士念完经后，烧孤衣。

度孤结束后送神，连夜送真武祖师回镇溪庵。为什么这尊菩萨要连夜送走呢？这里头有个缘故：那是在很久以前，真武祖师还供奉在岭背法华庵的时候，据说这真武祖师在点光时时辰较凶，去抬的时候千万不能说话，若有不慎必然招灾惹祸。有一年把真武祖师抬下来打醮，这年请来了一个长汀县城的道士。这道士在送真武祖师回庵时刚好摔了一跤，痛得他"哇哇"大叫，有人赶紧告诉他不能出声，他气鼓鼓地反驳："什么？痛死我了，叫人不能出声。我偏要叫！"其他的人吓得半死，赶紧闭口不言。谁知这道士回去后四五天就一命归西。从那以后，大家更是噤若寒蝉，处处小心，唯恐有半点不慎触怒此神，降祸到自己的头上。这白天请神晚上送神的举动称"善请恶送"，也就有了"真祖师打醮——善请恶送"的民谚。

一伙人敲着铜钟，打着钹，抬着真武祖师到各家祠堂与他们的祖宗告别后，打道回镇溪庵。据他们介绍，送真武祖师回庵时的气氛是那样的阴森恐怖。夜深人静时，几个人打着忽明忽暗的灯火，偷偷摸摸、冷冷清清地抬着真武祖师急急匆匆地走着，连大气都不敢出，好像背后有人追赶似的，就连钟声和钹声听来都是那么的凄凉惨烈！

真武祖师回庵后，道士安神，回村。

这时已是下半夜。吃过点心，白天抬石头菩萨的一伙人就要出发去帮各家各户贴平安符了。

十六日早上，道士起请菩萨回庵，起请时念《皈依三宝经》；菩萨到庵后，落座，安神，念《元始安镇经》。

醮事结束，鼓手、道士们结算工资回家。鼓手的工资按人数算，每人每天（一日一夜）30元，3天计90元，6人，共计540元；道士的工资以每场醮事计，不论人数，但一场醮事至少要2人，是鼓手的一半，270元。1949年以前的工资，除供饭外，每人每天最多1元钱。

附：本人在渔溪采访时，感谢渔溪村廖氏理事会及以下人员热情款待，并提供了许多宝贵数据，在此深表谢意！

廖先球，65岁，乡村医生，渔溪村廖氏理事会理事长

廖先和，46岁，四都兽医站技术员

余呈东，30岁，祖传第四代道士

四都镇归龙山的罗公祖师崇拜*

赖光耀

一、概况

被誉为"神仙之府"的长汀十大名山之一的归龙山①，以山险峻、石怪奇、云雾多、神祇灵而享誉闽、赣、粤。它位于四都西南，坐落于红寮村境内，东至南北湖5里，西面与江西瑞金、会昌交界，离红寮村的白竹塘5里，北至红寮村石寮湖自然村10里，占地面积约12平方公里。归龙山距长汀县城136里，距四都镇政府所在地65里，海拔1 036米，是四都境内最高的山峰。其山势雄伟、巍然屹立、峻峭突兀、耸天凌云，呈西北—东南走向，周围群山环绕，山上峰峦起伏、万木峥嵘、奇石罗列，长年云绕雾锁。年平均气温14℃～17℃，最低气温可达-6℃。

归龙山的植物群落结构非常复杂。乔木层主要树种有马尾松、格氏栲、甜槠、刺栲、细柄阿丁枫、青冈栎、杉、拟赤杨、樟，还有大片的楠木、红豆杉、油杉等珍贵树种，竹类有毛竹、斑竹、水竹、石竹、白叶竹等品种。林下灌木以冬青、杞李浸、百两金、弯蒴、杜鹃、机木、山毛茶、老鼠刺、杜茎山等组成。藤本植被有鸡血藤、藤黄松，草本植被有铁线蕨、阴地蕨等，

---

* 原载杨彦杰主编：《长汀县的宗族、经济与民俗》（下），第818～870页。
① "长汀十大名山"是民间流传至今的一种说法，大约始于清末民初，具体指：四都归龙山，大同木鱼山，濯田仙人嶂，策武东华山，童坊平原山、赤峰嶂，庵杰大悲山，馆前云霄山、东阳山和大雪岭。

还有许多名贵中草药。1998年被批准为国家级森林保护小区。由于归龙山独特的神明信仰、保存众多的功德碑刻、引人入胜的自然风光、独具特色的民间传说,历来引起人们对它的无限兴趣,或旅游探访,或神明崇拜,成为长汀县十大名山之中最具吸引力的一座名山。

二、罗公庙调查

(一)罗公庙的来历

据光绪五年刊本《长汀县志·山川志》载:归龙山,原名鸡笼山,在县西百三十里,旧经云高十五里。《元丰九域志》载为古迹,王中正成道之处。又云归龙山开辟于宋,祖师庙(即罗公庙)建于明代,几百年来香火旺盛,至今不衰。在庙前四顾,奇峰罗列,宛如沧浪绿波……据云石峰之中有巨大空壑隙洞。山中有池,深邃难测,池岸石洞,与水相通。

光绪五年刊本《长汀县志·寺观志》又载:罗公祖师庙,成上里(指四都、南严一带)归龙山,明永乐二年(1404)汤五郎建(汤五郎为四都汤屋汤姓的一世祖)。

王中正成道之处为何会成为罗公祖师的庙宇?其中缘由已不得而知。但在闽西、赣南的广大地区至今流传着有关罗公的许多传说。

1. 罗公成神

相传在很久以前,罗公菩萨是个穷书生。他一直靠挑货郎担为生。有一次,他挑着货担走到一个前不着村、后不着店的地方,见天色已晚,便在一个义坛过夜。晚上,他正睡得迷迷糊糊的时候,听到一声急促的招呼声:"义坛,听说前面的村子打醮,还不快去领斋。"罗公微微睁开眼睛,并不见一人,便假装睡觉。只听有人答道:"某鬼,我家里来了客人,要服侍他,不能去领斋,麻烦你帮我多领一份。"那鬼就问:"到底来了什么客人,要你亲自接待?"义坛答:"来的是罗状元。劳你帮他也领一份。"那鬼答应后走了。罗公又累又乏,便睡着了。迷糊中又听见有说话声:"义坛,你们的斋领回来了,拿去哟!""谢谢你了,这次的醮事打得如何呀?"那鬼道:"其他都还可以,就是不大洁净。"义坛问:"到底怎么不洁净?"那鬼说:"牛栏栓捣馒头,裤裆布做豆腐。你说洁净不洁净?"义坛连声说:"那是那是。"

第二天,罗公醒来一看,义坛前果然有一堆斋果,便不管三七二十一地吃个精光。吃饱后，挑起货担一路寻到打醮的村子。他找到福首后就告诉他："你们的醮事打得不洁净，菩萨要怪罪你们了。"福首大吃一惊："为什么？"罗公说："你们用牛栏栓捣馒头，拿裤裆布去做豆腐。"福首感到非常震惊："怎么会有这事？谁敢如此大胆？"经过询问，才知道做斋果时，原来用的捣棍一直没找到，有一人就把做牛栏栓的木头做了根捣棍，捣了斋果；做豆腐的人是因为滤豆渣的布帕烂了，临时将没来得及拿去做裤子的新布用来滤了豆渣。福首知道事情的原委后不禁称赞："真乃神仙也！"忙向罗公讨教，罗公微微一笑："精诚所至，金石为开。"挑起货担自顾自地走了。

福首马上召集村人商量，决定重新请和尚、道士打七天七夜的大醮。到了快结束时，罗公又特意来到义坛住宿，来听听有无异常。到了晚上，果然又听见前次那鬼来邀义坛去领斋。那义坛又说："前次的罗状元又来了，我不能去，劳你帮我们领一份回来。"那鬼应声而去。罗公暗想，义坛两次都说我是罗状元，莫非我真有状元之命？到了半夜时分，那鬼回来了，义坛问："这次醮事如何？""打得很好哟！连八仙都下凡了，铁拐李帮把门，何仙姑帮做饭。"罗公一听，机会来了！甩脚就跑，飞也似的来到打醮的村子。

罗公一见到把门的铁拐李，就拉着他的衣襟，扑通一声跪下。铁拐李见状，故意问："年轻人，你为什么要跪我？我这孤老头子可受不起哟！"罗公说："请铁拐仙度我。"铁拐李说："我只是一个守门的孤老头子，怎么能度你？快起来！快起来！"说完就故意不理睬他。罗公跪在地上扯着铁拐李的衣襟不放，边磕头边说："我知道你是鼎鼎大名的铁拐仙人，你大慈大悲，请你一定要帮我！"铁拐李想，差不多了，就说："你一定要我帮你，我也没有什么东西，你如果不嫌弃，我脚上穿的这只没鞋带的草鞋给你吧！"说完就脱下那只又烂又脏的草鞋给罗公，并告诉他仅有他的草鞋没用，必须有何仙姑的带子系，方能成神。并叮嘱说："这鞋一定要等你中了状元，面了圣上（殿试），游完京城街道才能穿上。"罗公高兴地急忙给他磕头，一不小心碰在门槛上，前额起了个大包，罗公也顾不得额头上的包（据说现在罗公菩萨塑像前额的那个包就是那次留下的），便径直冲进厨房。

罗公来到厨房，一见那做饭的妇人，倒头便拜。为了考验罗公，何仙姑起初也是忸怩作态，推三阻四，后来见罗公心诚，就说："你若不嫌弃，我就割一截围裙带给你。"罗公接过，欢天喜地叩谢而去。

罗公回家后，立即着手准备上京赶考。来到京城，果然金榜题名，得了状元。他高兴得跳了起来，恨不得在那翻个跟头，早已把铁拐李的叮嘱忘得一干二净，顾不得面圣、殿试、游京城，马上就拿出那只草鞋穿上，谁知脚一挨地便冲上了天空。糟了！这时的皇帝正在金銮殿上钦点状元，朝官一直在高呼："福建罗状元！福建罗状元！"罗公此时正在半天空中。皇帝见殿下无人应答，便信口说："福建无状元。"（"无"，客家话与"罗"谐音。）打那后，福建就真的没有出过状元了。

2. 选址做庙

罗公成神后，便回到家乡开始寻访名山，准备做庙宇安身。他最先来到四都的墨石崟，见此山巍峨峻峭、云雾缥缈，好像一柱大墨条直耸云天。左有东河逶迤而下，右有西河蜿蜒盘旋，双水宛若两条玉带汇于水口桥，东面朝着笔架山，整个同仁大塅如同一块巨砚，便满心欢喜，开始丈量地面，计算大殿的坐向去。无奈左向右向、前挪后移，一百根柱子，就是还差一根无处落脚。正急得满头大汗之时，忽然听到西南方向一声嘹亮的金鸡啼叫声。罗公菩萨暗想，那方向莫非还有好地方？便一个跟头翻了过去，来到了归龙山。只见归龙山山峰高耸，犹如一顶官帽。周围群山逶迤、白云游弋、古树参天、奇石星罗棋布、奇花异草遍地，归龙山山峰高耸，朝南一看，好似一把交椅，稳稳当当地耸立在群山之中。虽一山独立，却流水潺潺，交椅前一个小山包就像一巨大的木鱼，等待着敲击。罗公菩萨禁不住赞道："好一派人间仙境！"经丈量，大小非常合适，于是决定在此安身。

罗公菩萨正盘算着如何建庙的时候，走来一猎户装束的人问道："客人何来？到此何事？"罗公菩萨便将来意告诉他。那人滔滔不绝地说道：他叫丘十三郎，乃河田丘坊人氏（现为三洲乡管辖，丘氏后人称丘十三郎为"丘百一十三郎"），有一次打猎来到归龙山，哪知道这山是山龙口，我就被它吞掉了，只剩下了铳尾和猎狗。猎狗扯下了我褂上的一块布，回到丘坊家中报信。我老婆见状，气得半死，骂它："你这只瘟狗，主人带你去打猎，你却独自跑回来，还不快回去。"那狗不论怎么赶就是不走，只是"汪汪汪汪"地叫个不停，拖着我老婆的脚不放，我老婆觉得蹊跷，心想可能出事了、便招呼了一帮人，随狗来到归龙山。来到这后，因生不见人、死不见尸，也就无法帮我立碑做坟，伤心而回了。如今我的后人每年都会来祭祀我。你如今想在这里做庙，叫我到哪去安身？再说是先入庵门为长老，我已在此多年，要做庵庙，除非我的子孙开口，不然休想！罗公菩萨听后暗喜。

转眼到了九月十七日丘十三郎的忌日，丘氏后人都来到归龙山祭祀。罗公菩萨变成了一只大老虎蹲在那竹丛中，头大如斗，双目炯炯，威风凛凛。来祭奠丘十三郎的人见状，吓得双腿发软，连滚带爬地往回跑。

第二年丘十三郎的祭日又到了。罗公菩萨这次变成了一条大蟒蛇，盘在草坪上，比笓篮还大，红舌乱撩，嗤嗤有声，一副随时准备攻击人的样子。丘氏后人一见，吓得丧魂落魄，赶紧扔掉祭品，争先恐后往山下飞跑，只恨爹娘少生了两条腿。

到了第三年，丘氏后裔如期而至。左看右瞧，既无老虎又无大蛇，于是放心地用长劈刀斫那长得人样高的芒头草。谁知，没劈两下，劈刀就劈在一蜂窝上，"嗡"的一声，只见那牛牤蜂铺天盖地，布满天空，直往来人的头、脸、手、脚上乱叮乱蜇，直叮得来人头肿脸肿，哭爹叫娘。丘氏后人气得跺脚大骂："前年老虎吓，去年见大蛇，今年蜂子叮得头面肿，这里真个是做庵做庙的地方！"

罗公菩萨对丘十三郎说："现在你的子孙开口了，要让我做了吧！"丘十三郎因自己有言在先，于是就无话可说。罗公菩萨就开始筹划建庙了。

罗公菩萨变成老头来到乌泥村程屋，告诉程姓人："你们归龙山上经常出神火，肯定有神祇在那。"程姓人问："请问先生是哪里人氏？尊姓大名？"罗公菩萨答："我乃高岭汤屋人，姓罗。"程姓人正低头倒茶，一听感到奇怪，从未听说过高岭汤屋有姓罗的，转身端茶给他喝时，回头一看，早已不见其踪影。程姓人马上跪倒在地，叩谢神恩！程姓人将此奇遇告诉周围乡村的人，大家便开始筹建庙宇。

归龙山山高路陡，从山脚到山上足足 5 里。动土之日，大家正愁着那么多木料从何而来时，只见那山坳水潭里连续不断地冒出一根根木头，长长短短、粗粗细细，木匠师傅一算说："差不多了。"话还没说完，水潭马上就平静下来，此时刚好有一根才冒出个头，就不再往上冒了。村里的老头告诉笔者，现在那水潭上的一截烂木头就是当年的那根。

到了为罗公菩萨塑金身的时候，周围山场的泥左选右选就是不能用。大家又是一阵着急。这时只见山下来了一伙人，用竹竿挑着磨石般的东西上来。一问，得知全部都是高岭汤屋的人，挑着他们那里的陶土，说昨晚有个自称罗公的人告诉他们归龙山塑菩萨，要用他们的泥，所以一大早就送来了。前次罗公菩萨自称是高岭汤屋人，这次塑他的金身又是用高岭汤屋的泥，所以罗公庙程、温、汤三姓人都有份了。以后即使重修，温、汤两姓不出钱也同样有份。①

（二）罗公庙情况调查

原罗公祖师像于解放初期被毁。据当年曾参加此事的老人萧荣玉回忆说，当时县里通知原区公所的民兵组织到归龙山剿匪（据说是因为蒋经国在赣州主政期间，曾到过归龙山），谁知到了那，就将菩萨像开脏，掏出许多金子银圆。神像被当地的老百姓偷偷抬到乌泥村的山背藏了起来，后来又被抄出烧掉了。自罗公祖师像被毁后，"文化大革命"中1966年罗公庙也被烧掉了。

1. 重建归龙山庙

到了1981年，各地逐步恢复传统的民俗活动，许多地方出现了迎神赛会。罗公菩萨落童到了江西瑞金，说要重回归龙山。此消息传到程姓人耳里，他们认为归龙山是山龙口，无论如何都灭不掉。于是瑞金上土寨的程发桂就牵头到处写缘，筹集了2 000多元，准备重建归龙山庙。

众人正在商议请木匠师傅时有一段趣事。

首先来的是本县大同镇罗坊村的一位罗师傅。他求罗公菩萨看在同姓的分上，照顾他，让他来做，一直跌珓都不准。众人正一筹莫展之时，一位从瑞金九堡乡来的李姓师傅，来到了归龙山，问是不是要建罗公庙。他告诉众人：前几天做了一个梦，一位自称姓罗的老人请他到福建长汀的归龙山去做庙。他从来都没到过，所以一路寻访到此。众人称奇，又担心他说谎，遂对天焚香祷告、跌珓，谁知一下就准了。可这李师傅从来没有做过庙宇，真要动手时，心里又着了慌。于是根据几位老人的描述，边做边想，边做边改，居然基本上做回了原样。待到结算工资时，按原来约定的2 400元，每天才合一元多，大家也甚感同情，于是又跌珓，问罗公菩萨补多少给李师傅才合理，500元，不准；400元，不准；600元，也不准。后来加至1 000元，不准！最后问是不是900元，就准了！

---

① 温姓住在汤姓隔壁的高岭、大坝两个自然村，行政上属汤屋村管辖。

罗公庙"现架"（即架设柱、梁）时，也出了两件奇事，大家一直认为是罗公菩萨显灵。

在架梁时，程来来（现为归龙山理事会副会长）与一高岭人一人一头同时将那栋梁往上抬，程来来先爬上梯子，托着大梁放在栋柱上，正想安上榫头时，高岭人托的那头没有托住，整根大梁往下一滑，"轰"的一声，大家明明看见那大梁砸在程来来的头上，吓得大家惊叫起来。程来来还不知发生了什么事。不知何故，明明向他的头上砸去的大梁却滑在他的肩膀上。当时大家都被吓呆了。众人还在发呆时，突然山下传来"嘀嘀嗒嗒"的唢呐声。一班从瑞金来的鼓手说罗公庙上梁，特地赶来祝贺。山上的人问是谁请他们来的，鼓手师傅说，并没有人请他们，只是昨晚做了个梦，得知归龙山罗公庙上梁，所以一大早就赶来了。

2. 归龙山与罗公祖师庙

从山脚南北湖到山上罗公庙整整5里。一路沿山脊缓缓而上，经过"庆安""德福""三元""龙山"四个亭子。罗公庙面东南而坐，对面的一个小山包犹如一巨大的木鱼，在乌泥方向眺望归龙山，整个山形宛如一只猴子匍匐在归龙山峰前，据当地人说是"猴子拜观音"。据懂地理风水之说的周远标老先生介绍，归龙山罗公庙为干亥坐向，走卯口，属五鬼运财，所以香火特别旺盛，朝拜进香者众多。

转过山坳，罗公庙映入眼帘。进入山门（现已毁），右边（也即西边）山沿是一排功德碑林，左行十数米，山埂路边有一棵被当地人称之为"社公"的巨大红豆杉树，树下设一石亭，亭顶如和尚帽样，亭内石碑上刻着"祀奉巡山使者、把坳大王、本坊福主、社令真官"字样。从此处往去石寮湖的小路方向行十数米便是浮木潭。往左行上30级台阶即到罗公庙厨房门口，那里有一西走向的长形走廊，有几条让来人临时放置东西的长凳，还有盥洗的脸盆、毛巾，让来人洗去一路风尘，再进入里面的休息厅喝茶、小憩。罗公庙斋堂前的神龛上摆放着两尊观音和一尊高约25公分、左手指天右手指地的吉祥子菩萨，当地百姓称之为"筷子菩萨"。据说以前庙内的和尚断粮了，和尚到附近山村去化缘时，就会端着"筷子菩萨"，百姓见了，就一定会施给和尚米谷。上罗公庙大殿还须经过一大坪，登上21级台阶方到。

据介绍，罗公庙大殿是状元府第结构，整个大殿有100根柱头落地，全部为木质架构，高7.5米，占地120.79平方米，其中大殿92.02平方米，左右侧间35.44平方米。以前庙左右两侧曾有过鳌头飞角（现已毁），现仅存烧纸钱、香烛用的石亭及石鼓。

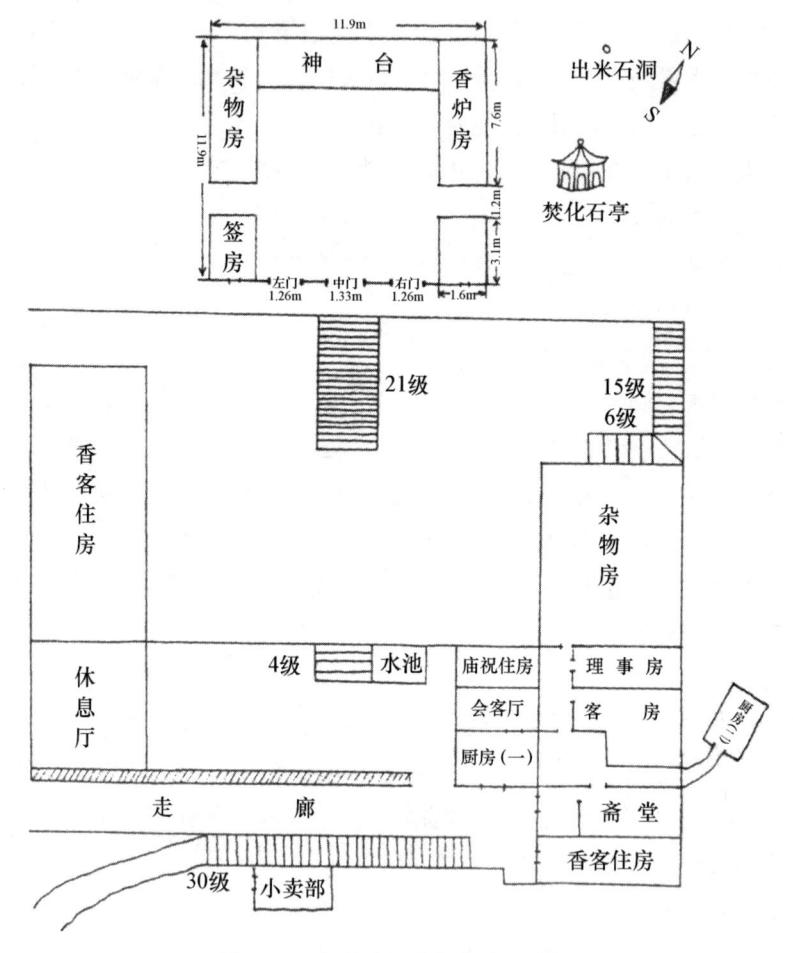

图5-1 归龙山罗公祖师庙示意图

罗公庙大殿正面有三个门，中门上额悬挂一块"归龙宝寺"的牌匾，门口还悬挂了四副对联：（1）归峰远水登彼岸，龙海寿山证菩提。（河田众信士赠。）（2）归依仙祖赐福万众，龙降祥云遍护八方。（汀州荣玉赠。）（3）归化万民凭神恩，龙游四海任慈航。（江西永隆信民赠。）（4）门拥烟霞生瑞气，龙归云海显威灵。（郑文榕、戴桃荣、李梓明、马爱芬、李斌材、郑奎玲、郑进兴、郑旺兴、郑明兴、李文博赠。）

　　罗公庙大殿的门槛特别高，约 60 公分。据说，以前的县太爷到此都要脱掉靴子才能进门。一进门，首先迎接你的是一个与平常完全不同的、携一布袋笑口常开的站立弥勒佛，与之并置且相背向的是韦驮菩萨，正对着上殿神台的观音像，据说他们是一对恋人，所以民间有"韦驮对观音"的说法。上殿菩萨分三格摆放，神台高 1.5 米，正中一格分别摆放着释迦牟尼、观音、真武祖师、二尊小罗公、小释迦及上湖村的定光、伏虎、五谷大神等，还有二十四诸天的神像分列左右两侧的壁龛上；左格是罗公祖师神像及其部将危七郎、危八郎，右格正中是一牌位，上书"记（祀）奉陈济堂上常远宽环维长发应尊神位"，据说这是归龙山和尚的字辈神牌，还有小金村的二尊观音像及红山白石坑的观音、弥勒佛像。殿内还悬挂着四副木刻对联，由内向外分别是：（1）佛法广无边，无偏亦无觉；神灵求有应，有善亦有缘。（2）誓将宏深十方同化，慈悲广大三德俱圆。（3）罗文冠世名列魁首，公德至尊位封祖师。（汀州王乐平拜题。）（4）归本悟真功成正觉，龙降虎伏迹著

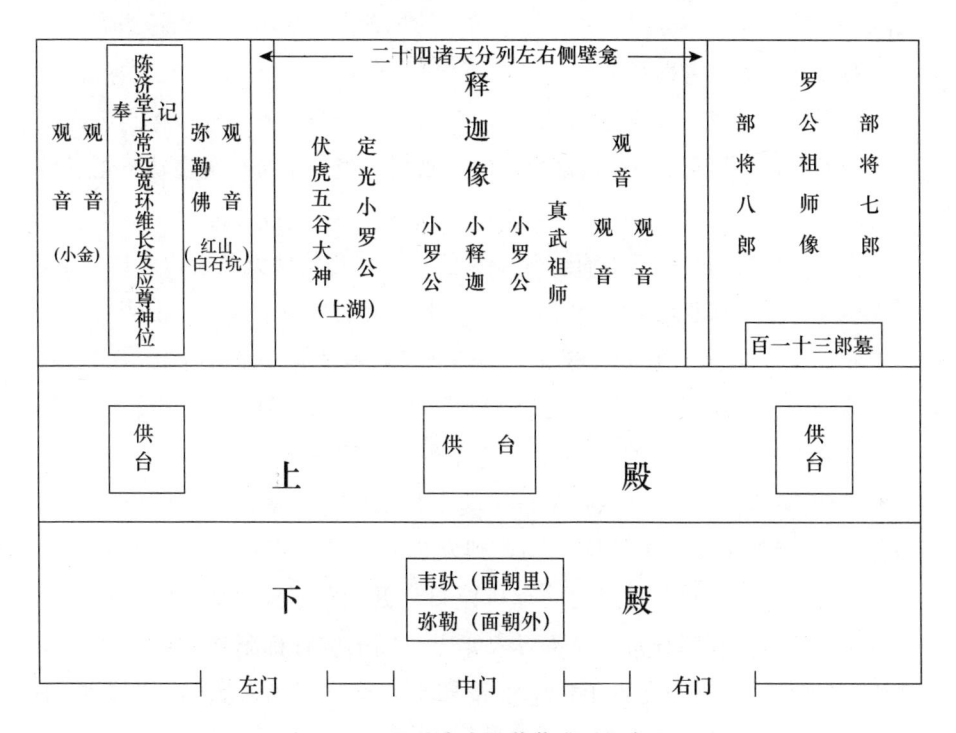

图 5－2　罗公庙大殿菩萨排列示意图

灵山。(白云居士题。)还有众多信民赠送的 24 块各式牌匾,牌匾上写满了如"罗公显威灵,普照众生如日月;佛祖施膏泽,赣瑞善信献金钟"之类颂扬罗公菩萨的颂词。在罗公祖师像的神台下,有一个可拆卸的门,据说那里面就是三洲丘坊人氏丘十三郎的墓地,每年丘氏后裔来此朝拜,就要拉开橱门、摆上供品在那祭奠丘十三郎。

在罗公祖师神像前的供桌上,还放有许多签筒,来归龙山朝拜的人,都忘不了在此求上一签。求得签后,要到右边的签房花 0.5 元买一张签判,并请签房的卖签人解释一番,以得到指点、安慰。求得好签者自然眉开眼笑、兴高采烈;求得下签者,又十分虔诚地跪在罗公神像前许愿,祈求罗公菩萨庇佑,化解灾难。如果求得第一签和第三十六签的话,说明此人的运气是非常地好,马上要给罗公菩萨一些功德钱,感谢罗公祖师的大恩大德,因为民间有"求得头签尾签,莫要问过神仙,立即上油三斤"的俗话。

罗公祖师像前还堆放着许多草纸,那是留给朝拜的香客去擦罗公祖师神像的。据说,谁家里有人(或本人)身体不适,只要拿罗公像前的草纸在罗公像上去擦,哪儿不舒服就擦罗公像相应的位置,然后将纸带回擦患者,再将纸对天焚化,患者即可减轻病痛或痊愈。当然,女人是不能爬上神台的,只有请庙里的人或同行的男香客帮忙。日久年长,罗公祖师像被擦得金光闪闪,光可鉴人。得到了罗公菩萨可治病的纸后,当然不可忘记在功德箱里留下些许功德钱。

罗公庙后右侧的石壁上有一寸余宽的石洞,相传那就是会出米的石洞,当年在瑞金的茶枯滩发生沉船时,这出米洞就流出很多的大米。沿庙后小径而上峰顶,有竖立于峻峭陡壁的"作揖岩",峰下绝壁深谷,林木茂盛。站在那极目远眺,百里风光,历历在目,可看到闽赣两省三县长汀、会昌、瑞金的村落。西边的小岩上屹立着两块摇摇欲坠的巨石,游人推之,摇曳晃动,旋即又稳立如故,千百年却未移毫厘,这就是县志所载的"风动石"。奇异的是在山上用脚蹬踏,则发出"硿硿"声响,极可能是与山下石寮坑的"石禾仓"相连的一奇峰异洞。更令人不解的是一山突兀竟长年清泉不断,且甘甜异常。怪不得宋元丰年间的临汀郡副守郭祥正会做诗赞道:"神仙之府曰归龙,千里翠玉擎寒空。秀色凌风入城郭,半街晓日金蒙蒙。"

三、与归龙山有直接关系的村庄调查

(一) 红寮村

红寮村是四都最边远的行政村之一。它东邻小金，南接上湖，西与江西瑞金拔英乡高岭、背塘、红门三村交界，北与楼子坝毗邻。全村约27平方公里，土地面积654亩，全部为中晚季作物，山林面积3.1万亩。辖石寮湖、万团、南北湖、禾园背、白竹塘、庵子前等7个自然村，142户，717人。1982

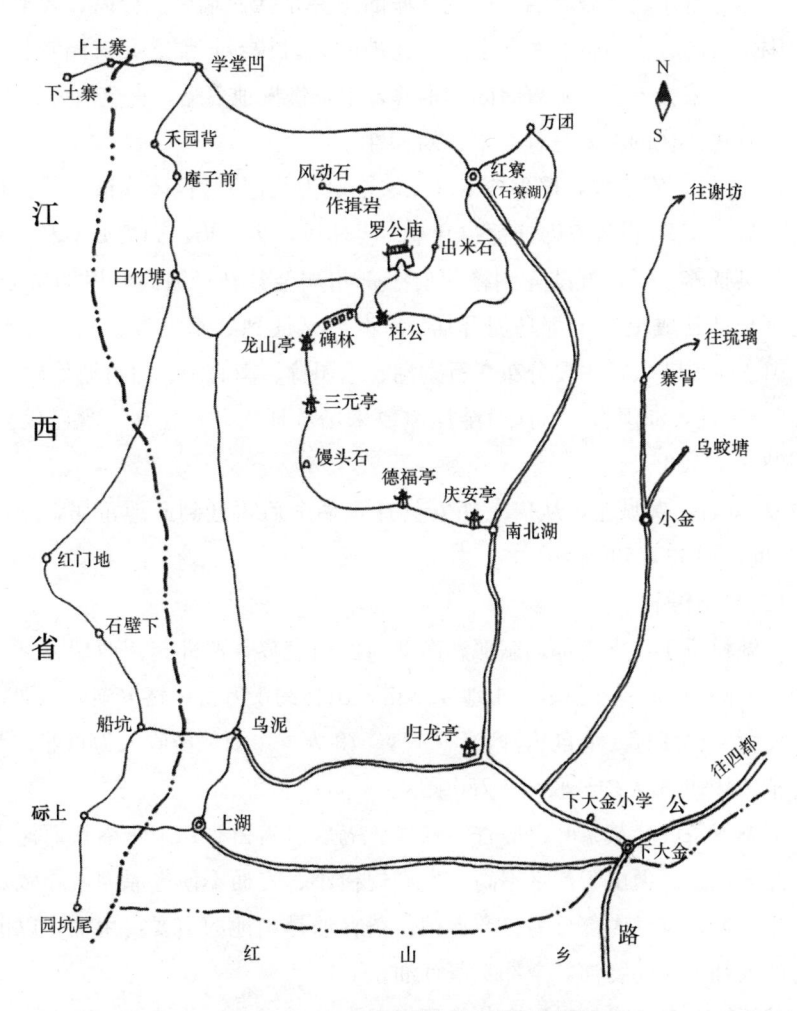

图5-3 归龙山及周围村落示意图

年下大金至石寮湖（村部）的村级公路开通。主要经济收入为种植及山中的毛竹，土特产笋干、冬笋、红菇等。1999年人均纯收入1 800元。

红寮村是四都的主要林产地，原来的木材蓄积量达到10多万立方米，都属原始森林，盛产杉木、红菇、笋干等土特产。由于20世纪80年代开放木材市场，毫无节制地乱砍滥伐，包括被盗伐，大量的林木被砍光，如今所剩寥寥，值得庆幸的是归龙山保护区未遭涂炭。

在大革命前，红寮村的学堂凹自然村有一个墟场，逢三、八为墟天。据介绍，那时的商品交易的确红火，大米、食盐、布匹、牲畜、家禽，应有尽有，甚至还有赌场和妓女店。来此赶墟的主要是江西瑞金、会昌、武平及本县周围山村的人。但自红军北上后，此地的人口锐减，加之又较偏僻、山高路远，人们来去不便，随着时间的推移，市场慢慢地萎缩，直至消失。

红寮村居住的主要是程、朱、刘三姓。

1. 程姓，安定郡，据手抄本（无法推定为几修）《程氏族谱》载：程氏自开宗后，至86世程五郎迁福建开基，妻郭氏，生二男。因夫妇不和，郭氏在炉临县抚养二子，五郎先到赣州府宁都州瑞金县新径隘高岭甲船坑居住，后迁到长汀县成上里十都乌泥开居。4世后又迁到红寮发展。现已发至23世，91户，544人。主要分布在石寮湖、禾园背、南北湖、白竹塘等村。

2. 朱姓，沛国堂，从江西金泽潭乡朱场坑迁入此地定居，现已发至17世，38户，125人。

3. 刘姓，彭城堂，从广东胡安县迁至瑞金后再迁到此地定居，现已发至12世，13户，48人。

（二）上湖村

上湖村位于红寮南部，东部和南部与红山交界，西部与江西瑞金红门村相邻，方圆约12平方公里，土地410亩，山林约1万亩。辖上湖、乌泥、下坪、岭背、林屋等5个自然村，107户，579人。主要经济收入为竹业、茶叶及种植，1999年人均纯收入1 780元。

上湖产茶叶，其茶叶以醇香、顺口，喝后口齿留香、余味绵长而深受欢迎、闻名遐迩。但由于产量不高、生产规模小、交通不便等原因，导致近几年产量滑坡，现已大部分为自产自销。茶籽油是当地的主要食用油，以前上湖村的人都不吃动物油，全部吃茶籽油。

其管辖的乌泥自然村以产龙须草出名。该村用龙须草编织的草席，做工精细，厚实绵软，经久耐用，一条草席可用近二十年。在草席上浇水都不漏点滴，深受人们喜爱。以前整个村家家户户、男女老少都会编织草席的工艺，如今因手工编织速度缓慢，加之用料讲究、工艺烦琐，织一条草席，非常熟练的技工最起码也需要 3 天，而一条草席的卖价不过三十几元。买的人嫌贵，而做的人却划不来。因此近年来已无人编织，白白浪费了丰富而珍贵的龙须草资源。

上湖村居住的主要有胡、程、林三姓。

1. 胡姓，安定郡，从江西庐陵迁来定居，现已发至 25 世，50 多户，170 多人。

2. 程姓，与红寮程姓同宗，属一脉宗亲。主要分布在乌泥自然村，现已发至 20 世，49 户，359 人。

3. 林姓，河南郡，从本县濯田龙归寨迁来上湖定居，主要分布在上湖村，现发至 12 世，8 户，50 人。

（三）小金村

小金村位于红寮南部，东与汤屋交界，南与红山接壤，北和琉璃相邻。方圆约 23 平方公里，土地 407 亩，全部为中季作物。山林 1.1 万亩，竹林 4 500 亩。辖寨背、下大金、乌蛟塘、小金 4 个自然村，76 户，460 人。主要经济收入靠林业、粮食、养殖，1999 年人均纯收入 1 980 元。小金村主要居住萧、谢两姓。

1. 萧姓，河南郡，从武平十方雷畲迁此定居，现已发至 19 世，42 户，284 人。

2. 谢姓，太原郡，从上杭紫金山迁此定居，现已发至 11 世，34 户，176 人。

（四）汤屋村

汤屋村位于四都南部，距镇政府所在地 30 里。东面与本镇坪埔村接壤，正南和红山交界，西面和小金相邻，正北下坪毗邻，是四都镇较贫困的村之一。方圆约 30 平方公里，土地 300 多亩，全部为中季作物，山林 1.5 万亩。辖汤屋、高岭、黄地、小坝、大坝 5 个自然村，全村 125 户，536 人。主要经济收入为粮食、松脂，2000 年人均纯收入 1 600 元。

汤屋村主要居住汤、温、刘三姓。

1. 汤姓

四都汤屋汤姓，中山郡，据说这里的汤姓原来并不姓汤，而姓潘，是河田三洲马坑潘龙后代。据传，潘龙乃南宋时的一个秀才，他博学多才，在理宗淳祐四年（1244）参加京都会考，文考得了第一，但因相貌丑陋（独眼、麻脸、驼背、跛脚），被皇帝打心里瞧不起，但他自称是"独眼照乾坤，脸麻满天星，背驼驮天子，跛脚跳龙门"。皇帝听了心花怒放，龙颜大悦，脱口而出："你果然是状元之才！"俗话说君无戏言，不得已给潘龙封了个"安乐司"。潘龙回到宁化安乐乡时不幸身患疾病，客死他乡。至今在宁化安乐乡境内还有他的坟墓。

明朝末年，潘姓由于犯下了灭族之罪，整个三洲马坑的人纷纷隐姓埋名逃离家乡，其中一人说："你们大家改姓，我母亲姓汤，就从母姓汤吧！"他就从三洲的马坑来到当时称为高岭的地方定居。在汤姓迁到此地时，此地先有赖坑排、吴家地等地名。

汤屋村与三洲黄屋人的交往已有二三百年，关系一直没有间断过，到现在都非常好。这里头有一个故事：相传三洲有一个叫黄茂清的，在汀西山区游乡穿村卖草药兼售日用杂货。一个阴雨天，行至四都的高岭汤屋，遇见一村妇头扎黑纱巾，抱着一个孩子，坐在灰寮檐下流涕哭泣。茂清上前问："大嫂，因何啼哭？""可怜的独生子病透了，快没用了！""为何不请医生诊治？""在这山高路远的旮旯头，哪来医生和药物？"茂清见状，即为其诊断，得知这孩子是得了急惊风症，已奄奄一息，立即投以草药煎汤灌喉，救了幼儿性命，汤家高兴异常。家主汤士徵称黄茂清为救命恩人，是孩子的再生父母。此后黄茂清每次到汤屋都在汤士徵家吃住，汤士徵对他都热情款待，从不收黄茂清一文钱。日久天长后，黄茂清过意不去，对汤士徵说："你不收我的饭钱，从今以后我就不到你家了。"从那后黄茂清给的饭钱汤士徵都暂且收下。黄茂清常年在汀西山区采药兼做生意，为人忠厚善良，施医赠药，济困扶危，货物也赊赊欠欠，赊出了许多钱，他从不催讨，由乡人给或送到汤士徵家中。黄姓介绍说，汤士徵将黄茂清所交的饭钱积累起来，帮黄茂清在汤屋购置了些产业，并告知黄茂清。黄茂清非常感动，两人遂结为异姓兄弟。黄茂清在三洲买了一块地皮赠给汤士徵，并将汤姓的祖宗遗骸葬在那（但买地葬汤姓祖宗遗骸之事汤姓予以否认，笔者也认为汤姓祖籍三洲，在三洲就有地盘，不需要他人赠地葬祖）。因汤姓人每年的清明前三天，要回三洲马坑扫墓,每年都在士徵的"同年"家里住,士徵的"同年"对他们一行人招待得非常好。时间一长,汤屋人都觉得心里过意不去,一直认为,士徵的"同年"确是一个有情有义的人,他的事情应该由整个汤姓人来搭。

有一回,黄姓因和戴姓发生了争执,两姓之间都去搬人马来助阵,黄姓人也联络了很多同族包括汤屋前往支持。汤姓接到信后,马上拉起全村的壮丁,带上武器浩浩荡荡前往三洲。傍晚过曾坊河时,正好是朦朦胧胧看不清人影,过河后,汤姓人给艄公船钱时故意大声说:"大家自觉点,一人一个铜板放到船上去。"有人就故意一把一把地把铜板往船里扔。晚上,戴姓人到艄公那打听:"某某,你知道高岭仔来了有多少?"艄公答:"你数数看,一人一个铜板,这一大堆的铜板就是他们给的。"戴姓人一看大概有几百枚,心里想,看来这回黄姓人准备大动干戈,算了算了,不惹为上!使黄姓人免却了一场灾难。

黄姓见汤屋来了许多人,而其他地方的本族黄姓倒一个没来,心里非常感动,于是当即对天发誓:"我们三洲黄姓要与四都汤姓世世代代地交往下去,如有违反,定断子绝孙!"

茂清和士徵死后,汤姓到三洲祭祖时还会去拜祭黄茂清,三洲黄姓在每年的秋分时也会派九人前往汤屋,一者去收田租,二者去祭祀汤士徵。这种关系维系至今已三百余年,代代相传,从不间断,世所罕见!如今在社会上,只要说起对方,他们不论年龄大小,一律称对方为"年伯",只要能帮得上的事情,一定会竭尽全力地帮助对方办妥。

如今四都汤姓在每年的清明前三天去三洲马坑扫墓时,都在黄姓那里住,黄姓会热情地招待汤姓人,汤姓人也会回请黄姓一餐。据去过汤屋的黄峰林先生介绍,解放前他们去汤屋,汤姓会派人接到濯田,现在就派车接到四都的黄地村。因旅途劳顿,他们一到汤屋村,就提来热水请他们沐浴更衣,菜肴丰盛得令人咋舌!那热情劲委实叫人感动。为此黄峰林先生还写下了一首《访年伯有感》的诗,今全文照录:

轻车冉冉入天云,回首一览众山倾。
为访年伯酬夙愿,不辞山路百里行。
感承年伯真诚意,全村老少笑相迎。

开樽煮酒谊深厚，促膝品茶话古今。
一代二代称姑表，三代少人来问津。
惟有汤黄情长久，世世代代相互亲。
汤黄建交始明代，阅尽沧桑三百春。
秋去春来成习俗，永将美德传后人。

汤屋最鼎盛时曾有 380 多户人家，光在本汤屋村就有 300 户，在山上搭寮的有 80 多户。现发至 24 世，92 户，350 多人。

汤屋村不仅在人口方面，而且在经济、文化方面都曾有过辉煌的时期。从现存的宗祠看，无论公祠还是私祠，都是清一色的青砖绿瓦，花岗岩石条。在祠堂里还悬挂着众多的功名牌匾（详见附文），这在方圆百里都属罕见！

据介绍，汤屋村出过一个 103 岁的老寿星，蒙皇帝恩准，建造了一个百岁石牌坊，只可惜在"文化大革命"时被毁。

汤屋村在每年的八月半都要到归龙山去接罗公祖师的香火来打醮。八月初六福首上山接香火，十五日正醮，十六日开斋送神。他们打醮要供 12 堂神（香火）：归龙山的罗公祖师、殿下丘十三郎，本村的关圣帝君、关平、周仓，横路庵的释迦、五谷、观音，大洋前的州府大王，龚柳杨三仙祖师，被人们称作"笆篮师傅"的游猎仙师①，福德庵的满堂诸佛。每场醮事花费 1 000 余元。

附：汤姓功名牌匾

（1）岁进士，福建全（省）提督学院吴孝铭为贡元汤玉荣立，大清道光岁次丙申冬月谷旦

（2）祖德流辉，钦命福建等处地方承宣布政使司布政使加十级纪录十次徐为□□□□，大清道光岁次甲午

（3）成钧俊品，承宣布政使司加十次冯为国学生汤振风立，同治十年岁次辛未冬月吉日

---

① 被称作"笆篮师傅"的游猎仙师究竟事迹如何，已调查不出来。

（4）鹏程初步，福建省提督学院加五级十次徐为生员汤志仁立，光绪八年壬午岁春月吉日

（5）世德流芳，特授福建承宣布政使司布政使加五级纪录钱琦为监生汤绍中偕男大维同立，乾隆四十二年季冬月吉日谷旦

（6）岁进士，□□□□□□□贡生汤大莲立，嘉庆贰拾伍年庚辰岁孟秋月谷旦

（7）才华廷绍，特授福建承宣布政使司布政使加五级纪录钱琦为太学生汤绍中立，乾隆四十七年季冬月吉日谷旦

（8）耆德长春，特授长汀县正堂加五级纪录五次隆为耆民汤有岩立，道光贰拾陆年岁次丙午年仲冬月

2. 温姓

温姓与四都同仁温姓为一脉宗亲，从四都3世百八始迁入高岭定居。主要分布在高岭、大坝、小坝，现已发至27世，30多户，160余人。

在高岭村的水口，有一块百余平方米的地方，那里长满了大拇指粗的四方竹子，相传那是罗公菩萨在那吃过一餐午饭后，将筷子插在地上长成的小竹林。那方竹只有那地方才能生长，若想将它移栽到另外一处，不管土质如何均不能成活。

3. 刘姓

从武平迁到汤屋的黄地自然村定居仅几十年，现有3户，20多人。

（五）三洲丘坊村

1. 概况

三洲乡丘坊村位于三洲乡西部，距三洲乡政府所在地5里。汀江在丘坊村东边流过。全村约80平方公里。土地面积2417亩。全村452户，2432人。主要经济收入是粮食、烤烟。1999年人均纯收入1000元。主要居住丘、俞二姓。

（1）丘姓，河南郡，约明初从上杭湖梓迁三洲丘坊定居，发至30世，200余户，1200多人。

（2）俞姓，河间郡，约宋朝时从宁化石壁迁至三洲田背再迁入丘坊定居，现发至36世，189户，869人。据本地人介绍，罗公祖师是丘坊村的保护神。曾经两次显灵保护丘坊村，使之免遭涂炭。一次是在走"长毛"时，

当时的"长毛"到了三洲，准备攻打丘坊村，但是发现河对岸的丘坊村人来人往，像是集结了许多人在那，一副有备而战的样子，于是"长毛"放弃了攻打丘坊的打算。第二次是临解放时走"胡琏兵团"。胡琏兵团往南溃逃经过三洲时，准备趁机去丘坊捞一把，并抓些壮丁补充兵源，谁知还未走近丘坊，就发现丘坊村的河沿上人头攒动、尘土飞扬，使胡琏兵团扫兴而去。

据说，发生这两件事时，其实丘坊村里根本就没有什么人，是罗公祖师作法指挥那些打醮时烧的纸人纸马在那迷惑了他们，使得丘坊村逢凶化吉，躲过了两次劫难。

每年的九月十六日至廿一日，是丘坊村的大会期。在此期间会请来剧团唱大戏，摇起船灯，扛着彩旗，走100多里的路到归龙山去接来罗公祖师的香火，接回后，连同抬着本村的三将公王去游村。彩旗猎猎，鼓乐阵阵，土铳声、鞭炮声震天，引来周围山村的无数人前来观看，熙熙攘攘，热闹非凡！

原来此项活动是丘、俞两姓人共同举办的，后来不知怎么产生了矛盾，俞姓人认为，到归龙山不单单是朝罗公祖师，而是丘姓人借朝罗公祖师之名，行朝丘姓人开山祖之实，而且还要我俞姓帮忙出钱，这简直是奇耻大辱！不干！后来争得连两姓人共有的三将公王菩萨也要拿去分。菩萨如何分？后来决定，一姓人占菩萨，一姓人占菩萨坐的轿子。丘姓仗着人多，就说，行！把菩萨扔到汀江，由河水来定，若菩萨逆水而上就归俞姓（因俞姓住上游），顺水而下则归丘姓。谁知菩萨像刚好扔在一个大旋涡里，逆水往上漂，归了俞姓；丘姓只好抬走了菩萨轿。所以就有了"俞姓无轿抬菩萨，丘姓打醮抬轿子"的趣事（如今俞姓给三将公王配了轿子，丘姓也重塑了三将公王）。此后，俞姓就不再参与到归龙山朝拜的事，专门打三将公王醮了。

2. 朝拜活动

九月十六日晚子时左右，丘姓的朝拜队伍一行100多人开始出发，按如下路线：三洲→濯田水口村→濯田镇→濯田升平村→牛脑屎崂→四都羊牯岭村→四都圭田村→四都黄地村→四都下大金村→南北湖，到归龙山已是第二天上午。

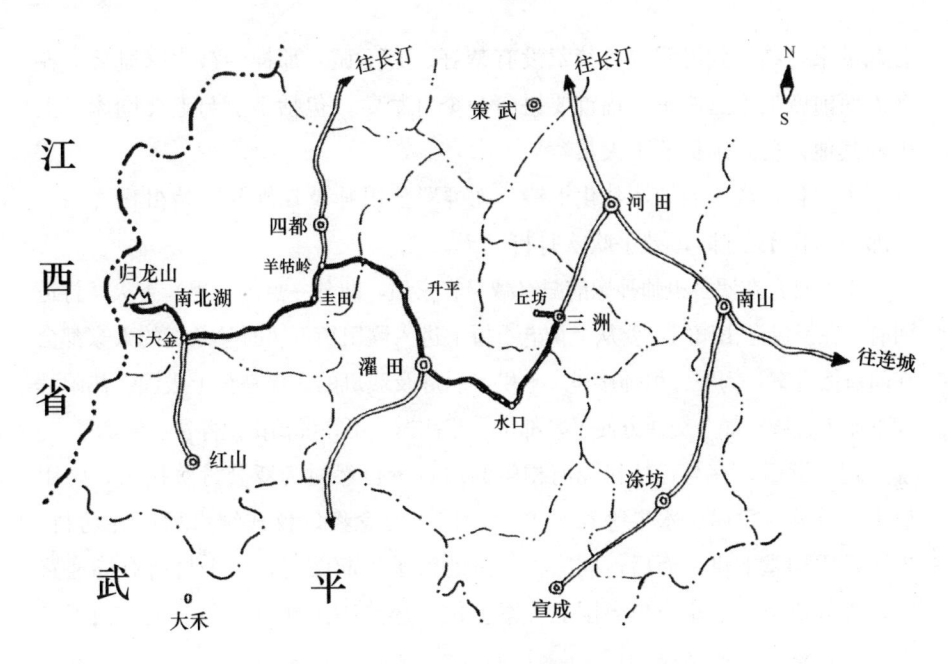

图 5-4　丘坊朝拜罗公祖师路线示意图

朝拜队伍顺序如下：

罗公祖师神旗1面、1人；

丘百一十三郎祖旗1面、1人（神旗、祖旗均为三角形，外饰飘带）；

副福首端香炉；

彩旗60～70面（每人一面，60～70人）；

船灯队4人；

鼓手队4～6人；

戏班4人；

十番队10人；

锣鼓队3人；

土铳30把（每人一把）穿插于队伍中。

一路上吹吹打打，沿途经过庵、庙、社公、亭子、大桥时要停下烧香、祷告，意思是告诉沿途的神祇，借宝地到归龙山去朝拜罗公祖师，请放行，因回来时就不再停留、烧香了。

从南北湖上归龙山罗公庙的路上，据说神旗上的飘带一定会打一个结，若飘带未打结,就说明福首禁荤没有禁好、心不诚,那样会被大家耻笑,在众人面前就抬不起头来。福首要提前一个月禁荤,包括不能与老婆同床。上山的其他人也必须提前十天禁荤。

十七日,烧香照烛,焚化纸钱,朝拜罗公祖师及丘姓开山始祖丘百一十三郎(即丘十三郎),鼓手吹吹打打一天。

十八日,在罗公祖师神像前减(减,客家话,即分一点的意思)香火,打道回府。在经过濯田镇时,要从上街老石桥上进入濯田街,届时整条街的人家都会在门口摆香案,为罗公祖师接风、上供,船灯及戏班的人要在街上表演,热闹程度不亚于赶墟。如今交通方便了,都是乘车往返,不在濯田街上停留、游街了。

到三洲后,在与丘坊村隔河相望的白石下自然村为罗公菩萨接风,要用粉干、香菇、豆腐、水果等素菜上供,道士要念经。仪式结束后回丘坊村,先在丘氏祠堂上供,而后连同三将公王的轿子一起游村,整个村所有能通路的地方都要游。家家户户会摆上香案上供,热热闹闹地过上两三天。到了二十一日,整个会期结束。

(六) 红山白石坑

罗公庙内除安放罗公菩萨及部将七郎、八郎、释迦等本庙的菩萨外,还放有其他村的菩萨,如上湖的定光、伏虎、小罗公、五谷大神,小金村的两尊观音,红山乡白石坑的观音及弥勒佛。

为什么远离归龙山五十多里地的红山白石坑村的菩萨会安放在罗公庙内?而当地的程姓为什么又会让刘姓在他们的地盘上安奉菩萨?

据说,归龙山开辟后,因罗公祖师非常灵验,为了酬谢罗公祖师的恩德,白石坑刘姓人就在腊溪刘郎乾、老鸦坑、下大金的罗屋、红寮南北湖等地购买田地,将每年的租税米1.2石施给归龙山,作为庙内和尚及白石坑村去归龙山朝拜信士的午餐饭。到了清代中期,因山主程、汤二姓相争当缘首头,二姓无法解和,后告到汀州府,县官问庙内和尚,程、汤二姓谁对庙内施舍多?和尚说,其他谈不上,唯有白石坑刘姓买有田地,每年将1.2石的田租税米施给了庙内。县官说,那这缘首头应断给白石坑刘姓。刘姓人说,我白石坑离归龙山50多里,路途太远,无法管理。县官就说,归龙山罗公庙有三神龛,你白石坑就占一龛(第三龛)。后来白石坑刘姓就在那塑了弥勒佛一尊,每年的十一月十一日至十五日,白石坑刘姓就会请鼓手到山上接菩萨(弥勒佛)及罗公祖师的香火到白石坑打醮。如今已不光白石坑的刘姓人，就连从白石坑迁到松光岭下的刘姓后裔也同样每年每家会出一升至二升的大米送来归龙山供奉。

表 5-1　　　　　　　　归龙山周围山村醮事一览表①

地名	正醮时间	设醮地点	摆放神祇	参与姓氏	大约开支（元）
禾园背	正月初十	程姓祠堂	罗公、观音、真武祖师、五谷大神等	程	600
白竹塘	正月十一日	同上	同上	同上	同上
会昌县船坑村	时间不定，以在归龙山罗公祖师那跌珓	同上	同上	同上	同上
乌泥	正月十三日	同上	同上	同上	同上
石壁下	正月十五日	同上	同上	同上	同上
瑞金县上土寨、下土寨	与会昌县船坑村相同	同上	同上	同上	同上
小金	正月初八	福首家中	同上	萧	700
寨背	正月初十	谢姓祠堂	同上	谢	同上
乌蛟塘	正月十二日	萧姓祠堂	同上	萧	同上
红山白石坑	十一月十一日至十五日	刘姓祠堂	同上	刘	1 000

四、罗公祖师庙的神明信仰

（一）归龙山罗公庙的管理机构

1995 年以前，没有专门的理事机构。到了 1996 年，民间自发地成立了一个理事会，由红寮村的程祥财、程祥炳、程洪生、程发春，以及上湖乌泥村的程五月生、江西瑞金红门村的程长玉等人组成，管理归龙山上的事务。

2000 年元月，由四都镇政府牵头，正式成立了归龙山理事会。经四都镇第十五届人民代表大会第一次会议全体通过《关于保护和开发归龙山旅游资

---

① 归龙山周围山村的醮事分为程姓、萧姓及刘姓三个祭祀圈。

源构建闽赣边界文化名山》，由统战委员蓝友生、程祥财、程来来等人组成归龙山建设理事会，管理具体事务，并发动全社会捐款捐物，为归龙山开发尽一份力量。共筹资20余万元，首期投资10余万元，铺设从下大金—南北湖宽3米、长8公里的水泥公路。

(二) 罗公祖师的庙会

以前每年的新年，归龙山的和尚要到周围石寮湖、白竹塘、上土寨、下土寨、船坑、乌泥、石壁下、上湖、寨上、圆坑尾等11个山村去"扎草米"。所谓"扎草米"，就是和尚分头到各家各户去化缘，定下各家各户愿意为归龙山的醮事出钱、米、菜的具体数目和届时上山帮忙的人数，使主持者心中有数，好安排具体事务。自罗公庙被毁后，庙内没有和尚了，由山上理事会人员担当此项工作。

1. 春、冬祭

归龙山一年有春、冬两次醮事。春醮为祈福醮，即祈求罗公菩萨保佑境内一年平安，时间一般选在正月半过后至二月这段时间。冬醮为还愿醮，为感谢因菩萨一年来神功庇佑而五谷丰熟、人畜平安所设的醮事，时间一般选在收冬之后。醮事具体时间的确定是先看通书，选一个"诸佛下降"日或"大进"日，然后以在罗公祖师神像面前跌珓为准。若准了，就可着手准备醮事，联系鼓手，约请道士，购买醮事所需物品，等等。

春、冬两次醮事一般为一天两夜（第一天夜晚，第二天白天和晚上）。具体仪式内容如下：

第一天，鼓手、道士来后，晚上即开始醮事。先请菩萨落座，摆上斋果、茶、酒各三盘（杯），道士白："金钟初叩，章能相如班齐；法乐乍鸣，喧三乘三妙偈。恭对金容，开科演唱奥……"唱《天启赞》，白文跪唱《土地赞》，白文跪唱《水文》，念《观音经》《水赞》《香文》（此时香首上香），道《恭文》，唱《三宝赞》《茶文》，安奉。开始起香火。香火起后又重复"金钟初叩……开科演唱奥"，唱《茶文》，请神，唱《三宝赞》《茶文》《喧文》《喧总关》，此时焚烧二十四角文书，文书由道士提前写好，内容为祈求百姓安康、社会安宁。回香。晚上的仪式完。（注：每唱完一首均要作揖，唱《茶文》时要往供桌的茶杯里倒茶。)

第二天为正醮日。

清早，三跪九叩，道《香文》，唱《香赞》，念《太阳经》《心经》，请菩萨下座。唱《下座赞》，完后六拜。早上仪式结束。

上午，念《神农青苗经》《消灾杜厄经》《释谈章句经》《司命灶神经》《南斗、北斗经》《三官经》。

中午上表。唱道曲、《香赞》，道《水文》、《香文》、《香赞》（上香）、《恭文》，唱《三宝赞》《茶文》，宣表，焚表，唱《功曹赞》，回香。

下午重复上午的仪式。

晚上做"度孤"科，送神丐保（即送神鬼），摆"阳席"。此仪式在下面的休息厅举行。旁边坪上摆三桌孤食，八仙桌上有照明蜡烛一支、八副碗筷以及米酒、米饭、米粉、豆腐、海带、木耳、金针菜、油炸及水煮豆腐八样素菜。孤食桌旁的休息厅内摆一道士做功课的桌。桌上摆一盘子，内装米、红纸（上书"百福"二字），还摆放香、烛、一盏油灯、一碗水，正中摆着被视为镇山之宝的那尊观音像，米升内放一道经司印、普庵祖师牌位，三碗酒、一对蜡烛、一个香炉和两杯酒。

道士先沾碗内的水画符、起鼓，信士烧香，道士撮起盘内的米向外抛撒，音乐起，道士唱，念纸抄的经文，然后用草纸包起，对天焚化，放鞭炮，向孤食桌旁抛米制斋果，而后烧红纸抄写的榜文。榜文如下：

南泉大法司为给出鸿名榜文一道，集福迎祥。今述中华福建省长汀县成上里归龙山居住奉道颁恩，投榜求大总理某某某、香首某某某、杰士某某某、信民……（周围山村的各家各户家长名）右领合坊人等，即日诚心上叩天京，下情述念，云峰得道，功泽四民，罗公大德，恩施十坊。卜今集聚登山，申文建醮，向仙师祈新恩。伏愿佛法宏施庇合坊，逐疫驱邪，耕丰畜旺，男清女吉。财进丁添，百事祯祥。神恩广布佑各户，三（灾）八（难）殄除，经营得胜，野兽灭除，国泰民安，士农工商，全面得胜等因。

但臣右具榜文再拜，上进。恭惟南无三界大师四生慈父人天教主本师释迦牟尼佛证盟垂光。咸叩。洪慈洞回，昭格之至。谨榜以闻旨。

天运某某年今月某日给榜张挂坛门首。

而后到厨房门口烧一缠满纸条、纸花的竹架、孤榜榜文，把斋果一起焚烧，将桌上的酒洒在地上，碗全部倒扣，把神牌送回殿，度孤结束。

孤榜榜文（红纸书写）：

南泉大法司为赈济寒林所（据说是小鬼住的地方）。盖闻吉祥会启，施食筵开，孤魂由仔，远近皆来。佑伏以阿弥陀佛放毫光，接引孤魂往生方；四生六道齐赴会，福降人民富无疆。

故跋。

右榜晓谕鬼类通知。今晚施食斋主总理某某某、香首某某某同等拜办。

天运某年某月某日给榜张挂坛门首。①

度孤做完后，即在社公树下杀一只鸡或狗打花、开斋。开斋做饭要在下面的厨房，因为上面的厨房是煮斋食的，下面的厨房可煮荤食。

第二天早上开斋后，鼓手、道士就可收拾家伙、结算工钱回了。鼓手的工资标准是每人每天18元，另加一包香烟，一天两夜的醮事算二天，总共216元；道士的工资按场计算，不管你来几个人，但最起码要两个道士，才能完成法事，一场一天两夜的醮事220元左右。

春、冬两场醮事的花费每场2 000多元。

2. 八月罗公寿

八月十五日，据说是罗公菩萨的圣诞。从八月初一至初十这段时间，归龙山下周围乡村还会特地请来鼓手班到山上为罗公祝寿。来归龙山朝拜罗公祖师的人络绎不绝，香客大部分来自长汀、武平、上杭、龙岩、宁化，以及江西的瑞金、会昌、赣州、石城、宁都、雩都等。

表5-2　　　　　　八月罗公寿各地到归龙山祝寿时间表

时间	村名	时间	村名
初一	为头年许愿人的还愿日	初九	长汀县红山乡红段村、苏竹村，瑞金县武阳乡
初二	瑞金县拔英乡新径村	初十	瑞金县武阳乡、拔英乡白竹寨
初三	瑞金县拔英乡红门村	十一	长汀县红山乡牛畲村、腊溪村、苏陂

---

① 道士张兴荣还特别告诉笔者，撰写榜文有"十八天条不可用"的戒律，具体口诀是："牛尊端首许云宗，乞丐方免伸弓鸿，贼害言深"十八个字，有犯天条在其中。另外凡有一"亨"字，作者用上难免凶。即在撰写榜文时，上面诗中的十九个字都不能在文中出现，如果用了这19个字，作者一定会有灾难。

续前表

时间	村名	时间	村名
初四	瑞金县拔英乡蓝田村	十二	长汀县红山乡寨下村
初五	会昌县富城乡田心村、余屋洞村	十三	长汀县红山乡中坪村
初六	瑞金县泽潭乡庵子前村	十四	长汀县四都乡汤屋村、高岭村
初七	瑞金县谢坊乡桐江坝村，泽潭乡茅坪村、腊英村	十五	为归龙山周围各村的程姓（红寮的石寮湖、禾园背、白竹塘、庵子前，上湖的乌泥，会昌的船坑、寨上，瑞金县的红门地、上土寨、下土寨、石壁下等村）
初八	瑞金县黄生口、壬田寨		

从初一开始，归龙山周围山村的人早已在山上搭好了许多临时的草寮，卖香烛、鞭炮的，卖各色小吃的，施茶水的，数不胜数。香客中有自己开车去的，有骑摩托车去的，但更多的是邀约结伴包车前往。整个归龙山是人的世界。平时安静的归龙山沸腾了！山上山下人头攒动，庙里庙外人声鼎沸；庙外鼓乐喧天、旗幡招展、鞭炮齐鸣，庙内烛火熊熊、烟雾缭绕。烧香、求签的熙熙攘攘，摩肩接踵，挤得水泄不通。善男信女们虔诚地跪拜在罗公祖师神像前，眼睛半开半闭，口里喃喃自语，祈求罗公祖师保佑；几个顾香火的人忙得满头大汗；解签的讲得口干舌燥；厨房里做饭的也不亦乐乎地淘米下锅、捞饭蒸饭、洗菜挑水，为远道的香客准备饭菜。朝拜完菩萨后，有兴致的就爬上山顶，游览一番。站在作揖岩上俯瞰绵延起伏的群山，领略"一览众山小"和"指点江山"、"乱云飞渡仍从容"的气势；瞻仰风动石，回想罗公菩萨与释迦老佛托石比法的趣事（详后），最终采取中庸之道解决棘手的"座位之争"。在领略大自然美好景致、与大自然交流融合的同时，观古鉴今，引发无限感慨。稍有文化的还会去山沿的功德碑林参观一下，在残碑断石前怀古凭吊，唏嘘一番。想象当年归龙山的兴旺、善男信女的虔诚以及施田施地者的功德，使受凡尘喧扰的心灵得到一番教化。

聪明的照相师傅在那忙碌游说，为没带相机的游人拍张照片。照相师或蹲或站，或倚或坐，辛劳地为他们摆姿势出主意，直到游人满意为止。

归龙山香火的旺盛无疑给山脚南北湖的人们也带来许多商机，由此应运而生的小商店，卖香烛鞭炮、瓜子零食、饮料胶卷，看管车辆，加工饭菜，免费提供茶水，客家人的纯朴厚道、热情好客，在这里又一次得到验证。

(三) 罗公祖师的信仰圈

1. 范围

据当地老人介绍，解放前除本省的武平、上杭外，还有江西的瑞金、会昌、雩都、赣州、石城等地以及广东与福建交界的北部部分客家地区（范围不清楚，仅根据口音判断为广东梅县一带）来朝拜罗公祖师，如今信仰罗公祖师的范围已扩大到很多地方。在2000年（庚辰年）正月初一，那天虽然下着大雨，道路泥泞难行，笔者从四都去归龙山，一路上只见去朝拜罗公菩萨的人群因为雨天路滑，十几辆龙马中巴车全部停放在下大金归龙亭旁边，车上的人全部步行15里上归龙山。笔者骑摩托车艰难地来到归龙山脚南北湖时，才9点左右，可是下山的人已是成群结队、络绎不绝。

据笔者亲眼所见，在深圳经商、原籍长汀童坊的赖某，他开了一辆小车，一行十余人来到归龙山，还带来了二担鞭炮、一担食油（100斤），光雇人在南北湖挑上山就花了420元（每担140元），鞭炮放了一个多小时。他告诉笔者：除非没有回长汀过年，若回来过年，在大年初一这天，他一定要来归龙山朝拜罗公祖师。他说，是罗公祖师保佑他做生意赚了很多钱，他很感谢罗公菩萨。后来他得知归龙山要铺设南北湖—下大金水泥路时，非常爽快地捐了600元，还以他6岁儿子的名义捐了200元。

陈某带着两女一儿自上杭官庄乡来到归龙山。他告诉笔者，17年前（1983），他已生有两个女儿，因为没有儿子，一直闷闷不乐、耿耿于怀。后来在武平大禾做泥水匠时，听当地的一位老人说，长汀归龙山的罗公祖师非常灵验，有求必应。他就央求那老人带他来到归龙山朝拜罗公祖师，他第二年就生下一个儿子。此后他每年正月都要带着他的孩子们来归龙山。

在南北湖开店的红寮村村长程发福告诉笔者，每年正月的月半前后，有一伙自称是泉州、石狮的中年妇女会包车来到归龙山。她们都异口同声地称长汀归龙山的罗公祖师很灵验，保佑她们的家里赚了很多钱，所以她们每年正月都要来酬谢罗公菩萨。据他介绍，近几年来，来归龙山的人是越来越多，路途越来越远。除了邻近几个县的外，还有来自广东以及福建厦门、龙岩、赣州等地的香客。

2. 信仰原因

来归龙山朝拜罗公祖师的主要有以下几类：第一类求家庭平安，第二类求子女升学，第三类求仕途升迁，第四类求财运亨通。

以前民间流传有归龙山的罗公祖师"上半年管福建，下半年管江西"之说，因此上半年去的大部分是福建的香客，下半年去的则大部分是江西的香客。现在此现象已大大改观，不分江西、福建，不管上半年还是下半年，信仰的是"心诚则灵"这四个字。特别值得一提的是，每年临近中考、高考时节，去归龙山的香客大部分是求罗公菩萨保佑能顺利如愿升学的。有家长单独去的，有家长带孩子一起去的，也有学生本人独自去的。三三两两，带上香烛鞭炮、水果供品、植物油等，十二分虔诚前往朝拜，据说大部分均能如愿。上归龙山路上的"三元亭"，就是为了纪念长汀一中高考连续三年（1996、1997、1998）获龙岩市第一而兴建的。

（四）归龙山功德碑碑文

历史上，归龙山香火十分兴盛，以致各地信士纷纷往该庙施舍田产。如今这些碑刻仍基本保留下来，是我们研究归龙山历史及其信仰范围的重要史料，先整理一表于下：

表 5-3　　　　　　　　归龙山功德碑一览表

序号	时间	地名	施主	管理者	说明
1	道光八年（1828）	八都小金园山背	苦竹山钟久昌	主持觉远	粮田一份
2	乾隆四十八年（1783）	八都下大金鹧鸪岭、深丘堎、院里、荀车坑	谢坊丘惟泰	僧源度	粮田四处租米共一石正米五升六合五勺
3	道光十年（1830）	八都石寮湖樬树地	石寮湖程永仕、程世波	主持觉远	粮田一大份
4	乾隆四十八年（1783）	八都下门地沙塘皆路背、狗凳砾	下门地丘华玉、丘国玉、丘亮玉	主持广立	粮田两处税米六升□秋粮三升二合
5	碑文已无法辨认				
6	道光十年（1830）	八都下门地基下丘寨背坑	长汀城赖志修	僧觉远	水田二份

续前表

序号	时间	地名	施主	管理者	说明
7	嘉庆二年（1797）	八都石寮湖湖前坑	石寮湖程天伟、程天楚	僧觉正	粮田一丘 租银四合
8	乾隆四十六年（1781）	八都万团背坑田	万团朱明达	僧惠参、源度、广立、觉正	粮田一份 租银四合
9	道光二十一年（1841）	十都牛婆山湖均坑	牛婆山程世洪	僧觉远	粮田二丘
10	道光十二年（1832）	七都谢坊豪猪坑	谢坊丘登王	主持觉远	水田一份
11	道光十二年（1832）	七都谢坊黄屋背	谢坊丘登王	主持觉远	水田一份
12—17	根据碑石的材料、外貌及碑文的书写风格、残损程度等推测，应同为"乾隆四十二年丙申年十方全立，今将十方百姓仝僧照老缘簿开列义名"碑石，碑石上的名字密密麻麻，经粗略统计有七百余人，因年长日久，石碑残损严重，已无法确认具体姓名及善捐数量				
18	嘉庆二十三年（1818）	八都石寮湖均坑	石寮湖程天期	主持觉远	水田一份 银租十五两
19	道光十一年（1831）	八都猴子额	刘振伍	僧广立	水田一处
20	同12—17号				
21	嘉庆二十一年（1816）	八都南北湖芒头坑	石寮湖程天闵	主持觉远	水田一大份
22	碑文残损严重，正文已无法辨认，只剩下"乾隆五十五年竖造石碑"10字				
23	嘉庆二十三年（1818）	八都石寮湖均坑	石寮湖程天闵	主持昌兴	水田一大份 外加施糯谷租税一石一斗正
24	碑石高1.6米，宽0.92米，年久残损，已无字可认				
25	嘉庆二十三年（1818）		石寮湖程天闵	僧本辉	糯谷租一石七斗

注：编号顺序为从山沿外往里，碑文内容详见本篇附录。

从上表所录的碑文可知，归龙山最为鼎盛的时候应是清朝的中期，即乾隆四十六年（1781）至道光二十一年（1841）间，施田者都是在这段时间施舍。

从地域来看，邻近山村的居多：石寮湖6人（程永仕、程世波、程天伟、程天楚、程天期、程天闵），牛婆山1人（程世洪），万团1人（朱明达）；其次是20里远的楼子坝下门地丘华玉、丘国玉、丘亮玉三兄弟；再次是25里的谢坊2人（丘惟泰、丘登王），30里的红山苦竹山人（钟久昌）；最远的是长汀城宝珠门的赖志修，他在四都的楼子坝下门地购买田地施给归龙山。

从数量看，施的最多的是石寮湖的程天闵，他一人前后共施三次，计水田二大坋，外加糯谷租税二石八斗；第二是谢坊丘惟泰，共施田四处，租米一石，正米五升六合五勺；第三是谢坊田背的丘登王，连施二次，水田共二坋。

五、传说故事

（一）出米石洞

在罗公庙后右侧的石壁上有个一寸余宽的石洞，相传早先那石洞每天都会流出大米，而且刚好够罗公庙和尚和来朝拜罗公菩萨的香客吃。从不多出，也不会少出。

有一年的八月初一，归龙山庙会，周围四乡八县的游人香客都成群结队来朝拜罗公菩萨。庙内香烟缭绕、烛火熊熊，庙外旗幡招展、鼓乐喧天、鞭炮轰鸣、热闹非凡。管厨的和尚忙得不可开交，见来了这么多的人，心急如焚，催那在出米洞前接米的小沙弥："来了那么多施主要吃饭，不快点，就做饭也来不及了！"那小沙弥说："师傅，这洞口太小了，出不赢哪！"那和尚跑过去一看，只见那出米的小石洞依然不急不缓地流。他想，照这样的速度，何时才能出够大家吃的米？不如把洞口凿大一点，让它多出一些。于是吩咐小沙弥拿来铁锤、钢钎，动手凿洞。谁知那洞口被凿得一寸多大的时候，米却不流了。从此后，出米洞再也不出米了。

周围乡村的信士听说归龙山的出米洞不出米了，庙里的和尚要挨饿，这可怎么办？附近有些较富有的信士就开始给归龙山施舍。有施田租谷的，也有将田施给归龙山由寺里去耕种管理的，路途较远的干脆就在附近村子里买上一份田，施给了归龙山，由寺里耕种或收租。

（二）馒头石

由南北湖上归龙山，在半山腰路边有一酷似馒头的石头，据说那是罗公菩萨放在那，留给远道而来的香客充饥的。

相传在明朝时，在粤北客家地区有个叫陈五郎的人，他虽家资万贯，却整日病态恹恹、不思饮食，年过四十而膝下无儿。他听说福建汀州府的归龙山罗公祖师灵验异常、有求必应，便萌发了来归龙山的念头。

他带上家仆一路上走走停停，一共走了七七四十九天。这天所带的干粮吃完了，终于来到归龙山下。他由家仆搀扶着，一步一颤地上到了半山腰。他实在又累又饿，便靠在路边，头枕在一圆石上休息，不知不觉睡着了。五郎迷糊间听得一个声音在叫他："陈五郎，好诚心，千里跋涉到长汀；又累又饿半山歇，给你馒头做点心。"五郎觉得有人给他一个已干裂的馒头，他毫不客气地接过，撕下一角就吃。他正唖巴唖巴吃得有滋有味时，忽听得"老爷，老爷"的急促声，五郎醒来一问，得知家仆见五郎嘴巴一张一合，以为要出事，就慌忙将他叫醒。五郎醒来后只觉得神清气爽，与刚才判若两人，只见他一个劲地唖巴着嘴："那馒头真好吃呀！"家仆不解地问："什么馒头呀？"五郎将梦中的情景告诉了家仆，家仆说："定是主公一片诚心感动了罗公祖师，罗公祖师在显灵哪！"话刚说完，只见那石头"砰"的一声，表层的一角突然崩裂开来，把五郎及家仆吓了一大跳。五郎回过神来，左看右瞧，那石头分明就是刚才梦境中吃得津津有味的馒头样，他不禁赶紧跪下，叩头不止："感谢菩萨大恩大德！"

五郎回家后，身体日益强壮，第二年又喜得一子。据说他后来还特地带着妻儿来归龙山打了七天七夜的大醮还愿呢。打那以后，凡到归龙山朝拜的人既不觉得饿，也不觉得疲劳了。

（三）作揖岩

作揖岩位于归龙山山顶，为一悬崖，崖外是万丈深壑，岩边有一石笋，刚好能放下一双脚。据说谁敢站在那作三个揖，心里想求什么都能如愿。

相传四都有一青年百六郎，他自幼丧父，是年轻守寡的母亲将他拉扯大。家虽穷，但他长得虎背熊腰，品貌出众。与邻村的八娘互相爱慕，两人还私订了终身。无奈八娘的父母就是嫌百六郎家境贫寒，一直不肯答应他们的婚事，使百六郎非常苦恼。

有一日，百六郎备好香烛，独自一人来到归龙山。他先拜过罗公菩萨后，沿着庙后的小径来到山顶。他坐在峰顶的石头苦思闷想，郁郁不乐。忽然他想起人们常说"谁敢在作揖岩上许愿，就求什么应什么"的话，便小心翼翼地爬上了作揖岩。他站在那闭上眼睛喃喃自语："罗公菩萨啊，我与八娘相互爱慕，可是她父母嫌我家穷，要不是母亲的养育之恩没有报答，我真想……"百六郎一时伤心不已，恍惚间伤心的百六郎一头栽下山崖。

那百六郎早已吓得灵魂出窍，只有等死的份。忽然觉得有人托住了他的身体，将他放在地上。他睁眼一看，是一个额上长了个包的老人。老人笑容满面地说："人穷不可怕，志穷万事空；勤劳发奋自有福，贤妻自会到家中。切记！切记！"说完飘然而去。百六郎似懂非懂地点了点头，也不知感谢老人的救命之恩。

百六郎回家后将此事告诉他娘，他娘就说："那老人肯定是罗公菩萨！你照他说的去做，一定无错！"百六郎便每天两头见黑地种地、开荒。

有一天，百六郎在一山坡上挖得起劲，突然间锄头落下发出"咣"的一声，像是敲碎了什么。百六郎扒开泥土一看，原来是一罐银圆，百六郎高兴地跳了起来，赶紧脱下衣褂，将银圆包回家中。

百六郎开荒捡窖的消息传开了，八娘的父母自然也欢天喜地。这天，百六郎聘的媒人一到，没费什么口舌，便将婚事定了下来。年底，百六郎和八娘这对有情人终于成了眷属。

（四）风动石

从归龙山顶沿山脊小路往西下行约500米，有两块巨大岩石，造型优美别致，看似"危危欲坠，游人推之，摇曳晃动，旋即又稳立如故，千百年未移毫厘"，这就是县志所载的"风动石"。据说这两个巨大岩石是释迦牟尼与罗公菩萨为争座位比法的结果。

传说释迦牟尼得知罗公菩萨正在归龙山做庙，听说那是一块风水宝地，便驾起祥云来到了归龙山。他对罗公菩萨说："天下名山皆归佛。我乃千年古佛，你呢，是人间真神，这正殿要让我坐。"罗公菩萨说："此山是人间仙境，它既是我发现的，又是我费尽九牛二虎之力争取来的，正殿自然要我坐。"这一佛一神为了座位争了起来。最后决定比功夫定夺，双方约定两人在5里外的山脚各抱一个石头上归龙山顶，看谁的速度快、块头大。谁赢了，正殿就归谁坐。

罗公菩萨在石寮湖小溪边抱了个石头，脚用力一蹬，在小溪的石块上留下了一个长约二尺、深七八寸的脚印，"呼"的一声上了山顶，石头刚放下，那释迦佛就在西边的石寮坑托一大石飞来，落在西边的山崖上。这两块巨石就成了现在的风动石。比赛的结果是：罗公菩萨速度快，但块头较小；释迦的石头大，但速度较慢。各有千秋，不分伯仲。但归龙山毕竟是罗公菩萨发现、争取来的，释迦佛也不便硬争。最后商定：为照顾释迦老佛的面子，把庙向左移了5尺，表面上由释迦佛坐中殿，而真正的山龙口还是归罗公菩萨坐了。

（五）镇山之宝完璧归赵

在归龙山罗公庙的一个阁楼里供奉了一尊归龙山上最古老的菩萨像，这尊一尺多高的雕像被视为镇山之宝，除打醮外，从不示人。

这尊菩萨像原来供奉在乌泥与江西船坑交界的观音亭内。相传在很久以前的一日，那菩萨像被人偷走了。大家一直找都没找到。后来菩萨托梦说在赣州府的某地，便寻到那。待寻到时，发现有两尊一模一样的观音像，去的人还是认出了属于程姓人的那尊。但人家始终坚持说是他们的，一直争来争去，毫无结果。到了傍晚时分，双方只好跪在地上，对着桌上的两尊观音像烧香，并言明：是福建的菩萨请明天早上跑到桌沿上来，是赣州的菩萨就请原地不动。然后双方在门上各锁一把锁。第二天打开门一看，福建的那尊果然来到桌沿上，终于使观音像完璧归赵。打那以后，怕再发生类似事件，就将它安奉在归龙山上了。

（六）其他逸事

1. 香客串童救小孩

1981年秋，归龙山做贴脚屋（平时住香客的房子）时，发生了件令人不解的事。

乌泥村的程长友在山上帮做饭，他儿子程发金当时6岁，因犯痫症，带到长汀城的汀州医院，花了2 000多元，被断为绝症，无法医治了，医生叫他带回家去，暗示他没治了。程长友心灰意冷，把他扔在家里不管了。这日，从会昌来归龙山朝神的唐明远，好好的，突然之间手舞足蹈落起童来，说：这山下有一个病人，我要下去救他。程长友想，附近才三个村子，不过几十户人家，从没听说其他人病了，这病人一定是我的儿子。他马上跟在唐明远的后面下山。说来也怪，这唐明远不要说没去过乌泥村，更不用说认识程长友的家了，他竟一路小跑径直走进程长友的家，叫程长友摆上粉干，倒三杯茶、三杯酒。唐明远自己点着香后，用一根香对着程长友儿子的喉结部淬了一下，然后捏开他的嘴巴，对准他咽喉的悬雍垂部又淬了一下。淬完后唐明远也就清醒过来，不解地问："我怎么会在这里？"程长友告诉他事情的经过。此后程发金的病也就一天天好转，直至痊愈。程发金今年27岁，现在还添了一个孩子。

2. 求签趣事

四都圭田谢屋有一老人，几十年来未上过归龙山。前两年突然心血来潮来到归龙山，先烧香照烛，后跪在罗公祖师面前求签，求到的是第二签，解签人告诉他：有愿未还神不佑。他感到好笑，又跪在罗公菩萨面前说："是不是罗公菩萨搞错了？我从未来过归龙山，更谈不上许过什么愿，怎么会有愿未还呢？请罗公菩萨明察。"一求又是第二签，再求还是第二签。他又跑来问解签人，解签人告诉他去问罗公菩萨，是不是你父母帮你许过什么愿。一跌珓，果然如此。后来又跌珓问许了什么，得知是一斗大米。他马上按现市价将一斗大米的钱塞进了功德箱。来年的正月，谢老汉又来到了归龙山。烧香照烛后，又跪下求签，谁知这次求到的又是第二签。他感到非常奇怪："菩萨不要跟我开玩笑了，几十年的愿我去年还掉了，求菩萨降一支签明示。"结果连求三次，还是第二签。他满头雾水地回到家里。他将此事告诉了家人，问家里有没有人在罗公菩萨那许过什么愿，才得知他儿子在头年的秋天因想买一部二手车曾在罗公菩萨面前许过"车若买成，就还愿100元"的愿。他第二天就赶紧送了100元去归龙山。

六、归龙山罗公祖师签判诗

    第一签　上吉
    卜得归龙第一签　鳌头独占必争先
    欣逢此日风云会　振翼高飞在九天

    第二签　下吉
    五更月落漏声残　家宅不祥官事难
    有愿未还神不佑　急宜酬谢得平安

第三签　中吉
连朝细雨恰初晴　谋望亨通事事平
漫说今朝多失意　依然古镜见重明

第四签　下吉
天祸为灾实可嗟　百般世事总多差
图谋作事皆烦恼　花被摧残月被遮

第五签　上吉
富贵功名本自天　求财做事百般全
登程谋望皆祯吉　大胆雄心可向前

第六签　下吉
不先问己但求神　口舌官灾便相因
做事求财皆不利　恰如枯木未逢春

第七签　中吉
久旱不雨正当时　苗槁翻疑天不平
一旦沛然甘雨下　农夫遍野庆西成

第八签　上吉
一片空明月正圆　求财做事实当权
目前自有贵人至　一往无疑可向前

第九签　下吉
与人不必说短长　争短争长总不祥
凡事只宜忍且息　家门和顺自安康

第十签　上吉
两轮日月耀吉明　四海澄清浪不生
更喜泰来还否去　风云际会颂升平

第十一签　下吉
求利求名总枉然　观来世事总由天
镜花水月都成幻　只合逍遥作散仙

第十二签　中吉
龙游沧海正堪夸　谋望如心福到家
处事须求和且忍　恰似枯木再生花

第十三签　上吉
凤鸣岗上正朝阳　日出扶桑照万方
出入行藏皆得利　依然缓步自安祥

第十四签　下吉
马行雪路路漫漫　船走波心心自寒
莫道今朝多得意　须防前处有险滩

第十五签　上吉
君臣交泰国初新　夫唱妇随家道成
甘雨和风微有象　万拜岁乐太平春

第十六签　下吉
石上牵牛路不平　岸头走马真难行
劝君早日须防处　到底无忧事可成

第十七签　上吉
苍松古柏久经霜　寂寞空山岁月长
倘得一朝欣见用　任堪大厦作栋梁

第十八签　中吉
春夏才过秋又冬　纷纷谋虑觉心胸
贵人垂手来相援　休把私心情意浓

第十九签　上吉
元亨灵卦最为先　求财做事百般全
若问前程吉凶否　恰似云开见青天

第二十签　中吉
皓月当空被云遮　祥风吹散现光华
求财日内须还至　此卦原来最可嘉

第二十一签　下吉
大凡谋望莫当前　秋在沧江月在天
只可平心安分守　劝君不必再痴颠

第二十二签　中吉
子牙韬略正非常　垂钓渭水遇得王
八十年来官拜相　鹰杨变伐捕周王

第二十三签　下吉
空来空去见空亡　总是家中鬼作殃
自古口舌官灾起　占病须知大不祥

第二十四签　上吉
盈盈瑞气霭门前　子弟一堂个个贤
富贵自来花上锦　进通运至合天心

第二十五签　下吉
劝君作事莫强求　作事强求便生忧
缘木求鱼终不得　后来灾害悔无休

第二十六签　中吉
经营百出费精神　南北奔驰运来新
玉兔交时当得意　依然枯森再逢春

第二十七签　中吉
春来无事好行舟　千里江陵一日游
凡事牵心须把定　一临岸上便当收

第二十八签　上吉
积善从来吉庆多　兰孙贵子早登科
三槐手植三公荫　千古美谈名不磨

第二十九签　下吉
多逢妖魔少逢人　心失正时自得成
惟善格天今悔悟　难随八一化风尘

第三十签　上吉
苏秦三寸足平生　富贵功名在此行
更好修为阴隙事　前程万里自通亨

第三十一签　上吉
携手扶肩笑呵呵　二仙情是一团和
问君那得欢如喜　日日招财进宝多

第三十二签　中吉
亭亭本植自天成　不染淤泥品最佳
一自赏花邀茂菽　花中君子独传名

第三十三签　上吉
焚香来告复何辞　善恶平分汝自知
摒却昧公心里事　出门无碍是通时

第三十四签　中吉
董君行孝见真诚　仙女下凡许配成
五载典身曾受苦　后来头角复峥嵘

第三十五签　下吉
好将心地力耕耘　莫向山中妄求坟
阴地不如心地好　修为到底更加勤

第三十六签　上吉
巍巍独上归龙山　遥见诸峰列等闲
富贵荣华天付汝　福如东海寿如山

以上每支签后均有弟子谢观荣的名字。相传谢观荣为一才子，他因犯了杀头之罪，来到归龙山求罗公菩萨庇佑，后因得到应验，免却了杀身之祸，他为感谢罗公菩萨的庇佑之恩，特地为罗公菩萨做了这三十六首签判诗。

附录

归龙山功德碑

1号（1828）

　　立施田帖人，于福建汀州长邑成下小十六都苦竹山信人钟九昌，今有水田一坋，坐落成八都小金，小土名园山背，粮田壹坋，其界至载明。今将施于归龙山主持弟子僧觉远，与（以）为罗公祖师台前，永奉香灯。祈万代信人百福禄祥，修崇万世而昌盛，保我□税契福□俱付僧人，永远耕收、完纳。倘有二家嗣孙日后借口等情，照依施帖理论。竖造碑外将完功书于碑上，庇佑万世隆昌，十方永垂不朽！
　　　　道光八年八月信绅何国远妻叶氏伯仁、陈氏丝振祖
　　　　同行主持僧觉远　　　　　　　　　　　　　　　同立

2号　酬谢鸿恩（1783）

　　立喜助嗣米租人丘惟泰，居成上里七都谢坊。原因乾隆四十七年，于归龙宝山罗公祖师御前叩许租米壹石，祈求嗣息，庇佑得嗣，不负良愿。卜吉登山酬恩，赛还将到成上八都大金，土名：鹧鸪岭下，原分纳

租米二斗；深丘墘上，原分纳租米壹斗；院里，原分纳租米三斗；苟车坑，原分纳租米四斗。共田四处，原载正米五升六合五勺正。米任僧人推入上贰图十甲僧员忠户内当差，不涉丘姓之事。其田奉于祖师坐前，永为香灯之租。祈保丘姓合家昌盛绵远，任凭僧人临佃收租管业，不得失落等情。恐久无凭，立碑永远存照。

乾隆四十八年四月吉旦僧源度　立

3号　留传千古（1830）

立施田帖人成上八都石寮湖程天期公嗣裔永仕、世波□□□□神恩庇佑□□□□□祭将本都小土名下楤树地粮田壹大坉，其粮田契□概付僧觉远，永祀为凭，以业罗公大德祖师台前，千古祀奉香灯之资。日后僧俗不得□（疑"异"字）言。自施之后，仍祈施人大集有余庆，永赐方来之福，即将所施之田书之于石，以垂千古之不朽耳。

道光十年冬月吉日信士程永仕、世波　同立
　　主持僧觉远

4号　预修正果（1783）

立施田契人成上八都下门地丘华玉、国玉、亮玉，正今因为母华金莲预修诵择，无以酬谢佛祖，父□遗下田业，坐落土名八都狗目岭小土名沙塘皆路背田壹坉，上至廖秀明田，下至路，左至丘宅田，右至小溪，四至分明。原纳僧人税米六升□斗正。又一处狗凳砾田一处，上至山，左右至山，下至石砾为界，原纳僧人税四卅年（升？）正。共载秋粮三升二合正，共田租米。母子兄弟诵议，愿施本都归龙山住持僧广立掌管，以为奉佛经资证果之需。自施之后，其米任凭僧人永远临佃收租为业。一施一领，二家甘心情愿，但僧人日后不敢□竹典当退卖与人，丘宅子孙日后亦不敢遗施找价取回，其秋粮每年□转施主完粮。今欲有凭，立施田地字，永远存照。

乾隆四十八年七月吉日八都下门地顺男丘华玉、国玉、亮玉同立

5号　鸿恩载德

此碑正文残损严重，无法辨认。

6号（1830）

　　立施田帖人，于汀城宝珠门信士赖志修，为因求□□，许□灯资，赖恩庇佑。今将粮田在城（成）上八都下门地，土名基下丘寨背坑水田二坋，界至契内载明。今则奉酬罗公祖师永远香灯之资，其粮税契凭俱付僧觉远永执，收租当粮完纳。嗣后二家不得异言等情，□依施帖理论。自施之后，□奕世瓜瓞绵绵，福之无疆矣。以垂千古（以下残缺几字）年，是以为序。

信生　赖志修道光十年秋月上浣吉旦

7号　施田碑（1797）

　　今具福建道汀州府长汀县成上八都，归龙山一千年古佛百代香灯。今有本都石寮湖程天伟、楚兄弟二人，施田一丘，坐落小土名湖前坑晚禾田壹丘，上至惠参田为界，下至元度田为界，左右至岭，四至分明，原载租银四合正，僧人望远完纳。其田助念乐善施出，付与僧觉正。嗣孙望远不敢失落，以为远年敬奉诸佛祖师金灯备用。历年八月初一庆灯补助香烛米酒。今建立碑永垂，不敢其（?）迹，永远昌盛。

嘉庆二年二月吉旦戊辰年立

8号　福德无疆（1781）

　　立施田碑字人朱明达，今将续置水田坐落成上八都万团小土名背坑田一坋，界至施帖载明。原载朱永昌户苗米壹升八合正，又原载刘明爵户□租银八分正，其田善施于归龙山众公诸佛前门下弟子惠参、源度、广立、觉正四人掌管耕作，是为每年八月庆灯、祀奉诸佛香烛之资。恩祈施人永远嗣孙昌盛，福寿康宁。其田自施之后，任凭僧人掌管耕作，其苗米寺租僧不涉施人之事，任凭僧人推出入户，其田落发卖，有施人不得取回。今欲有凭，立碑记付与僧人永远为记。

乾隆四十六年秋月　吉日立

9号（内1号，以下类推）　流传千古（1841）

具施田人成上八都牛婆山信士程世洪，承买粮田在十都小地名湖均坑中截田二丘，上下僧人田为界。今将奉于僧觉远，奉归龙山罗公大德祖师台前永祀香灯之资。其田界断，正契载明，而粮税契凭，暨（应为"俱"）付僧人手执，耕管为业。倘日后二家嗣裔奕（亦）不生端等情。其田自施之后，仰赖佛祖庇佑，积百代之余庆，集万世之荣昌，丁禄兴盛，千代流诵。竖立碑迹，千固（古）万载不朽，万福攸同也。

施人　程世洪
道光廿一午十一月吉旦

10号　奕世流芳（1832）

立施田帖人，于闽汀成上七都谢坊田背信人丘登王，荷沐神功庇佑，今买粮田坐落本都土名河（豪）猪坑水田一坋，四至契载分明。今将施与归龙山僧觉远，以为罗公祖师台前永祀金灯之资。自施之后，任僧永远收租管业，而粮税契帖概付僧人手执为凭，倘日后二家嗣裔亦不得借口等情。其田自施之后，仰赖神功默佑，集有余之庆，积百世之荣昌，孙接衍广。竖立碑记，千古流芳。

道光十二年四月吉旦施田信人丘登王，妻曾氏，
　　男荣照，媳周氏，孙风兴、高兴　　　　　同立
　　主持僧觉远

11号　善庆有余（1832）

立施田帖人，于闽汀成上七都谢坊田背信人丘登王，屡沐神功庇佑，今续置粮田，坐落本都土名黄屋背水田一坋，北（？）界至正契载

明。今将施与归龙山僧觉远，以为罗公祖师台前永奉金灯之资。自施之后听僧永远收租管业，而粮税契帖概付僧人手执为凭，倘日后二家嗣裔亦不得借口等情。其田自施之后，仰赖神恩默庇，永集有余之庆，积百世之荣昌，孙接衍广。竖立碑迹，永垂不朽。

　　　道光十二年四月吉日立施人丘登王，妻杨氏，男荣上、
　　　　荣香、媳钟氏、黄氏、孙兴□、兴□、兴□、兴芳　　同立
　　　主持僧觉远

12～17 号

根据石碑的材料、外貌及碑文的书写风格、残损程度推测，应同为"乾隆四十二年丙申年十方全立，今将十方百姓仝僧照老缘簿开列义名"。碑上均为百姓姓名，字迹模糊，无法辨认。经粗略统计有七百余人。

18 号（1818）

　　立施田帖人，于闽汀长邑成上里八都信士程天期，有水田一坋，坐落本都湖均坑，小土名□□□，界至租税俱于施帖载明。今将施与归龙山罗公祖师御前永奉金灯香楮之贽。其田自施之后，任凭僧人永远耕作，而粮税施帖概付僧人执照。日后两家嗣裔倘有借口等情，照施帖理论。其田自施之后，仰赖有男永仕，外加施银拾两。祈保祖师垂恩庇佑，寿算如同宝嶂，夫妇永□齐□子，金灯以齐辉，年年月月□恩光而护庇□□攸同。聊铭数语，订籍碑迹，敬告□□永□□十方，永垂不朽。

　　　其田载银租拾五两正。
　　　　　　　　嘉庆二十三年季冬月朔六日　　住持僧觉远　立

19 号　百世留芳（1831）

　　立施田帖人，于福建道汀州府长汀成上八都刘振伍，今有水田一处，坐落土名猴子额，其田四至于契内载明。今将施与归龙山僧广立，以为罗公祖师台前永奉金灯香楮之资。其田自施之后，任僧人永远管

业，而粮税契凭施帖概付僧人完纳。日后两家嗣裔倘有借口等情，照施帖理论。自施之后，仰赖祖师庇佑，夫妻算龄同宝嶂而并茂，奕世子孙偕金灯以齐辉。俾炽俾昌，万寿无疆。聊撰数语，订修碑迹，敬告十方，永垂不朽！

道光十一年秋月十一日

20号

同12～17号。

21号（1816）

立施田帖人，于福建长汀成上八都石寮湖信士程天闳，有水田坐落本都南北湖芋头坑田一大坅，界断、粮税俱于契据载明。今将施与归龙山僧觉远，以为罗公祖师御前永奉金灯香楮之资。其田施之后听凭僧人永远耕管，而粮税执照凭施帖概付僧人完纳执照。日后两家后裔倘有借口等情，照施帖理论。自施之后，仰赖祖师庇佑，夫妻算龄同宝嶂而并茂，奕世子孙偕金灯以齐辉。俾炽俾昌，万福无疆。聊撰数语，订修碑迹，敬告十方，永垂不朽！

嘉庆二十一年腊月朔十日　觉远

22号（1790）

碑文残损严重，正文已无法辨认，只剩下"乾隆五十五年竖造石碑"10字。

23号（1818）

立施田帖人，于闽汀长邑成上八都石寮湖信士程天闳，有水田一大坅，坐落本都小地名湖均坑，四至、租税俱于施帖载明。今将施与归龙山僧昌兴，以为罗公祖师御前永奉金灯香楮之资。其田自施之后，听凭僧人永远耕作，而粮税施帖概（漏一"付"字）僧人执照。日后两家嗣裔倘有借口等情，依照施帖理论，毋得异言。自施之后，仰赖祖师庇佑，夫妻算龄同宝嶂并茂，奕世子孙偕金灯以齐辉。俾炽俾昌，万福无疆。聊撰数语，订修碑迹，敬告十方，永垂不朽！外加施糯谷租税一石一斗正。

皇清嘉庆二十三年季冬月初六日　　住持僧昌兴　立

24号

碑高1.6米，宽0.92米。年久残损，已无字可认。

25号（社公旁碑，1818）

信士程天闵，有糯谷租一石七，今将施与归龙山僧本辉，以为罗公祖师御前永奉香楮之资，施之后仰赖祖师垂恩庇佑，寿禄重增。

嘉庆二十三年腊月□日

附记：在本篇写作过程中，得到下列人士的大力支持，为作者提供大量翔实的数据，或在笔者采访的过程中提供各种方便，谨将芳名列下，以表衷心感谢！

被访谈人员名单：

程来来，47岁，小学文化，上湖乌泥村人，归龙山理事会副理事长

萧荣玉，81岁，小学文化，老红军，小金村人

汤璇远，48岁，中专文化，汤屋村小坝小学教师

程发招，56岁，小学文化，红寮村石寮湖人

程祥财，47岁，初中文化，红寮村人，归龙山理事会原第一副理事长

周远标，66岁，退休干部，四都镇周屋坑人

程发福，34岁，高中文化，红寮村村长

廖小蔚，32岁，中专文化，下大金小学校长

郑锦志，36岁，高中文化，红山乡文化站站长

李以发，63岁，高小文化，三洲乡干部

黄峰林，76岁，祖籍三洲，退休教师
黄仰英，61岁，祖籍三洲，大专文化，长汀县人大常委会干部
程长福，63岁，小学文化，江西瑞金县拔英乡红门村船坑人
程长友，59岁，上湖乌泥村人，农民
林远培，59岁，农民，上湖村人
张兴荣，63岁，职业道士，江西会昌富城林珠村人
杨庆红，27岁，鼓手班主，江西瑞金县谢坊乡人
程发周，45岁，农民，红寮村石寮湖人
程发春，66岁，退休教师，瑞金县拔英乡背塘村人
萧富荣，34岁，高中文化，小金村支部书记
丘水长，35岁，高中文化，三洲丘坊村原村支书
丘太阳生，44岁，文盲，丘坊村村干部
吴正明，68岁，文盲，归龙山罗公庙帮工，江西会昌县人

濯田镇的宗族、经济与庙会[*]

杨彦杰

濯田镇位于长汀县西南部，东与河田、涂坊两个乡镇毗邻，西与四都、红山二乡镇接壤，北邻古城镇和策武乡，南面又与宣成乡和武平县的北部相连接。全镇区域面积350多平方公里，人口5万余人，是长汀县人口较多的一个大镇。

濯田镇不仅地广人多，而且地理位置十分重要。发源于古城的濯田河流经四都与红山河汇合后，往东流经濯田墟（今镇政府所在地）抵达水口，在那里与汀江交汇，因此形成了水口、濯田墟两大商品集散地。水口主要是船运码头[①]，而濯田墟正处于濯田河的中部，担负着汀江流域与西部红山、四都乃至江西的货物集散的功能，从而成为濯田镇及其周围地区一个相当重要的集贸市场。

由于濯田墟历史上的重要地位，因此那里的居民除了较早迁来开基的本地人之外，还有后来因贸易、垦殖逐步迁来定居的上杭、连城等县移民，这些人被统称为"客家"。他们与本地人在一起，相互依存又各成系统，由此形成了层次分明、互相关联的宗族社会及其民俗文化传统。本篇以濯田墟为中心进行讨论，包括当地宗族社会的形成发展、传统经济以及神明崇拜活动等方面。为了行文上的方便，以下将以"濯田"一词来代表这个以镇政府所

---

[*] 原载杨彦杰主编：《长汀县的宗族、经济与民俗》（下），第524～593页。本篇所用的田野资料，是笔者与劳格文先生1996—2001年三次前往濯田调查取得的，特此说明。

① 参见本书张鸿祥《汀江商业航运的调查》一文。

在地为中心、在历史上商业发达并具有丰富文化内涵的社区。

一、濯田的宗族

"濯田"一词的来源与当地的自然环境是密切相关的。据《长汀县地名录》的解释:"'濯'即由溪河改变冲积形成的河滩的意思,'田'就是平坦的意思。"① 也就是说,濯田原属滩涂洼地,是由于河流的改道和冲积作用才逐渐形成的。这里地势平坦,土壤肥沃,而且交通颇为便利。

濯田很早就有移民在此居住垦殖。据说最早前来开基的有车、项两姓,如今那里还有一个地名叫作"车项坝",就是早期车、项两姓居住的地方,可是现在已经没有姓车和姓项的居民了。如今濯田墟场及其附近的居民主要有王、林、李、黄、陈、谢、罗、陶、丘、蓝、郭、范、曹等十几个姓氏,其中王姓人口最多,有八九千人,林姓一千人左右,其余各姓多在数十乃至几百人而已。因此探讨王姓的来源及其发展,对于我们了解濯田历史有着重要的意义。

濯田王姓又分成两大支:一支称琅琊王氏,居住在上游,也叫"上王";另一支为太原王氏,居住在下游,又称"下王"。两支王姓的住地十分接近,现已有部分房屋交错在一起,但他们的来源各不同,自成系统。

(一) 琅琊王氏

琅琊王氏据说是五代时闽国王审知的后代,但其翔实的血缘脉络却无从查考。据《琅琊王氏族谱》记载:濯田琅琊王氏的始祖九法二郎,是北宋太平兴国三年(978)自宁化石壁迁往河田王坊村开基的。南宋绍兴三十一年(1161)二世祖伯三郎再从王坊村迁濯田的王家巷,随后又携幼子十七郎迁往濯田的上王开基。② 因此,当地人把三世祖十七郎视为始迁祖,是濯田琅琊王氏的共同祖先。然而,有关这段开基史的记载却颇令人费解,就连乾隆六十年(1795)重修族谱的作者都感到不可思议,该族谱的《摘谬》一文说:

> 按旧谱载,始祖九法二郎公于宋太平兴国三年戊寅自宁化黄土石壁

---

① 福建省长汀县地名办公室编:《长汀县地名录》,第 32 页,1981 年 5 月印行。
② 参见《琅琊王氏族谱》卷二。乾隆六十年重修,木刻本。本篇所引《琅琊王氏族谱》,均指此版本。

迁长汀之清泰王坊，公之季子伯三郎于南宋绍兴三十一年辛巳又自王坊迁王家巷，随携幼子十七郎再迁濯田上王。夫兴国戊寅至绍兴辛巳相去百八十余岁，祖孙相传仅三代，乃竟若此之速，岂皆彭祖寿乎！疑九法二郎之下、伯三郎之上必有迷失祖名；且长房王家巷今衍三十余世，我上王今仅二十余世，以此验之，益信其有错简也。①

这里说的"旧谱"指的是明正德十三年（1518）以后由十三世祖王缙首修的家谱。由此观之，王氏族人对其早期的历史也持审慎存疑的态度。

琅琊王氏自从迁往濯田开基以后，至今已繁衍34代。其三世祖十七郎共生有四子，其中长子二十五郎没有后代，剩下的三个儿子分作三房：长房六郎的后代主要住在刘坑头，现有10多户、几十人；二房八郎的后代聚居于濯田的中坊村、街上村、上杉坑乃至江西会昌等地，约2 000人；而三房二十一郎的后代居住在濯田的李湖、坝尾两村，据说总共4 000人左右。中坊、街上、李湖、坝尾都在濯田墟及其附近，亦即本篇探讨的地域范围之内。

值得注意的是，濯田琅琊王氏虽然分成三房，但各房之间并没有特别密切的关系。我们在中坊村见到一座"王氏家庙"，里面供奉的神主牌正中写着："唐封琅琊王谥忠懿字审知号信通公、妣石建国夫人、四世祖考八郎公、妣郑二娘一脉宗亲神主位"，上面没有四世祖长房六郎公和三房二十一郎公的名字，可见这座"王氏家庙"实际上仅属于二房即八郎公派下所有。前面提到的《琅琊王氏族谱》里面也仅收录长房、二房的资料，并没有登载三房二十一郎的后代。我们在调查中还听到这么一个故事：据老一辈人讲，坝尾村的王氏原来并不属于琅琊王。他们的祖先原是莲湖邓姓的家丁，主人在外当官，返乡时把他带回来的，并且为他娶了妻室，约定每年扫墓祭祖时都要来帮助搬桌椅。后来邓姓人口发展了，就不让坝尾王氏再来了。坝尾王氏因此没有依靠，就来找八郎公的后裔，但八郎公的后裔不肯收入。后来有一年春节拜年时，二十一郎公的神主牌不小心被火烧掉，坝尾王氏乘机提出他们可以做一个新的，因此坝尾王氏归入了二十一郎公派下。由此可见，所谓濯田琅琊王氏其实并不是完全依靠血缘关系建构起来的宗族，"琅琊王氏"是

---

① 《琅琊王氏族谱》卷首。

一面旗帜，是具有文化象征意义的精神纽带，把各个不同房派、血缘和非血缘的族人都聚合在一起。

二房八郎公派下是较有代表性的一支。该房不仅人口较多，而且有完整的族谱数据可供分析，以及至今保存完好的王氏家庙。据濯田《琅琊王氏族谱》记载，大致在明朝初年，这支王氏已经在濯田拥有颇为显赫的地位，特别是15世纪上半叶，出现了不少在当地充当里长、典吏的事例，这些人大多属于十一世祖，详见下引资料：

> 九世祖文富，明洪武间（1368—1398）卒于京，柩未归，至成化十七年（1481）清明日安公位于祖妣坟之后。
>
> 十世祖子仁，文富长子。明永乐元年（1403）充当成下里四图十甲里长。十二世孙又充成下里四图一甲里长。
>
> 十一世祖祖诚，文富孙。宣德七年（1432）册编成下里三图六甲里长。
>
> 十一世祖祖显，祖诚之弟，文富孙。公由永乐间府庠生应正统三年（1438）岁贡。因患病告回调治。正统七年（1442）编顶成下里五图四甲罗子通里长。
>
> 十一世祖崇，文富孙。宣德七年（1432）顶补祖充成下里四图三甲里长。
>
> 十一世祖福，文富孙。家道兴隆。宣德七年（1432）顶成下里三图八甲里长。正统十四年（1449）奉宪委地方公目，里人悦服。
>
> 十一世祖景洪，文富孙。宣德间（1426—1435），本府典吏。
>
> 十一世祖景隆，景洪之弟，文富孙。公二十七岁因当里长，佥解布料赴南京完官病故。
>
> 十二世祖禄，友信长子。本府典吏，正统间（1436—1449）考满，赴南京办事，授冠带回家省祭。
>
> 十三世祖鼎，仲斌长子。明景泰元年（1450）充本府典吏，天顺二年（1458）期满赴南京办事，病故化回。
>
> 十三世祖惟绍，慎长子。本县典吏，期满三考回籍。①

---

① 《琅琊王氏族谱》卷五。引文括号内公历年份为笔者所加。本篇下同。

以上是二房八郎公派下的数据，至于长房六郎公派下，虽然人口较少，但在同一时期也有族人充当地方头目的例子。如十三世祖秉荣，荣公长子，移居谢坊。"据老谱，公于天顺间（1457—1464）因当里长，催征至张屋，径被甲首焚害。"十四世祖仕政，文禄长子。"公由县吏员，明成化末年考满赴京办事，选授广东揭阳县蓬洲仓大使。不幸至会昌卒。"①

濯田琅琊王氏为什么在明代中叶有那么显赫的地位？具体原因并不清楚，很可能与他们在早期就有较大发展，以至明朝初年与官府建立起密切的关系有关，如前面谈到九世祖文富，"明洪武间卒于京"，可见他在明初就与官府接近，因而他的儿孙接续充当里长、典吏的人特别多。另一方面也与他们较注重农业垦殖有密切关系。长房十三世祖受，"据老谱，公勤务农事，好为表率。弘治十四年辛酉（1501），缙因宦回，公与予谋曰：乡有大陂一座，废弛百余年，莫能兴作，受欲修之……遂鸠工开筑，众皆乐为，不二载而成"②。可见琅琊王氏族人对兴修水利的重视。而兴修水利与发展农业生产是密切相关的，这也是琅琊王氏能在地方充当公目、为官府办事的重要经济基础。

由于琅琊王氏拥有较强的经济实力，因此他们早在明代就已经有人读书或科举入仕，这对于提高本宗族的社会地位也有着互为因果的影响。如十一世祖祖颢，永乐年间（1403—1424）在府学读书，正统三年（1438）当上贡生。十二世祖昊，成化四年（1468）由邑庠生考中举人，"任广东高州府同知，登郡邑志"。十三世祖撰，弘治四年（1491）贡生，"赴京就礼部考教职"，廷试第一，授直隶苏州府儒学训导。十三世祖撰，弘治八年（1495）中举，出任广东番禺县儒学教谕。十四世祖希说，嘉靖十八年（1539）岁贡，"除授南京直隶凤阳府宿州州判"。其弟十四世祖希瑷，也是嘉靖二十七年（1548）岁贡生。③从正统三年至嘉靖二十七年前后一百余年间，琅琊王氏就出了2名举人、4名贡生。

随着宗族地位的提高，琅琊王氏就更加容易积累财富和扩充其社会资源。直至明朝中叶以后，琅琊王氏在濯田已相当富有。如十五世祖梄，"颇殷富，续置苗粮至三十五石"。十六世祖嘉宪、西峰两人乐于施舍，助庙基、店产给寺庙，并捐塑佛像、铺砌道路等。十八世祖万景，"捐资百余金，董

---

①② 《琅琊王氏族谱》卷四。
③ 参见《琅琊王氏族谱》卷五。

率乡人置田拨入濯田渡,以给渡夫工食、架桥之资"。这些事例均发生于明末。① 另外据濯田《琅琊王氏族谱》的记载,明朝万历以后族人在南安墟购置山林、田产的事例颇多,如"万历十七年(1589)买到濯田林三孜、九孜兄弟祖山一嶂,万历三十六年(1608)买到伯公前湖洋口园地一处,万历四十三年(1615)买到南安墟黄龙、黄凤兄弟山冈一嶂,万历四十八年(1620)买到宣成南安墟下门楼地基一块,天启元年(1621)承买车田尾余明生、觉生兄弟祖山一嶂",等等。② 显示琅琊王氏的经济实力在此时期正进一步增长,宗族的影响力也在日益扩大。

至明崇祯末年,王氏族人开始在他们的居住地建造宗祠:

> 十七世祖佐,寅孙之子。字继田,号郁环。明本县典吏。考满任云南临安府通海县典吏,署通海县篆。告致终养。生卒无考……公于明崇祯末年解组日,捐赀二百余金,董率子侄创建中房宗祠。③

这里所说的"中房宗祠",就是建于中坊村的"王氏家庙",属二房所有。除了建祠外,当时还有人捐施了田产。前引《琅琊王氏族谱》还记云:

> 十七世祖蕈,尚明次子。字汝良,号宾廷。……公于崇祯年间建宗祠后,倡首捐赀,董族子姓置买尝田一十三石,即今宗祠清明祭需田亩。④

建造宗祠和编修族谱,是宗族社会发展到一定阶段的产物,也是族人构建宗族制度的重要标志。濯田琅琊王氏编修族谱始于明正德十三年(1518)以后⑤,亦即16世纪上半叶,而创建宗祠并设立祭田在崇祯末年,亦即17世纪上半叶,两者相距大约一百年。此后,濯田《琅琊王氏族谱》又经过雍正五年(1727)和乾隆六十年(1795)的两次续修。⑥ "王氏家庙"也经过康熙四十八

---

① 参见《琅琊王氏族谱》卷五。
② 参见《琅琊王氏族谱》卷八。
③④ 《琅琊王氏族谱》卷五。
⑤ 《琅琊王氏族谱》始修于十三世祖缙,其"自记"记述的内容最早至正德十三年(1518),故该族谱的编修不可能在此之前。参见《琅琊王氏族谱》卷五。
⑥ 参见《琅琊王氏族谱》卷首,序。

年（1709）和乾隆二十年（1755）两度维修或重建。① 与此同时，二房族人还接续在中坊村的土地篱（小地名）建造起祭祀十世祖子义公、十九世祖可华公和二十三世祖显才公的祠堂，这三座祠堂连在一起，统称"三槐堂"。而且在"三槐堂"的对面，还有三房二十一郎公派下的两座祠堂：一座称"笃亲堂"，又叫"上篱"，祀七世祖念九郎；另一座称"笃庆堂"，又叫"下屋"，祀七世祖念二郎。分别代表七世分开的两个支派。由此形成了宗族内部各房派的祖先崇拜体系。

进入清朝以后，濯田琅琊王氏的宗族势力继续发展。不仅续建祠堂，而且族田（祀产）的规模也在扩大。笔者曾查阅了《琅琊王氏族谱》卷八的祀产资料，其中除了春节、清明前后祭祀一至七世祖的宗祠祀产之外，还有许多是各个小房自己设立的祀产，总数在 40 石租谷以上。特别是祭祀十一世祖祖诚公的祀产数量最多，由于他的后代十分发达，因此仅清代新置的田产中，属于祖诚公名下的就有 13.25 石租谷，几乎等同于祭祀远祖即宗祠祀产的总合。这些祀产散布在濯田及其附近乡村，全部租给本族或当地的外姓人耕种（详见表 6-1），所收租谷主要用于每年的扫墓祭祖。

表 6-1　　　　　　　　琅琊王氏部分祖先祀田②

类别	地名	租谷（石）	租银钱（文）	佃人
一、二、四世祖祀田	濯田林坊湖坝	1.8		王绍祯
	濯田横	1.6		王应贺
	濯田太阳坑	1.0		王敬坦
	濯田泉下过水塘	0.5		王行修
	濯田石碛里社边	0.66		钟会行
	龙归砾划草排	0.1		王奎宁
三、四、六世祖祀田	濯田庙背断溪头	1.8		林玉成
	下罗	1.2		范文清
	长岭长坑干	已失		
	濯田长岭	0.55		刘日新
	濯田石碛里青山下	0.4		林君义

---

① 参见《琅琊王氏族谱》卷五，十九世祖正林、二十世祖勉儒之记载。
② 资料来源：《琅琊王氏族谱》卷八。其中"祖诚公祀田"，以"文"为单位的为"准牲钱"；"永远公妣暨俊公祀田"之第一项，0.3 两为"租银"、60 文为"山税"，均归值祭者管收。

续前表

类别	地名	租谷（石）	租银钱（文）	佃人
五、七世祖祀田	濯田大战坑	1.4		钟鼎龙
	罗杉形	1.35		赖茂贵
	罗杉形下	1.1		赖六满
	濯田石硖里社前、桐子树下	0.2		林正清
	濯田溪背大坑坟山一片		0.12两	王可亮、王允宗、王君颖、王敬敏兄弟
寿卿公、文富公祀田	寒婆寨下	1.6		古有余、陶兴凤、邹元兴
	瓦寮上、石炉坎上	1.4		张洪七
	山田汗岢里、张山塘、屋背坑	1.4		刘可通、黄上闻、王旭龙
	黄屋墟横岗寨背上	1.2		朱文兴
子义公、祖诚公祀田	塘垐上田塘、屋基等		1.8两	王绍通、王绍周
	牛皮墩山田坑	0.6		范朋先
	濯田新陂上	0.3		丘君寿
	濯田垅子树下粟地		0.23两	王国亨
祖诚公祀田	濯田石头陂	1.25		丘龙禄
	濯田溪背潭头	1.0		王敬斋、李宗亭
	石下蕉头坎下	3.0	300文	李亦智、王永生
	黄屋墟塘下	0.5	80文	朱茂安
	黄柏田莲塘背	0.2	16文	钟永生
	黄柏田横岗下	0.8	60文	吴广凤
	长岭下	1.2	60文	王天保
	土罗乡岭背	0.6	40文	谢振端
	石头陂	0.5	40文	吴其元
	石头陂小公坑	0.65	100文	杨有洪
	黄竹坑	0.6		杨有洪
	濯田径高栋背	0.8	60文	王寿元
	牛皮墩药田坝	1.0		范文杰
	濯田乌泥坑	1.15		王鲁盛
均德公姚暨孟良公祀田	下罗火夹	0.25		钟恢典
	濯田李湖	1.4		王绍传
	濯田李湖	0.7		王展书
	山坑下杨梅岗	0.65		王诗林

续前表

类别	地名	租谷（石）	租银钱（文）	佃人
永逵公妣暨俊公祀田	下罗坟山下	0.3两	60文	赖上林
	高车水畲埔	1.0		郑氏
	濯田罗垅里	1.2		林氏
	山田寺背岗、坝尾	1.8		丘日远

在人才的培养方面，清代琅琊王氏在府县学读书或参与科举的人数也大大超过明代。前面说过，明代琅琊王氏共有2名举人、4名贡生。而清代从康熙初年至嘉庆元年的一百余年间，就出现了40余个府县学生、捐纳国学生以至贡生、举人等科举人才（一个人拥有多种功名者，以最高计。详见表6-2）。如果分类加以统计，国学生人数最多，共18人，府、县学生19人，另有贡生10人、举人3人。从年代分布的情况看，绝大多数都集中在乾隆年间，特别是1741—1800年这60年最为重要，可见乾隆年间是濯田琅琊王氏发展的一个兴盛阶段（详见表6-3）。

表6-2　　　　　　　　琅琊王氏科举人物一览表[①]

世祖	名字	科举时间	内容
十一世	祖显	永乐年间（1403—1424）	府学
十一世	祖显	正统三年（1438）	贡生
十二世	昊	成化四年（1468）	举人
十三世	缙	弘治四年（1491）	贡生
十三世	撰	弘治八年（1495）	举人
十四世	希说	嘉靖十八年（1539）	贡生
十四世	希瑗	嘉靖二十七年（1548）	贡生
十八世	显昭	康熙二十四年（1685）	国学生
十九世	士杰	康熙五十七年（1718）	国学生
二十世	方英	康熙二十七年（1688）	府学
二十世	方英	康熙五十七年（1718）	贡生
二十世	方中	乾隆十年（1745）	国学生
二十世	方大	乾隆二十七年（1762）	国学生
二十世	方至	乾隆二十七年（1762）	国学生
二十世	靖儒	康熙三十四年（1695）	县学

---

① 资料来源：《琅琊王氏族谱》卷四、五。

续前表

世祖	名字	科举时间	内容
二十世	重儒	康熙五十二年（1713）	国学生
二十世	勉儒	康熙五十四年（1715）	府学
二十世	勉儒	乾隆二十四年（1759）	贡生
二十一世	者图	康熙四十八年（1709）	国学生
二十一世	者畿	康熙五十二年（1713）	国学生
二十一世	者仁	乾隆六年（1741）	国学生
二十一世	者栋	乾隆十七年（1752）	国学生
二十一世	者佐	雍正八年（1730）	县学
二十一世	者宁	乾隆年间（1736—1795）	国学生
二十一世	楚	康熙四十九年（1710）	县学
二十一世	宏	乾隆二十九年（1764）	国学生
二十一世	举	乾隆三十二年（1767）	县学
二十一世	盘	乾隆二十一年（1756）	县学
二十二世	一本	乾隆七年（1742）	国学生
二十二世	元勋	雍正十年（1732）	贡生
二十二世	元烈	乾隆三十四年（1769）	贡生
二十二世	程万	乾隆五十七年（1792）	县学
二十二世	元任	雍正十二年（1734）	国学生
二十二世	元杰	乾隆八年（1743）	县学
二十二世	元位	乾隆二十年（1755）	国学生
二十二世	梁	乾隆二十二年（1757）	府学
二十二世	梁	乾隆四十二年（1777）	贡生
二十二世	梁	乾隆四十五年（1780）	举人
二十二世	林	乾隆四十二年（1777）	国学生
二十二世	栗	乾隆五十四年（1789）	国学生
二十二世	菜	乾隆四十一年（1776）	县学
二十三世	积臣	乾隆十五年（1750）	国学生
二十三世	允攀	乾隆二十二年（1757）	县学
二十三世	允相	乾隆三十六年（1771）	县学
二十三世	允青	乾隆三十八年（1773）	县学
二十三世	允丰	乾隆五十五年（1790）	县学（武生）
二十三世	方城	嘉庆元年（1796）	县学
二十三世	长城	乾隆五十七年（1792）	贡生
二十三世	铜城	乾隆五十九年（1794）	县学（武生）
二十三世	镇	乾隆五十二年（1787）	县学

表 6-3　　　　　　　　　琅琊王氏科举人物统计表

年代	举人	贡生	府学	县学	国学生	合计
永乐元年至康熙十九年（1403—1680）	2	4	1			7
康熙二十年至康熙四十九年（1681—1710）			1	2	2	5
康熙五十年至乾隆五年（1711—1740）		2	1	1	4	8
乾隆六年至乾隆三十五年（1741—1770）		2	1	4	10	17
乾隆三十六年至嘉庆五年（1771—1800）	1	2		8	2	13
合计	3	10	4	15	18	50

（二）太原王氏

如果说琅琊王氏在明代就颇为发达，至清代迅速进入鼎盛时期，那么，与之毗邻的另一支——太原王氏则是明末以后才逐渐发展起来的。

太原王氏主要居住在下洋、上庙两个行政村。据《太原王氏族谱》记载：其始祖名十九郎，原居于青泰里蔡坊，"宋代由蔡坊迁于成下里濯田"[①]开基。太原王氏在濯田的发展早期似不太顺利，从一世祖至四世祖都是单传，五世祖虽有四个兄弟，但真正有后代可考的亦仅一人，再单传至八世祖均惠，才生有四子，其中宏道、宏德为原配黄氏所生，居墈下；宏佐、宏佑为庶妣陈氏所生，居墈上。宏道外迁，宏德生下二子：彦成、彦良，形成墈下的两房。而墈上方面，宏佐无考，宏佑则生有六子，其中仅满房彦信的后代住在上庙村的羊子栋，其余均住外地乡村或者无考。

墈下彦成、彦良两房是太原王氏在濯田发展的主力。彦成的后代聚居于山田村，约 400 人，而彦良派下传至十七世又分成毓彬、毓伟、毓俊三房，聚居在上庙、下洋两村，共 2 000 多人，加上墈上彦信的后代，总数约 3 000 人。如今太原王氏已发展到 32 代。他们称本族人为"五门梓叔"，即指上面

---

① 《太原王氏族谱》卷三，道光二年（1822）年重修木刻本。本篇所引《太原王氏族谱》，均指此版本。

谈到的十世祖彦成、彦信以及十七世祖毓彬、毓伟、毓俊传下的五个房派的后代。

彦良这一支最为重要（分三房），因此他们的发展也最具代表性。据《太原王氏族谱》记载，至明末清初，太原王氏出现了十六世思璠这么一个领袖人物，为宗族的发展奠定了重要基础：

> 十六世思璠，字汝玉，号纯瑜，近泉公四子。生而孝友，夫妻相敬如宾。少时勤俭自持，行年四十余，颇致丰裕。平昔为人，义方以正。与物接，推诚不伪。好施与，宗族乡党间，时加周恤。明季盗寇蜂起，扰害村落，公以义率众极力捍御，合坊储积遂仗以保全。而公又不自矜，归善于众。众以事白于县。皇清顺治四年，邑尊白公宝珩因奖为"尚义乡"焉。①

由于王思璠在明末率领义民保护乡里，因此得到清政府的表彰。如今，在太原王氏的主要庙宇——下庙门口，还悬挂着"尚义乡"的牌匾。庙前的一条老街，也被称作"尚义街"。"尚义乡"已成为这个宗族特有的文化标志，与上王的"琅琊王审知"一样，是族人引以为豪的历史文化遗产。

然而需要提及的是，王思璠的慷慨为人与他父亲的作风十分相似。《太原王氏族谱》载：思璠之父，即"十五世元盛，号近泉……公为人宽洪厚重，有长者风。好施与，不计家贫，遇有善事辄欣焉乐就"。可见当时他们家并不富裕。前面所引王思璠的资料也说，他从小"勤俭自持"，"行年四十余"才"颇致丰裕"。王思璠生于明万历十六年（1588），到崇祯元年（1628）刚好41岁，可见他们家致富是在明末崇祯年间，这也是太原王氏历史的一个重要转折点。

王思璠生有三子，即前面提到的十七世毓彬、毓伟、毓俊三兄弟。由于当时王家已颇有实力，因此他们在当地也扮演着重要角色，特别是毓伟、毓俊两人。

> 十七世钟，字毓伟，号刚训，汝玉次子。……明季村落苦寇，公以

---

① 《太原王氏族谱》卷五。

勇略佐父纯瑜公，率众警守乡中，遂借以安宁。每岁青黄不接之时，屡以米谷赈贫乏。凡有贷借，初不计息，人恒感之。

十七世镜，字毓俊，汝玉三子。……尝设义塾延师以教子弟之贫乏者。岁饥，出所储粟，减值以粜。己粟罄，复转运他乡以继，减值如前。其贫不能举者，煮糜以济之，裨益无算，一时称厚德焉。①

王毓伟、毓俊之所以能在乡中多行善事，一方面是家庭环境的影响，另一方面也正好说明他们家已拥有相当殷实的经济基础。至十九世即王思瑺的曾孙辈，太原王氏这一支出现了更多的人才，或务农，或经商，或读书，在乡中仍然发挥着领导作用，以下再举两例：

十九世复谅，字士倬，号归贞，文林四子。生而魁杰，勇力过人。幼务农，井里咸倚公守望而无虞。壮岁佐父兄持家，权衡物产，积于心计……郑坊街一渡，途旅病涉，公偕诸里老，捐己募化，董建大桥，至今人颂其德。

十九世复超，字士健，号沐道，文林五子。援例入太学……祖刚训公中街祠屋遭回禄失去，公偕诸昆弟协力重建，独捐多金。族人重其孝义，因奉公夫妇配享焉。②

这里所举复谅、复超两人，都是毓俊的孙子。其中复谅"壮岁佐父兄持家，权衡物产，积于心计"，后来又参与董建郑坊大桥，可见他是一名商人。而复超是个捐纳的太学生。他见到刚训公（即毓伟）的中街祠屋因失火烧毁，率领诸昆弟予以重建。复超生于康熙三十一年（1692），卒于乾隆十六年（1751），说明至少在乾隆以前，太原王氏就已经有祭祀毓伟的房头祠堂了。

以后随着宗族的发展，至乾隆末年，太原王氏开始在他们的住地建起了"王氏宗祠"。这座"王氏宗祠"又称为"笃亲堂"（刚好与琅琊王氏一座祭祀七世祖的祠堂同名），位于下洋村。我们曾到那里参观，祠堂正中供奉的神主牌上写着从开基始祖十九郎至二十一世祖历代祖先的名字。在祠堂内还有一块

---

①② 《太原王氏族谱》卷五。

立于乾隆五十五年（1790）的"捐资建祠小引"，颇有史料价值，引录于下：

四郎公嗣孙捐资建祠小引

　　凡事之不沮止而成功者，虽曰天时，岂非人力哉！吾族来自蔡坊，未建不迁之庙。今居尚义，幸立百世之基，猗欤休哉！溯厥颠末，功在题捐，生息数年，遂尔告竣。虽间有公帑，莫给鸠工，咸曰：微首事捐资之力，不至此。故志之以弁群伦，以引后人，非谀也。

　　　　　　　　念世嗣孙郡庠生勋具撰
　乾隆伍拾伍年春月谷旦　首事逊理、为信、邦彦、
　　　　　　　象龙、森阳、旭龙仝勒石

　　该碑文还记载了所有参与捐资建祠的族人的名字，其中捐资最多的是王逊谢"叁拾千文"，其次是象笼、为□，各"贰拾千文"，此外还有"拾伍千文"、"拾千文"以至"壹千文"不等，总共有102人捐献了铜钱336千文。为了节省篇幅，以下将这些捐资的情况统计成一表：

表6-4　　　　　　　　四郎公嗣孙捐资情况一览表

捐资额	人数	小计	捐资额	人数	小计
30千文	1	30千文	4千文	4	16千文
20千文	2	40千文	3千文	15	45千文
15千文	3	45千文	2千文	19	38千文
10千文	4	40千文	1.5千文	2	3千文
8千文	1	8千文	1千文	46	46千文
5千文	5	25千文	总计	102	336千文

　　这些参与建祠的族人，绝大部分属二十世或二十一世。如撰写碑文的王勋是二十世"嗣孙"，负责建祠的首事逊理、象龙、森阳也都属于二十世，邦彦、旭龙等则属二十一世。值得注意的是，前引碑文谈到该碑立于乾隆五十五年（1790）春月，可是据《太原王氏族谱》记载，王勋在此之前就已经去世了：

二十世勋，字学陶，号清芦，士常次子。乾隆□年学院毛试取入府学。公为人持正，一动一言皆循礼法，与物交丝毫不苟。尝云：王某虽不能为善，从不敢恶。子侄辈见之，靡不凛然起敬焉。生于康熙五十六年丁酉正月初一日寅时，卒于乾隆五十四年己酉，寿七十三。娶叶氏，生二子：邦政、邦教。①

王勋去世于乾隆五十四年，可是碑文却明载立于乾隆五十五年。可能的解释是，王勋在世时王氏宗祠已动工兴建，由于他德高望重，因此请他撰写碑记。可是当宗祠落成时斯人已逝，因而为我们留下了这份看起来似乎矛盾但又不可多得的资料，从中可以准确推断出王氏宗祠建造的时间和过程。

从碑文的内容看，该碑用简略的语言记述了宗祠创建的过程。太原王氏自从迁到濯田开基已历数百年，直至乾隆末年才建造宗庙，其间经历族人题捐，又"生息数年"，再加上首事们的慷慨解囊才建起来的。前引《太原王氏族谱》还载："二十世祖举远，字逊烈，号浩亭，士荣长子。（公）精神浑厚，宗党允服，倡建塘边坪祖祠，经营生息，多费勤劳。"②足见一座宗祠的兴建，是经过许多人的共同努力才得以完成的。

太原王氏自从宗祠建起来以后，宗族内部的管理也日益制度化。在此之前，太原王氏已经有人在编修族谱，但尚未定稿刊刻。乾隆年间，二十世孙尔嘉公（即猷远）又予以续修，仍"未就厥志"。至道光二年（1822），二十三世孙国桢受族人重托，再次对族谱予以修订，第一次把《太原王氏族谱》刊刻出来。③该族谱集合了太原王氏的各个房派，与宗祠一样，成为各派族人联成一体的一个重要精神纽带。与之相形对比的《琅琊王氏族谱》，仅记录某些房派，其"家庙"也仅属某房的祠堂。这两个宗族的内部关系及其凝聚力有着明显的不同。

随着宗族制度的发展，太原王氏也在不断扩充祀产，而且都以"笃亲堂"即宗祠的名义出现，属于全宗族共同所有。据《太原王氏族谱》卷十二记载，至道光初年，"笃亲堂春秋祀产"总数达35.136石租谷，散布在濯田

---

①② 《太原王氏族谱》卷五。

③ 参见《太原王氏族谱》卷首，王国桢《太原宗谱序》。

本地、巫坑、严岭下、萧坑、南坑等几个地方，亦由本族人或外姓人租种（详见表6-5）。

表6-5　　　　　　　　　太原王氏笃亲堂春秋祀产①

类别	地名	租谷（石）	佃人
一、本地租佃	子路湖凹	1.05	王兴发
	子路湖凹	1.05	林文聘
	杨梅坑剑刀山	1.2	王东兴
	高寨下杉树下	1.2	王朝栋
	泉上密泥蛇形前	1.2	王朝栋
	大垅里棠梨树下	1.6	王朝佐
一、本地租佃	山田径马荠园腹	1.6	王旭传
	石塘坑	3.0	罗佛生
	山田田岭下	1.0	林正九
	山田田岭下	1.0	林凤圣
	山田田岭下	1.0	丘福敬
	山田田岭下	2.0	林盛龙
	山田田岭下	1.6	林凤年
	山田径里	0.34	王进源
	山田径门口	0.6	王逊益
	寺背坑	1.18	丘昌德
	寺背坑	0.72	杨五妹
二、巫坑租佃	淘金坑	0.8	赖宏优
	淘金坑	0.8	赖宏周
	淘金坑	0.8	赖宏得
	枫树下	1.2	赖宏任
	连嵤背	1.7	林显明
三、严岭下租佃	寺背	1.6	王利华、王利祥
四、萧坑租佃	黄竹坑	1.0	赖上秀
五、南坑租佃	斋公坑	0.665	龚朝基
	斋公坑	0.37	龚廷发
	斋公坑	0.05	吴开天

① 资料来源：《太原王氏族谱》卷十二，《祀产》。另，"南坑租佃"尚有南坑山租钱1750文，由"南坑龚、扁坑吴两姓仝纳"。又，南坑租谷是用上杭斗交量，"比濯田正斗加壹升贰合"，因此规定"其租田不许出退外村"。

续前表

类别	地名	租谷（石）	佃人
五、南坑租佃	斋公坑	0.063	龚胜禄
	斋公坑	0.2	僧志本
	斋公坑上岭窝	0.615	龚开有
	斋公坑长沙	0.25	龚永蓉
	斋公坑腊梨岗寨下	0.187	龚兆福
	斋公坑泉湖背	0.173	龚凤尧
	斋公坑岭子上	0.22	赖佳略
	斋公坑食水坑	0.28	龚开珠
	斋公坑水竹头	0.28	龚兰亮
	腊梨石白叶头	0.03	吴开天
	腊梨岗水竹头	0.035	龚皋
	茶头窝	0.06	龚柏英
	食水坑下寨	0.308	龚任秀
	食水坑寨背	0.08	龚永添
	食水坑上锄	0.175	龚开周
	食水坑㟆上	0.02	龚永力
	寨背	0.012	龚永九
	长沙	0.06	龚朝佐
	腊梨岗	0.06	龚开昌
	水湖子	0.05	王邦志
	锄坑尾	0.2	龚举春
	坑尾头寨背	1.453	王佩如
总计		35.136	

这些祀产主要用于春秋两祭以及清明节祭祖等活动，同时规定了祭祀仪物的筹办以及胙肉的发放原则等，《祭规》如下：

一、春秋祠祭，仪物系理数的办理，其祭席各私篷轮办。

一、清明堂祭，仪物及祭席俱系众祭首合办。

祭日发胙：

年登七十者胙肉一斤　登科者胙肉五斤

年登八十者胙肉二斤　甲第者胙肉十斤

年登九十者胙肉五斤　监生胙肉一斤

年登百岁者胙肉十斤　捐贡及职员胙肉二斤

生员胙肉一斤　　　司祠堂香灯者胙肉一斤

廪生胙肉二斤　　　管通族粮数者胙肉一斤

贡生胙肉三斤　　　管祠数者胙肉一斤

以上胙肉每斤折铜钱壹百贰拾文①

从这些发胙肉的规定来看，太原王氏侧重于科举教育和尊老敬贤价值取向相当明显，这也是中国传统社会普遍存在的价值观体现。

太原王氏从明末清初开始逐步发展，至道光年间也出现了不少科举人才。最早进入府县学读书的是十八世祖如曾，据族谱记载，他于康熙三十四年（1695）考入县学。此后，又有十八世如图和十九世复商、复鳌、复隽等相续考入府学或者县学。乾隆五年（1740），复鳌又从府学廪生应当年岁贡，成为王氏家族中第一个贡生。至道光初年，太原王氏已出现了65个科举人才，其中贡生3名、府县学生21名、捐纳的太学生41名。（详见表6-6）如果按年代统计，从康熙至乾隆初年读书或参加科举的人数还不太多，真正出现大发展是在乾隆中叶以后，尤其是1771—1830年这60年间共涌现出40个科举人才，占总数的60%以上。这表明太原王氏尽管起步较迟，但乾隆中叶以后也已进入了鼎盛阶段。

表6-6　　　　　　　　太原王氏科举人物统计表

年代	贡生	府学	县学	太学生	合计
康熙二十年至康熙四十九年（1681—1710）		1	4		5
康熙五十年至乾隆五年（1711—1740）	1	1	1	1	4
乾隆六年至乾隆三十五年（1741—1770）			1	3	4
乾隆三十六年至嘉庆五年（1771—1800）		1	2	10	13
嘉庆六年至道光十年（1801—1830）	2	2	3	20	27
未详		1	4	7	12
合计	3	6	15	41	65

① 《太原王氏族谱》卷十二。

(三) 其他姓氏及宗族关系

琅琊王氏和太原王氏是濯田两个人数最多的宗族。除了这两支王姓之外,在濯田还有一些人数不多但值得一提的小姓。

前面已经说过,在王氏未来开基之前,濯田已经有姓车和姓项的居民了,而且差不多在此同时(或稍迟),还有姓郑的居民住在郑坊。早期该姓也很发达,据说整条郑坊街都姓郑,琅琊王氏四世祖八郎公的妻子郑二娘就是来自郑家。后来王姓人口发展了,郑姓却逐渐迁走,如今大都搬往四都镇的坪埔和红山乡的寨下等地,郑坊街已经没有姓郑的居民了。

在王姓的住地,现在四周还星星点点散布着一些杂姓的小聚落。如:北边有李屋、蓝屋,住着李姓人家20多户、蓝姓2户;又有陈屋,住陈姓5~6户。东边有丘屋,住着丘姓10多家。南边的黄屋,住黄姓人家30多户。西边有谢宅和陶屋,分别住有谢姓3户、陶姓10多户。在这些姓氏中,据说陶、谢两姓也是较早的,以前亦颇为发达,可是现在却人口寥寥。至于其他小姓如李、陈、丘、黄等,来源不明,但有一些可能是从上杭迁来的,时间较迟,有关这方面的情况我们在以后还会谈到。

濯田还有一个人口较多的宗族,即林姓。该姓聚居于巷头村,约千人,如果加上分布于龙田、升平等地的族人,总数则在2 000人以上。林姓是从河田镇迁来的。据河田的田野调查资料,以前林姓在那里人口甚众。元朝时,有位姓郑的县令要挖一条水渠经过林姓祖坟,引起抗争。后来由于林姓人多势众,竟然把县令打死了,族人为了躲避迫害只好迁出河田到外地开基。① 林姓在濯田建有一座祠堂,亦称"笃亲堂"(与两支王姓的祠堂同名),但始建年代不详。我们到那里调查,看到神龛内供奉三大块神主牌,上面写着从一世祖至二十九世历代祖先的名字,其中濯田的开基祖为三世祖八郎公。换句话说,林姓在濯田至少已繁衍了26代。如果以每代人30年计算,林姓从河田迁往濯田开基大约在元朝末年,这与上述的民间传说是基本吻合的。

濯田林姓现已找不到以前编修的族谱,我们在当地仅见到一本1995年由上杭县才溪济南林氏集编的《闽杭部分济南林氏族志》,里面也有一段记载林姓在巷头的祖祠:

---

① 参见张鸿祥:《长汀县河田集镇的民俗》,见杨彦杰主编:《汀州府的宗族庙会与经济》,第110~111页,"客家传统社会丛书"第6卷,香港,1998。

濯田巷头祖祠，建筑宽敞，厅堂内石柱林立，及（极）为壮观。旧谱载：八郎公自河田移濯田巷头。老祖祠庚山甲向兼申，四脚东门为壬山丙向。原有古迹上马石一个为记。①

这座林姓祠堂确实石柱甚多，是我们在当地调查中见到的较好祖祠之一，然而作为古迹的"上马石一个"已经没有踪影了。在离祖祠不远处，我们还见到一座老屋门口竖着一对道光戊子年（1828）的石桅杆，这是为某个林姓"岁进士"（岁贡）竖立的，可见濯田林姓至道光年间也有科举人物出现。

林姓在濯田是相对独立的。该宗族不仅建有祠堂，还有自己的庙宇，族人相聚而居，人数颇众。但他们的住地也是在王姓的居住地之外，即与其他小姓一样，散布在王姓的周边外围。在中国传统的乡村社会里，一个大姓宗族发展起来后，其他姓氏就往往外迁或难以发展，以致逐渐形成以大姓为中心、其他姓氏散布四周的空间布局。濯田宗族社会的这种结构性分布就很有代表性。

从历史发展的角度看，濯田两支王姓并不是最早迁来开基的，他们至今都已繁衍30多代，大约是南宋时才迁入。但比他们早来的宗族却相继没落，比之迟来的姓氏也无法以相同的速度发展。这期间，宗族与宗族的关系，以及某个宗族为何能够迅速成长就成为令人感兴趣的问题。

濯田琅琊王氏和太原王氏都有一个共同点，即在他们的发展初期都很注意吸收"异姓子为嗣"。如琅琊王氏在乾隆六十年（1795）修族谱时，其《谱例》有如下记载：

> 抚育异姓之子本不当书，盖严正伪以防乱宗也。然其人已为嗣，传及数世矣，一旦锄而去之，不几令死者血食俱斩？此余所不忍也。且其子能成，岂不愧所生？则于其人表下直书抚某姓子为嗣，降以生字，即正伪辨焉。然则今之从宽厚者，无非存死者之血食也，若修谱之后仍抚异姓为己子者，断不许入谱。②

抚养异姓之子被认为有乱宗法，但这种现象在修谱之前显然不是个别

---

① 才溪济南林氏集编：《闽杭部分济南林氏族志》，第86页，1995年油印本。
② 《琅琊王氏族谱》谱首。

的。我们在《琅琊王氏族谱》中确实见到不少这类的记载，如十二世祖兴，娶某氏无出，"抚异姓一子，苟"；十二世祖广，娶某氏无出，"抚陈姓一子，永禄"；十二世祖悯，娶蓝六二娘，"生一子惟绅，抚罗姓一子四十"；十三世祖惟绮，娶朱氏无出，"抚异姓一子"；等等。值得注意的是，上举这些十二、十三世祖的例子正值明朝，此时琅琊王氏在濯田已经很有地位，但仍有不少人抚养异姓之子，而且有的人是自己有生育亦收养异姓子的（有可能是收养在前）。

同样的情况在《太原王氏族谱》中也有出现。该族谱卷首《提要十二则》也有一段与上述相当类似的文字，现引于下：

> 以异姓为嗣本不当书，然已有传及数世者，为死者血食计，亦降书于生子之后，于本人传则依长幼编次。至于怀孕归生之子，骨肉不属，亦未始非异姓，故亦以恩养书之。①

濯田两支王姓对收养异姓子甚至是"怀孕归生之子"均采取较为宽容的态度，这是否为当地的一种习俗，不敢断定，然而王氏在这方面确表现得相当突出，直至清朝乾隆以后才受到宗法制度的制约。尽管在此之前两支王姓均已开始编修族谱，宗族内部也有文人士大夫出现，但对于这种显然有悖儒家宗法原则的作为却熟视无睹，这是很值得注意的。在传统社会里，男丁高于一切。有后嗣才能继承香火，同时也才能够繁衍后代，壮大宗族实力。人多意味着势众。宗族人口的增长，培养后代，就会有更多的机会把握自然资源与社会资源，反过来更有利于宗族的发展。因此从这个意义上说，两支王姓均收养异姓子为嗣，对于后来这两个宗族的壮大有着重要意义。

另一方面，在濯田两支王姓的发展过程中，也对祖坟风水予以特别的关注。有好风水的祖坟作为一种传统观念上的"稀有资源"，它象征着荫佑后人，与宗族的命运息息相关。因此，在闽西传统社会里，争夺"风水宝地"往往是引发宗族矛盾的一个重要方面，比争夺水源、土地要突出得多。琅琊王氏在明末就因为三世祖的坟墓与太原王氏（即下王）发生过矛盾，据《琅

---

① 《太原王氏族谱》卷首。

琅王氏族谱》载：

> 三世祖考十七郎公，相传为风雷覆掩成坟，故号天葬地，有呼蜈蚣出洞形。至明万历己卯，被下王王元凤于墓后筑坟一穴，本族具控，蒙府尊潘委知事曹登山勘踏，断令平坟，归上王管业。今与下王各有界址。①

三世祖十七郎即濯田琅琊王氏的始迁祖，因此族人对这座祖坟是极为重视的。该族谱还记载官府委派知事前来勘踏时，当天"雷声大震"，知事回到寺庙躲避，仍然"雷声旋绕不绝"。于是知事对天发誓："不受一私，断令迁还！"事情终于有了结果。作者在记述整个过程后感慨地说："呜呼！曾经几百年精气尚不灭如此，称为天葬地信不诬矣。"②"天葬地"是否与天上打雷真有直接联系不待多言，然而从中却可以看出当地百姓包括儒家知识分子对风水传说的重视及其崇拜心理。

另一个有关风水的矛盾发生于琅琊王氏与郑氏之间。此事发生在清朝初年，琅琊王氏正处于上升阶段，从中更可以看出宗族在发展过程中围绕风水要害展开的激烈较量。

这件事的缘起是由于沙篱寺的和尚对王氏心怀不满而挑起的。据《琅琊王氏族谱》载：

> 坟在本乡西北沙篱寺门右，坐西向东，作辛山乙向，丁酉丁卯分金，葬宋四世祖妣郑二娘，八郎公元配也。妣坟原系土墓，形如馒首，故老谱称为斋墓。缘康熙五十七年戊戌十二月，寺僧明石于坟后踏泥作砖，踩躏伤损，即央公目向谕，断僧培土谢坟，因此竖碑重修。憎恨，唆出坟邻郑毓圣等混争。③

这场争执从康熙五十七年（1718）十二月开始，至康熙五十九年

---

① 《琅琊王氏族谱》卷八。
② 《琅琊王氏族谱》卷二。
③ 《琅琊王氏族谱》卷八。

(1720)一月才平息下来,前后历时三年之久。郑、王两姓先是到长汀县衙门互控,并一起到城隍庙发誓,斩鸡赌咒。后来发展到赴汀州府、提督学政乃至福建巡抚部院控告,几乎遍及县、府、省各级官府衙门,费尽周折。郑姓坚称此坟系伊家祖地,埋葬其祖妣王满娘;而王姓则说他们有族谱为据,且祭扫有年,是埋葬其祖妣郑二娘的。两姓原本亲家,但各执一词,互不相让。最后发展到郑姓联合坪埔的族众百余人强行将坟墓锄平损坏,王姓愤愤不平,立誓报仇。后来官府为了平息事端,一方面断定郑姓无理取闹,"刁横抗法",将为首之人监禁惩戒;另一方面谕令王姓不可再闹,自行将坟墓修复了事。这件事情才逐渐冷却下来。①

在这场战争中,双方显然都耗费了很大的人力物力。王姓出面控告的六人中有三人是生员,而郑姓也以相同的人数对簿公堂,同时动员十人乃至上百人上街喊冤,散发揭帖。当时郑、王两姓都是当地大姓,因此都具有很强的实力,也使事件本身所代表的社会意义更加复杂。它不仅是祖坟之争,而且更重要的是名誉之争,是宗族与宗族之间实力和地位的较量。事件平息以后,琅琊王氏继续发展,至乾隆年间达到鼎盛阶段,而郑坊的郑姓却由此逐渐衰落下去。

二、濯田的经济

濯田作为长汀县一个重要集镇,它的开发是比较早的。而土地的开发又与人口繁衍和姓氏更替相互联系在一起。通过上面的叙述可以知道,在王姓尚未来开基之前,濯田至少已经有姓车和姓项的居民,因此当地人说,以前濯田最早的墟场在车项坝,那里是最早发展起来的。以后,随着郑姓的成长壮大,商业中心由车项坝转移到郑坊街。后来,王姓兴起以及社会经济的发展,商业街以郑坊街为中心继续发展,并逐步向上延伸,相继出现兴隆街和新街,从而形成濯田商业街的基本面貌。

(一)濯田集镇贸易的发展

濯田的传统集镇贸易究竟何时开始出现兴盛?据现有的资料分析,几乎可以断定是在清朝的乾隆年间。首先,从两支王姓的发展历程看,它们都是

---

① 有关这一事件的文献,均载于《琅琊王氏族谱》卷八。

在乾隆初期或者中叶以后进入鼎盛阶段的。这时期科举人才很多，如果没有强大的经济实力为后盾，是不可能大量培养科举人才的。其次，从一些重要的建筑物来看，也很能说明问题。

濯田有一座天后宫和一座郑坊大桥，都建于郑坊街这个商业中心。原先，那里有一个码头，来往行人都是靠人工摆渡的。《琅琊王氏族谱》载：十八世祖万景公"于明末年间捐资百余金，董率乡人置田拨入濯田渡，以给渡夫工食、架桥之资"①。这里所说的"架桥"是指枯水季节临时搭建的木桥，而非永久性的桥梁。② 至乾隆初年，才开始有人捐资建造郑坊大桥。上引《琅琊王氏族谱》又载：

> 二十一世者图，字绍羲。清康熙四十八年己酉应水利营工例援入国学生，习《诗经》……乾隆五年捐百余金，偕弟绍宣，兄弟二人始创濯田郑坊大桥。九年被水冲坏，公又乐捐倡首，率众募化重造大桥，始建天后宫，请神祈保大桥，勒石感德。
>
> 二十一世者仁，字绍宣。清乾隆六年辛酉援例入国学生……乾隆五年庚申，同兄绍羲，兄弟二人捐资百余金，始创濯田郑坊大桥。③

可见这座郑坊大桥前后建了两次，至乾隆九年（1744）才终于完成。同时在桥头还建造了一座天后宫，作为"祈保大桥"之用。其实当时参加建桥造庙的不只王氏兄弟二人，其他宗族的成员也有参与。《太原王氏族谱》记载：

> 十九世复谅……壮岁佐父兄持家，权衡物产，积于心计……郑坊街一渡，途旅病涉，公偕诸里老，捐己募化，董建大桥，至今人颂其德。
>
> 十九世复超……援例入太学……董建天后宫及建郑坊街大桥，勤劳劻理。④

---

① 《琅琊王氏族谱》卷五。

② 关于搭建临时木桥，参见熊梦麟：《策武乡车头村赖氏宗族及其神明信仰》，见杨彦杰主编：《长汀县的宗族、经济与民俗》（下），"客家传统社会丛书"第16卷，香港，2002。

③④ 《太原王氏族谱》卷五。

王复谅、复超分别去世于乾隆二十四年（1759）和乾隆十五年（1750），可见这两条数据与前面所引的《琅琊王氏族谱》之记载是可以吻合的，而且进一步证明建造郑坊大桥是为了解决"郑坊街一渡，途旅病涉"的问题。因而当时参加捐建大桥和天后宫的包括社会各个方面，其中，商人与乡绅知识分子起着倡率和领导作用。

　　大桥和天后宫建起来以后，濯田的商业贸易更加繁荣。此时已有不少外地人来濯田经商或者垦殖，日久天长便在那里定居下来。我们在濯田调查，曾见到濯田老街上有两座庙宇：一座称上杭庙，另一座叫连城庙。其中上杭庙在1994年秋天刚重修过，庙内立的一块"公德碑"简略记云：

　　　　上杭庙是罗、李、黄、陈、丘、郭、范、曹、谢九姓客家在二百多年前来濯田开基时建造的古庙，已有倒塌的危险，为保古迹，现从（重）新维修。

　　这段文字虽短，但很值得注意。其一，它明确谈到在濯田的上杭人共有九姓，而且他们称作"客家"；其二，这些"客家"迁来开基在"二百多年前"，刚好是18世纪，也就是说正好与兴建郑坊大桥和天后宫大约同时，由此益证乾隆年间确实是濯田社会经济相当繁荣的时期。

　　这些上杭和连城"客家"如何迁到濯田，他们的发展过程怎样，如今已很难了解清楚，不过我们仍然可以通过访谈和其他资料大致掌握当时的一些情况。现在仍在濯田的外地人主要是上杭人，连城人据说原来人数较少，后来大都迁回去了。在濯田的上杭人分作九姓，总共120多户、七八百人。其中，罗姓人口最多，250人，李姓200余人，黄姓100人左右，其余陈、丘、郭、范、曹、谢都在几十人以内。罗姓聚居于罗屋村。据原任学区校长的罗马斋先生报告：罗姓是十二世祖紫凤公从上杭迁来开基的，原来住在中坊村，那里有一座祠堂。十三世祖日崑公又从中坊迁到罗屋村，世代多以种田为生，现在最小二十四世。至于李姓，据李友康先生介绍：李姓是从上杭县院前（今属太拔乡）迁来的，开基祖是十五世祖奋升公。奋升公最早在丰口丘姓人的蒙馆里教书，后来自己建房立业。至十八世祖华富、华桢两兄弟联手做生意。他们经营木材和副食品。木材运到广东去卖，又从上杭运百货和副食品回来。现在最小已二十五世。李姓主要聚居于李屋。此地靠近郑坊街，所以那里做生意的较多。

上杭和连城的移民是何时才建起自己的庙宇？据现有资料分析，至少在道光二年（1822）以前，因为在这年刊刻的《太原王氏族谱》里，已经有一幅村图清楚标明这两座庙宇——上杭庙和连城庙的位置了；而且值得注意的是，这两座庙的前面当时还是一片空地，上面写着"墟场坝"三个字。① 这似乎说明，在道光初年以前，濯田的商业中心仍在郑坊街，而兴隆街和新街是后来在墟场的基础上才逐步建造起来的。

（二）濯田商业街

如今，我们能够调查到的濯田老街，实际上已经是民国年间的状况了。据当地老人讲：1949年前后，濯田的商业街分成上、中、下三段，即郑坊街、兴隆街和新街。兴隆街最为繁荣，与这条街垂直的还有横街和打铁街。在一百多年前曾发生过一场大火，把整条街上的木头店面都烧毁了，后来又重新建起了砖瓦商店，并在兴隆街的两头各建一座"瓮门"，以防不测。与此同时，在兴隆街与新街的交界处（即打铁街对面），还建了一座"老石桥"。如今，这座"老石桥"仍然保存，但所有老街上的房子包括上杭庙和连城庙均已拆除，准备建造新市区。乾隆初年的郑坊大桥亦早已不见踪影。为了对濯田传统经济有一个更准确的了解，以下将几位老人反复回忆、核对的1949年濯田老街情况绘成一图，并将街道两边的商店分别予以记述。②

1. 兴隆街

东北边商店：

（1）清新妹小百货（店主的丈夫为武平人）

（2）刘石哩香烛食杂店（武平人）

（3）张流民烟丝加工店（刨烟，连城人）

（4）联昌布店（由濯田人黄盛山、黄火养生合开）

（5）戴香子饮食店（三洲人）

（6）刘生桂文具纸张店（武平人）

（7）兴记鸿布店（广东梅县人，合股）

（8）李某某小百货店（濯田人）

---

① 参见《太原王氏族谱》卷首。
② 该资料由张鸿祥提供，特此感谢！

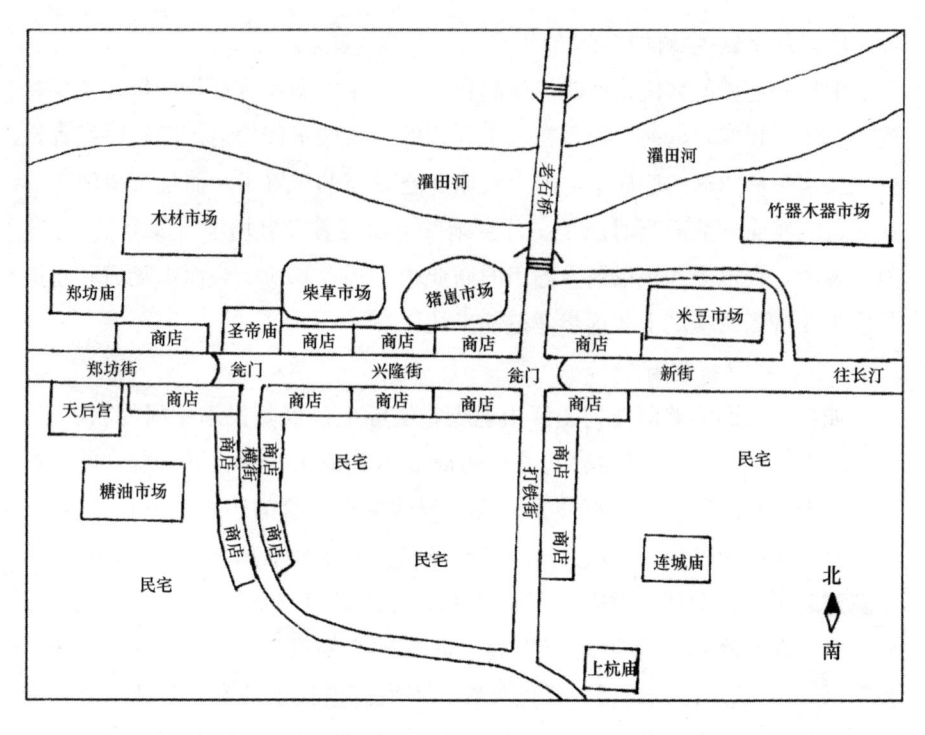

图 6-1　濯田墟示意图

(9) 凌丰斋饼店（店主郭凌丰，上杭人）

(10) 老黎子饼店（姓黎，上杭人）

(11) 联和布庄（姓王，濯田人）

(12) 郭长春烟店（上杭人）

(13) 王马五豆腐店（濯田人）

(14) 李有哩裁缝小百货店（濯田李屋人）

(15) 王马旺香烛酒店（濯田人）

(16) 王捷昌号裁缝店（王庆林，广东人）

(17) 戴国纬裁缝店（三洲人）

(18) 邹企仁裁缝店（广东人）

西南边商店：

(1) 王辉佬中伙店（濯田人）

(2) 丘梦金裁缝店（涂坊人）

(3) 黄石头佬碗店（三洲人）

（4）大德堂药店（钟家春，濯田人）

（5）曾石连理发店（广东人）

（6）全福堂中药店（黄长春，江西樟树人）

（7）德茂堂药店（黄文兹，江西樟树人，全福堂女婿）

（8）李唐仪小百货店（濯田李屋人）

（9）王广祥布店（濯田人）

（10）王师傅裁缝店（江西人）

（11）王荣佬豆腐酒店（濯田人）

（12）理发店（由王五子、王炳昌、马长生、曾某某四人合开，濯田人）

（13）黄宜臣药店（黄六五，三洲人）

（14）赖隆子小百货（濯田大丰村人）

（15）廖和哩打屠店（濯田永巫村人）

（16）共和昌香烛店（王九哩，濯田人）

（17）丘马生妹打银店（河田人）

（18）韩仁茂制香烛店（河田人）

2. 郑坊街

东北边商店：

（1）林祥贵油盐店（濯田人）

（2）黄马五布店（濯田中坊村人）

（3）傅马邓妹油盐店（上杭人）

西南边商店：

（1）范化开药店（上杭人）

（2）隆和堂药店（吴冬子，江西樟树人）

（3）刘春九子香烛小百货店（武平人）

（4）李瑞兴香烛油盐店（濯田李屋人）

（5）黄李妹择日香烛店（濯田黄屋人）

（6）王马芹生豆腐酒店（濯田人）

3. 横街

西北边商店：

（1）王阿华牯豆腐酒店（广东人）

（2）黄宜兰理发店（濯田路潭村人）

(3) 宜兴号木材店（王庸史，濯田人）

(4) 王峰号木材店（王其湖，濯田人）

(5) 王马节切面店（濯田人）

(6) 王永生豆腐酒店（濯田人）

(7) 王土观养中草药驳骨店（濯田人）

(8) 马益和打锡店（连城四堡人）

(9) 姜揖华小百货店（濯田巷头村人）

(10) 钟马生养豆腐酒店兼小百货（濯田人）

(11) 陈万牯裁缝店（濯田人）

东南边商店：

(1) 王二两半打铁店（濯田人）

(2) 王马田生香烛店（濯田人）

(3) 戴迪子打铁店（三洲人）

(4) 兴记号财丰木厂（余为晋，武平人）

(5) 同兴号正记木厂（陈正祥，武平人）

(6) 兴记号麟记木厂（余麟春，武平人）

(7) 王汝能豆腐酒店（濯田人）

(8) 黄马养生石灰店（濯田莲湖人）

4. 打铁街

(1) 邓马金生打银店（濯田莲湖人）

(2) 丘日生打铁店（三洲人）

(3) 戴铁子打铁店（三洲人）

(4) 戴马子生打铁店（三洲人）

(5) 丘树根打铁店（三洲人）

5. 新街

(1) 张三刨烟店（连城人）

(2) 官秀客栈（丈夫濯田人）

(3) 范豪兴客栈（濯田安仁村人）

由此可见，上述共72家商店，分布在兴隆街、郑坊街、横街等五条街道上。其中兴隆街商店最多，共有36家，占总数一半；如果再加上同属"瓮门"内的横街和打铁街，则达到60家，占总数80%以上。这是1949年前后濯田最繁华的街区。

从类别来看，这些商店涉及小百货、香烛食杂、布匹、药材乃至打铁、打锡、打银、石灰、木材等 21 个行业，其中以香烛食杂店为最多，共有 8 家，其余依次为：豆腐酒店 7 家，裁缝店 7 家，药店 7 家，布店 6 家，打铁店 6 家，小百货店 5 家，刨烟店 3 家，理发店 3 家，木厂（木材加工）3 家，饮食店 2 家，饼店 2 家，打银店 2 家，木材店（卖木材）2 家，客栈 2 家，另外文具纸张店、碗店、打屠店（卖肉）、切面店、打锡店、石灰店各 1 家。这些商店，可以说绝大部分都是属于服务性质的，即在为本地居民和来往客商提供各种生活上的便利，包括出售日常生产、生活用品，为往来客人提供食宿方便，等等。

这些在濯田开店的生意人来自各个地方，远的有广东、江西，以及本省武平、上杭、连城各县，较近的有来自濯田附近的三洲、河田、涂坊各乡镇以及濯田本地。从数量上看，广东人开的商店有 5 家，江西人 4 家，武平人 7 家，上杭人 5 家，连城人 3 家，三洲人 9 家，河田人 2 家，涂坊人 1 家，而濯田本地人则占了 36 家。也就是说，濯田人充分占了地利上的优势。在濯田人开的商店中，王姓又占了 16 家，其他姓氏为黄姓 6 家，李姓 4 家，钟姓 2 家，廖、陈、赖、姜、邓、范、林等各 1 家。王姓是当地的大姓，因此他们开的店铺也特别多。而其他姓氏，有的并不是祖居地在濯田墟，如廖姓来自永巫，赖姓来自大丰，邓姓来自莲湖，范姓来自安仁，黄姓有来自莲湖、路潭的，他们原来住在濯田镇的其他乡村，到墟上来开店谋生。

从经营的业务来看，一般说本地人主要是经营与地利有关的饮食服务业，如豆腐酒店、香烛食杂店、饮食店（又称"中伙店"，专门为客人加工午饭）、切面店、客栈等，这些店铺所需的原材料和服务设施都是当地人最容易解决的。如濯田有 7 家豆腐酒店，本地人占了其中的 6 家；5 家小百货店和 9 家香烛食杂店，本地人占了 4 家和 6 家；而切面店、客栈、屠户等，全都由本地人经营。

另一方面，外地人主要是经营外地商品，尤其是与自身优势有关的业务。如江西樟树人以经营中药材出名，他们在濯田开设的 4 家店中就有 3 家是卖药的，"全福堂""德茂堂""隆和堂"至今人们仍记忆犹新。广东人善于经营大宗洋货，濯田很出名的布店"兴记鸿"就是梅县人合股经营的；而上杭人开的饼店"凌丰斋"也相当有名；三洲人以打铁为生，民国时期三洲有一个炼铁厂，老板姓戴①，因此三洲人在濯田开的打铁店特别多，6家打铁店中5家是三洲人开的。据李友康先生回忆，以前上杭人在濯田开的商店共有10余家（可能包括濯田李屋的李姓人），主要经营粮食和副食品、百货。他们把收购来的米、豆运往上杭，回来时运食盐、煤油、京果等货物。而连城人一般认为是刨烟丝的。武平人在经营木材方面很有优势，放木排的都是来自武北的小澜人，他们常年住在濯田，没有活干才回家。

由于濯田外地人来经商谋生的人很多，所以本地人与外地移民形成相互共存的关系，时间一久，外地人也在那里定居，有的甚至建起了自己的庙宇。

(三) 濯田墟

除了常年营业的商家店铺之外，濯田更重要的商业活动是依靠墟市进行的。濯田墟就在商业街背后紧挨着河边的场坝上，每逢二、六墟期，各地商贩便云集于此，与当地农民交易各种农副产品，并出售外地贩来的货物。濯田墟的商业活动与墟船有着密切的关系。据当地人说，以前每逢墟日，濯田墟船达200多艘。这些墟船常年来往于长汀、上杭的交通线上。从濯田到长汀城关水程较短，墟船是三天一个来回；而濯田到上杭水程较远，需要五天才能一个来回。因此濯田墟尽管也是十天两墟，但这两个墟期并不是平均分配的。每逢"二"的墟期（即初二、十二日、二十二日）当地人叫它"长墟"，即与上个墟日间隔六天；而逢到"六"的墟期（初六、十六日、二十六日）当地人叫它"短墟"，因为与上个墟日仅间隔四天。每逢长墟的前一天，墟船刚好从上杭回来，第二天赴墟以后即装满长汀城关所需的货物往县城；至下次即短墟的前一天墟船又刚好从长汀返回，再装满货物运往上杭。如此循环反复。尽管如今当地的水运交通已被公路取代了，但由墟船贸易而形成的濯田特有墟期仍然延续下来，迄今没有改变。

由于濯田墟与长汀、上杭紧密相连，许多农副产品均在这里集散，因此使得濯田墟商业十分兴隆，逐渐形成了一些专门化的农贸市场。在沿着

---

① 参见章籍和：《三洲乡三洲村传统社会调查》，见杨彦杰主编：《长汀县的宗族、经济与民俗》（下），第412~446页。

濯田河的河坝上，依次排着木材市场、柴草市场、猪崽市场、米豆市场、竹器木器市场；而在天后宫的后面还有一片空坪，此处作为糖油市场（详见本篇图6-1《濯田墟示意图》）。在墟场上交易的各种农产品都是来自周围以及更远的乡村。如猪崽、米豆很多都是从江西贩运过来的，木材来自濯田河的上游，尤其是四都镇每年都有大量木材放运到濯田[①]，再经濯田贩运到广东。而糖油、竹木器等主要来自周围的农村。因此，货物流通、适中的地理位置，加上本地物产尤其是糖的生产，是造成濯田地方经济繁荣不可忽视的因素。

（四）糖的生产

糖的生产在濯田及其附近地区是很有特色的。濯田何时开始产糖已不可考，但是至少在民国时期就相当有名了。制糖需要以甘蔗为原料。濯田墟附近的土地沙质较多，因此很适合甘蔗的生长，特别是李湖、坝尾等村。据说以前李湖村70%～80%的农户都种植甘蔗，坝尾村大约占40%，而住在上庙村的琅琊王氏族人做生意的较多，种甘蔗的约占20%。另外，三洲乡历史上也产糖，但总产量比不上濯田。

濯田人种蔗是三年一个周期。即蔗苗种植以后，第一年收割时把蔗头留在地里，第二年又会发芽、生长……如此经过三年的收割，至第四年才换种新蔗。甘蔗的收割一般在九月底，因此从立冬开始，濯田周围的糖寮就动工榨蔗制糖了，一直到十月底或十一月初才结束，前后历时一个月左右。

以前濯田有糖寮20多座。这些糖寮都是有钱人家建置的。每座糖寮包括榨蔗用的绞机和其他器具，约需投资数百银圆（仅绞机一台就需投资300多银圆），因此拥有糖寮的寮主除了自己制糖外，更多的是"代客服务"，成为周围其他蔗农的加工处。每到甘蔗成熟期，蔗农就开始与寮主联系，按事先约定的顺序将甘蔗送到糖寮制糖。

濯田的糖寮一般规模都不大。按照当地人的回忆，以前每座糖寮需要工人12个（含师傅），即削蔗6个、赶牛1个、放绞1个、捡绞1个、烧火1个、放火1个、熟糖1个，而放火一般是由蔗农自己兼任的，因此实际雇工

[①] 参见赖光耀：《四都镇的宗族与庙会》，见杨彦杰主编：《长汀县的宗族、经济与民俗》（下）。

11个。另外每座寮配有8头牛。这些牛是寮主饲养的，作为生产工具的一部分提供给蔗农使用。蔗农租用糖寮榨蔗制糖需付给寮主租金。根据当地的惯例，每熬制一缸糖水，寮主从中抽取红糖12斤，按每缸糖水出糖100来斤计算，约占10%。

榨蔗制糖有一定的程序。首先必须砍蔗，现砍现榨，6名削蔗工就是专门负责砍蔗，并把砍下来的甘蔗运送到糖寮内。放绞1人负责把甘蔗送入绞机榨绞；1人赶牛，用牛拉动绞机[1]；捡绞1人负责把蔗渣捡起，头遍送回放绞处再榨，直至完全榨干再将蔗渣搬到外面空坪晾晒，以供蔗农当柴火使用。待榨好半缸糖水时，放火人（即蔗农）负责将糖水提到灶台倒入熬糖的大锅（当地人称"缸"）内，开始熬制。熬糖是一项技术活，由放火蔗农与熟糖师傅一起完成，熟糖师傅主要看火候、尝糖，因此十分重要。另有一名称作烧火的，主要是负责做饭。12名工人师徒配合默契，协调有序。

雇请工人师傅制糖，其工钱伙食均由蔗农负责。伙食很简单，蔗农提供萝卜、青菜，并按比例每缸糖水供给每人1升大米。至于工钱，是按照不同工种计算的，削蔗、赶牛每人每天2斤糖，放绞、熟糖每人每天3斤糖，捡绞、烧火每人每天2.5斤糖。放绞的工种最为辛苦，而熟糖的师傅最重要，因此这两人的工钱最高。

制糖工人劳动强度很大。每天早晨四五点钟就起床，一直干到天黑。每天要熬制四缸糖水，平均一缸糖水要熬3个小时才能成糖，这样一天下来至少工作12小时。榨蔗制糖也很危险。据说，清朝时人们都留长辫子，曾经有人不小心送绞时因辫子被一起绞进去，以至断送了性命。因此，工人们每天清晨起来工作，大家都不敢说话，一是怕发生危险，一是怕这天会熬出坏糖，要等到一个多小时天亮以后，已经榨了半缸糖水，大家才敢开口说话。

糖寮在开始动工榨蔗之前，寮主要选择一个吉日，杀鸡请神，把本坊福主的神位安置于寮内，同时还要宴请到糖寮工作的所有工人师傅。以后轮到哪家蔗农榨糖，本坊福主便由哪家蔗农负责供奉。每天清晨起床，蔗

---

　　[1] 牛的使用是，每两头牛为一组拉动绞机，待榨半缸糖水换另一组，八头牛轮替使用。

农要先烧香、放炮,然后开工。整个榨季结束后,寮主又要杀鸡、请客,把本坊福主的神位烧掉,称作"回神",同时把烧尽的纸灰用纸包起来,放入河中随水流走。榨蔗用的绞机也要卸下,叫作"倒绞",冲洗干净后搬到祠堂里存放。由于绞机是用大樟木做成的,放在外面日晒雨淋很容易损坏。

以前濯田每年的糖产量有多少?可以用两种方法进行估算。前面说过,过去濯田共有糖寮20多座,每座糖寮每天熬制四缸糖水产糖约500斤,如果按25座糖寮、榨季为30天计算,总共产糖约37.5万斤,这是一种估算数。另一种算法,以前濯田约有500亩蔗田(每座糖寮管蔗田20亩),每亩产蔗高的达1万多斤,低的仅4 000~5 000斤,如果取其平均数按每亩产蔗8 000斤计算,共可收甘蔗400万斤。每百斤糖需甘蔗1 000多斤,按此比例有30多万斤的糖出产。也就是说,在1949年前后,濯田每年糖产量大约为35万斤。

这些由个体农户生产出来的糖,大都拿到墟场上出售。因此每年冬季来临,濯田墟的油糖市场格外热闹,各地商人都到濯田收购新糖,再运往长汀、上杭等地出售。1949年以前还在使用法币的时候,每元法币可买4~5斤糖。濯田每年出产的糖扣除部分自用的,可换取法币6万~7万元,这是一笔不小的收入。因此,以前濯田的蔗糖生产不仅是当地农民一项收入来源,而且促进了地方经济的繁荣。

(五)挑担

濯田人除了种田、做生意和种蔗制糖之外,还有一项重要的经济活动便是挑担。濯田外出挑担的以下洋村民(太原王氏)为最多。在1949年前夕,下洋村共有100多户、600~700人,外出挑担的就有100多人,平均每户有一人,有的户甚至不止一人出去。下洋村民之所以外出挑担的特别多,其原因主要是那里的土地不适合种甘蔗,而且他们的住地也距离街市较远,制糖和经商均不方便,因此挑担挣钱就成为当地村民一项很自然的选择。

濯田人挑担与墟市贸易是紧密联系在一起的。挑夫把从广东及福建上杭用墟船运来的货物,靠肩挑分别送到周围一些集散地。同时又把那里的物产挑回来。从濯田挑出的货物以食盐为最大宗,约占70%,其余主要是百货、布匹、糖、京果等;挑回的主要是来自江西经过红山、四都等地的米、豆、猪崽、鸡等。挑运路线有以下三条①：

1. 红山线

从濯田到红山乡的腊口全程60里，走小路经李湖、石下、苦竹山下、墩头到腊口（红山乡政府所在地）。由于一路都是翻山越岭，60里路要走一天才能到达。在红山住一个晚上，第二天便返回。去时挑盐，每人两箩70斤，工钱是4个银毫（每箩2个银毫）。如果挑其他百货，以重量计，每百斤5个银毫。回程大多挑米、豆，每百斤4个银毫（因回程下山，工钱较低）。也有按实物抽成的，每挑一石米抽1.5斗作工钱。挑夫在腊口过夜，住宿的客栈为大通铺，连吃带住每人需花半个银毫。

2. 四都线

从濯田到四都全程30里，走小路经长校、王屋墟，翻过牛脑屎山便可以抵达，当天往返。因此，挑夫如果挑货往四都都自带干粮当午饭，去、回各需4个小时左右。所挑货物与红山线相同。去时挑盐，每人两箩，工钱是2个银毫；回程挑大米和豆子等，每百斤约2个银毫。

3. 店下线

店下是武平县北部一个乡村聚落，距濯田30里。挑夫清晨出发，走小路经刘坑头、圆当抵达店下，当天可以来回，所挑货物和工钱均与四都线相同。

由此可见，濯田作为长汀南部一个重要的商品集散地，它的兴起有着深刻的历史背景和地理因素。水路交通的便利吸引着各地商人和商品，而大宗货物的进出依赖墟船的定期往来，当地挑夫又用肩膀扮演着"蚂蚁搬家"似的角色，把各种货物挑送到更远的山村，再把各地农产物汇集到濯田。濯田本地的物产，加上周围乡村及江西省出产经过红山、四都的米、豆、糖、油、猪崽，以及从广东经上杭或长汀运来的食盐、百货、布匹等，均在此交汇集散，由此形成了一个商贩云集、货物交流的传统集镇社会。而濯田的各姓居民正是生活于这个社会环境之中，同时创造着他们的历史与文化传统。

三、濯田的庙会

濯田是个商品集散地，历史悠久，社会结构复杂，因此当地的神明信仰

---

① 挑夫资料由张鸿祥提供，特此致谢！

及其民俗文化传统也很有特色。

濯田的神明庙宇甚多，在两支王姓的住地有上庙、下庙、回龙寨、七圣宫，在街上有上杭庙、连城庙、郑坊庙、圣帝庙、天后宫，最早墟场即车项坝的附近有五通庙，在巷头林姓住地有天后宫，此外还有属于佛教的沙篱寺、西峰寺等，总共13座庙宇。这些神佛寺庙有的属于商人所有，有的属于某个宗族；有的管辖一个村落，有的则是管整个区域的共同庙宇。从供奉的神明来说，既有当地人普遍信奉的霸王、观音、定光古佛、五谷真仙等，也有商人神祗如五通五显和关圣帝君，还有妇女们较为崇拜的妈祖、七仙女等。因此，整个民俗宗教传统相当复杂。为了行文上的方便，以下将神庙及其相关活动按类型分别加以叙述：

(一)"五庙六霸王"信仰

所谓"五庙六霸王"，是指五座庙里供奉的霸王菩萨。每年正月十五日和二月初二游神时，霸王菩萨一定会被抬出来，这也是当地最有特色的民俗信仰活动。

濯田的霸王信仰起源于何时已不可考。据当地老人说，在太原王氏前来开基以后就有了。霸王就是项羽，他的来源与太原王氏三世祖四郎公的一段经历有关：

传说四郎公有一次到北方去贩牛，回来时路过乌江，牛被汹涌的江水吞没了。四郎公十分着急，就去问当地人附近有没有灵验的菩萨。当地人说有，就带他去霸王庙祈求。四郎公向霸王菩萨许愿，如果能让他的牛又找回来，他愿把庙旁的樟树枝带回去插，以后为他雕塑像供奉。果然，那些沉入江底的牛都平安过河了。四郎公就带着一根从树上掉下的樟树枝回到濯田，并把它插入泥土里，很快就生根发芽。几年以后，樟树长大成材，四郎公就准备请人来雕刻霸王菩萨。

他请来了一个雕刻师傅，可是这个师傅从来没有见过霸王菩萨，不知如何下手。这时，霸王化作一个拾牛粪的老人来到濯田。他问师傅：你会不会雕霸王？师傅摇了摇头。老人就把粪箕倒扣在地上，人坐在上面，右手执粪叉放在腰间，说就是这个样子。说完出门就不见了。雕刻师傅根据老人的样子很快就雕成了霸王菩萨。

每年二月十五日是霸王的生日。这天下午霸王一定会从乌江来。有时早上还是晴空万里，可是一到下午便会有成片的乌云飞来。年年如此。当地老

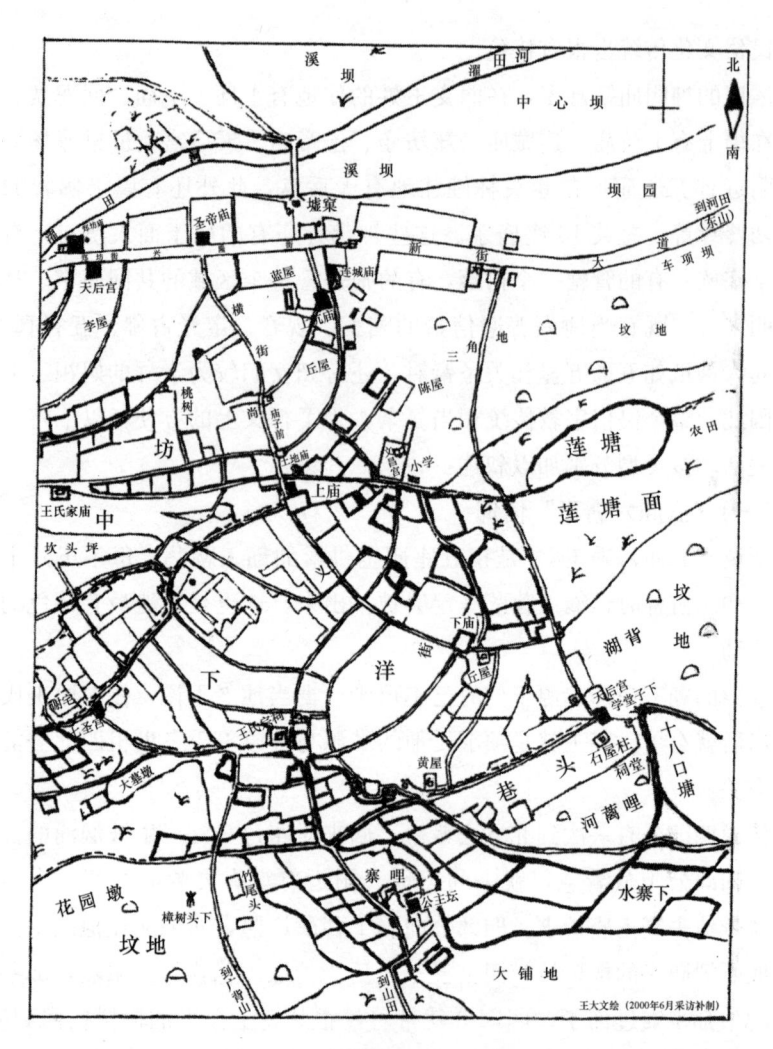

图 6-2 濯田 Z 社区示意图

人对此深信不疑,认为这是霸王来到濯田,每年二月十五日的下午都会注意观察天象,看看乌云来了没有,结果是屡试不爽。

霸王的祖庙就在回龙寨,当地人也把它称作"公王坛",源自据说最早是四郎公建的。濯田的"五庙六霸王",其中一个霸王就是来自回龙寨,但所谓的"五庙"却不包括回龙寨。人们解释说,回龙寨不是庙,它是最早供奉霸王的地方。后来有五座庙宇都供奉了霸王,因此在濯田总共有六尊霸王,但只有五座庙。我们曾到回龙寨参观,只见这个"公王坛"确实相当古老，占地面积不大，却香火鼎盛。庙内原来有一块旧石碑，可是近年因重修庙宇，碑的背面被拿来镌刻"重修回龙寨古庙"之捐资名单，完全失去了它的历史价值。现在仍然保存完好的是一个古香炉（石质），正面刻着"回龙寨"三个字，背面刻"福主公王"，显示回龙寨所供奉的神明——霸王，实际上是保佑一方的"本坊福主"，它是一个村落最主要的神明。回龙寨显然是属于太原王氏所有的，那里供奉的霸王被称作"武霸王"，另外还有一尊"文霸王"供奉在下庙。除此之外，上庙、上杭庙、连城庙、郑坊庙亦都供奉武霸王，均与"回龙寨"有关。由此构成了所谓"五庙六霸王"系统。

1. 上庙

上庙属琅琊王氏所有，位于上王和下王的交界处，面向尚义街。它的命名显然与琅琊王氏被称作上王有直接关系。

上庙是琅琊王氏最主要的庙宇。这座庙分前后两进。在前厅的木柱上悬挂着1994年孟春敬献的一副对联："强楚精神还若此，炎刘勋业竟何人"。上厅神龛两侧又有一副对联："福临神州千秋义气著鸿门，主进咸阳八载雄风扬汝水"；神龛上方的匾额为"威扬西楚"。从这些文字看，都在颂扬西楚霸王的雄风伟业，而且神龛两侧的对联把"福主"二字直接嵌入联中，显示琅琊王氏也是把他们供奉的项羽视为"本坊福主"，当作这个宗族的保护神。在神龛左边，还有两块立于1994年正月的石碑，上面刻着"重修上庙及十七郎公地坟新建智士仁人乐捐花名"，连同旁边的一块木匾，总共约有400人捐款。值得注意的是，十七郎公是琅琊王氏三大房的共同祖先。前面说过，琅琊王氏的宗族结构较为松散，整个宗族没有总祠，各房之间也没有合修过族谱，因此这座上庙以及十七郎公的祖坟就成了他们维系宗族团结的重要精神纽带。

上庙始建于何时已不可考，然而据《琅琊王氏族谱》记载，至少在明朝初年就已经存在了。该族谱记云：十一世祖显，"尝作霸王庙签判二十四首。正统七年（1442）编顶成下里五图四甲罗子通里长"。又载：十六世祖西峰，"公施上霸王庙前左畔店一植二眼，会众收税，以作整庙之资"①。"上霸王庙"显然指的是上庙，因此早在明正统年间就有人为它做了签判，至明朝末

---

① 《琅琊王氏族谱》卷五。

年十六世祖西峰公还捐助店面两间,所收租金作为将来维修庙宇的经费。琅琊王氏在明朝就相当发达,因而他们对于这座庙宇的管理也比较制度化。至民国年间,琅琊王氏族人还在庙内捐献了一块牌匾,以霸王"刚直"的气概抒发对时政的感想。全文云:"刚直:盖闻天下秉性之刚直,莫若项王。以孟子谓浩然之气,至大则刚。以直养而无害,则塞乎天地之间,持其志无暴其气。当今之世,万乘之国,行仁政,民之悦之。得其道,犹解倒悬,功必倍。虽由此霸王不异矣。"可见,儒家知识分子对霸王的崇拜侧重于他的刚直正气。作者希望当局能得霸王之道,"犹解(民众)倒悬",透过对霸王的崇拜表达对时事政治的关注。至1993年冬,"十七郎公众嗣裔"又捐款重修了这座庙宇,此次重修可以从"威扬西楚"的落款看出来。

2. 下庙

下庙是太原王氏所属的庙宇。此庙坐落于下洋与巷头村的交界处,同样面朝"尚义街",与上庙相距不远。

前面说过,下庙供奉的霸王是"文霸王",这一点与上庙及其他几座庙宇完全不同。庙门口悬挂着一块牌匾,上书:"清初知县白宝珩访我坊之赞语,匾曰'尚义乡',一九九四岁次甲戌年重修。""尚义乡"三个字特别大,而且正对着人群往来的村街,显示太原王氏族人的历史自豪感和荣誉感。这座庙与上庙十分类似。正厅神龛上方悬挂着"威灵显赫"的匾额,也是1994年冬重修庙宇时敬献的。神龛两侧的对联云:"当作人杰除暴秦威勇震天下,殉为神灵泽良民豪义颂古今";落款为"光绪二十一岁次乙未季春月吉日"。上厅另有一副对联:"盖世神威功高西楚,如春厚泽利溥南汀";落款"沐恩连邑诰职窦坡张攀鳌敬酬"。村民们解释说,这是连城商人来还愿时献的。此外,在庙内还有一口铁钟,据说是乾隆年间铸造的,但锈迹斑斑,已经难以辨认。

总的来看,下庙保留下来的古迹比上庙多,加上回龙寨里那座最古老的庙宇,太原王氏在当地霸王信仰中的地位可想而知。村民们说,当地人凡是要外出做生意,都会去朝拜霸王,这菩萨非常灵验。从上引连城商人敬献的对联看,此话不假。太原王氏来到濯田比琅琊王氏晚,经济实力和人才优势也比不上琅琊王氏,但是他们有"尚义乡"和"文武霸王"这些文化资源,同样在当地发挥着自身的影响力,并由此确立自己的社会地位。

3. 上杭庙

上杭庙即上杭人建的庙宇，位于墟场坝附近，清乾隆以后、道光二年（1822）以前创建的，现已拆毁。这座庙宇也供奉武霸王，可以视为外来移民（主要是商人）融入濯田本地社会的产物，同时也是上杭人在当地的一个信仰中心和集合场所。1996年我们到那里调查，看到这座小庙刚重修不久，神厅正中供奉新塑的霸王菩萨，左边有"正一龙虎赵大元帅之神位"，右边是土地公和土地婆的神位。庙内左侧墙上的"公德碑"记载了庙宇重修的过程和捐款芳名。上杭九姓"客家"都有人出资修庙，其中罗姓捐献的最多（共31人），李姓次之（26人），丘姓16人，黄姓12人，陈姓11人，此外范、曹、郭、谢都只有1～3人，总共105人捐献了5 110元人民币。以上各姓的捐款基本上与他们在濯田人数之多寡成正比。

4. 连城庙

连城庙也建在墟场坝上，始建年代据说比上杭庙稍迟，但在道光二年（1822）以前已经存在。由于连城人留在濯田的不多，因此该庙没有得到很好维修，1996年前往调查时已经相当破旧，2000年为了扩建新市区，与上杭庙一起被拆除。

5. 郑坊庙

郑坊庙位于郑坊街，原属郑姓所有。后来郑姓人迁走了，该庙变成王姓及其他各姓供奉神明的场所。《琅琊王氏族谱·养庵公传》云："初，郑坊庙轮班崇神，分设公帑，公独慨然肩其任。每岁代众生息，包纳子母钱三分，毫无悭吝。"① 养庵公约生活于乾隆年间，可见此时郑坊庙已经设有神明会，各班轮流"崇神"，而参加者有可能是街上的商人，至少传主王养庵即是这样一个人物。如今该庙还在。庙门上方镌刻着"威扬西楚"四个大字，与上庙的匾额相同，显然也是供奉武霸王的，而且从某种意义上说它受琅琊王氏（上王）的影响特别大。

除了以上这些庙宇之外，在濯田每年抬霸王的游神活动中，还有下面一些神佛寺庙也与此活动有关。

6. 沙篱寺

沙篱寺是一座佛教寺庙，原址在今濯田中学一带。此庙据说是属于公众

---

① 《琅琊王氏族谱》卷九。

所有，以前鼎盛时有居士200多人，规模不小。据《琅琊王氏族谱》记载，沙篱寺旁原来有许多琅琊王氏先人的坟墓，如前面提到的康熙末年王、郑两姓争夺祖坟就是发生在这里，可见这座寺庙与上王的关系特别密切。

沙篱寺创建于宋代。明万历年间，琅琊王氏十六世祖嘉宪公"塑沙篱宁普庵神像一尊，又施大片地心地庵基址一块"①。明末崇祯二年（1629）濯田遭受"寇乱"，官兵曾"失利于此"。②清代沙篱寺的情况不明，似乎颇为兴盛。然而后来为了兴办教育，寺庙被毁坏。1993年当地百姓又另择一处山场予以重建，并立碑以记其原委，全文如下：

寺址序

夫沙篱寺自宋创建始，香烟鼎盛，乃汀邑名刹。爰建学堂，竟无所有，境内善男信女矢志择址重建，数举无就。中坊王八郎有斋公堂山地一片，自马屋至潭头陂七哩树下，经发起者与中坊王八郎嗣裔在兴、在京、慕康、其中、炎兹、用功以及有关人等慨然应允，捐出斋公堂山场一块建造本寺，致使众愿得遂，佛光重现。王八郎嗣裔之义举，亦永垂不朽、彪炳千秋矣。于是为志。

佛历二五三七　公元一九九三年仲夏月　刻立

碑上所谓"中坊王八郎嗣裔"是指琅琊王氏的族人，再次证实这座寺庙与上王的关系十分密切，而且琅琊王氏开基于南宋，寺庙周围又多是王氏祖坟，此寺早期有可能是作为琅琊王氏的"守坟祠宇"而存在的。③如今，沙篱寺主要供奉三宝、观音、定光、伏虎、普庵、罗公祖师、五谷仙师等。罗公祖师据说原来是没有的，近年才从归龙山传过来。归龙山属于四都镇管辖，地处福建、江西两省交接处。④以前濯田与四都的经济、人员往来相当密切，沙篱寺供奉罗公祖师神像就毫不奇怪了。

---

① 《琅琊王氏族谱》卷五。
② 详情参见乾隆《长汀县志》卷二十三、二十四。
③ 关于"守坟祠宇"，参见杨彦杰：《开善上保的宗族社会与民俗宗教传统》，载《台湾宗教研究》，第1卷第2期，台湾宗教学会2001年10月出版。
④ 关于归龙山与罗公祖师，参见本书赖光耀《四都镇归龙山的罗公祖师崇拜》。

7. 西峰寺

如果说沙篱寺主要是属于琅琊王氏的寺庙，那么西峰寺则属于太原王氏所有。西峰寺位于下洋村的广背，始建于清初，20世纪70年代曾予以重修。关于这座寺庙的缘起，《太原王氏族谱》有段记载：十七世祖毓恩之妻罗琼娘，三十岁守志，"七十一岁时命子文进等捐资砌西峰庵上栋墙砖，复施租田以为香油之资"①。王毓恩的妻子罗氏大约生活于清朝康熙年间，可见这座寺庙距今已有二三百年的历史了。

西峰寺的创建与另一座称作黄峰山的寺庙有直接关系。当地人说，西峰寺的菩萨与黄峰山的完全一样。此山距西峰寺还有15里，以前有一块康熙年间立的碑刻，现已毁坏。如今西峰寺供奉三宝、地藏、观音、定光、韦驮、弥勒等佛教神像，寺旁还有一个小庙供奉五谷仙师。管庙人说，以前他们供有观音、定光、伏虎"三太祖师"，后来伏虎曾被江西人偷走。每年游菩萨时，下洋（即太原王氏）五房人就要轮流做头，到西峰寺来抬观音、定光、五谷仙师出去。周围乡村如李湖、罗屋、刘坑头打醮时，也会到庙里借一个定光古佛，并到回龙寨借霸王。每月十九日西峰寺固定要做莲社，有念经团体；十一月十七日至十九日举行拜千佛三天，周围善男信女都会来参加，仅素餐就要摆二三十桌。

8. 翠梅寺

翠梅寺属巷头林氏所有。此寺建于翠梅山，供奉观音、定光、关圣帝君等。以前正月十三日至十五日打醮，林氏族人就要到翠梅寺把关帝抬下来，打完醮再送回去。后来，村里人为了方便在巷头另建了一座天后宫，正中供奉天上圣母，右边附祀关帝，自此以后就不需要再上翠梅山了。每年濯田游霸王，巷头林氏也把这尊关圣帝君抬出来。不过，当地人认为巷头抬的不是关帝，而是"柴荣"。原因是林氏祖先因打死县令逃出河田以后，族人为了避害曾改为姓柴，柴荣是他们的祖先。②从外观来看，确实巷头林氏的这尊关帝与我们常见的关羽形象不同。

---

① 《太原王氏族谱》卷五。
② 林氏与柴姓的关系，参见才溪济南林氏集编《闽杭部分济南林氏族志》所录《圣祖谒诗》，内有"只因遇寇遭兵难，逃隐柴家复姓林"一句（第85页）。

9. 圣帝庙

圣帝庙供奉关帝，因此也称关帝庙。此庙位于郑坊街，是商人崇拜的场所。圣帝庙建于何时已不可考，不过，在道光二年（1822）《太原王氏族谱》所附的村图中就有这座庙宇了。每年濯田游霸王时，此庙的关圣帝君也必然参与。

濯田每年正月十五日和二月初二花朝节都要举行大规模的游神活动，此时五庙六霸王和上述寺庙的一些菩萨都会抬出来，热闹非凡，是当地人最引为自豪、经常谈论的两大盛会。

濯田抬霸王出巡其实应该有一个发展过程，而且正月十五日和二月初二的崇拜活动含义也是不一样的。正月十五日的出巡活动实与各宗族的正月打醮联系在一起。1996年10月我们到濯田调查，曾见到下庙的左侧墙上贴有当年"正月半建醮执事人员安排"名单，除此之外还有"四月半建醮执事人员安排"、账目开支以及"重塑文像满堂福主公王建醮"开支账目等。每张公告都相当具体，其中"正月半建醮执事人员安排"名单包括了整个活动的各个方面，如协助人员、司厨人员、招待、财务、扛箩、执炉、神马、铜锣、钢鞭、神旗、安全保卫、神台前、放电影、出宫先行烧香、抬定光古佛、抬福主公王、抬观音菩萨、抬五谷香亭、放喜炮等，可见整个打醮活动是与抬菩萨出巡联系在一起的。

前面说过，巷头林氏也是在正月十三日至十五日打醮，每次都要到翠梅寺抬关帝。我们拜访了上杭庙的一些老人，他们也说以前上杭庙和连城庙都是在各自的庙门口打醮，正月和八月各打一次，但没有抬霸王出游。濯田正月的打醮是由各个宗族（或人群）自己举办的，有的宗族在打醮时把菩萨抬出来，有的则没有。时间一久，这种原本属于分散的游神活动就渐渐演化成集体性的节庆习俗。据下洋村的王上沐老人讲，以前元宵节菩萨上街仅限于上庙、下庙和巷头林氏。下庙是正月十五日白天上街，与此同时，从正月十三日至十五日连续三个晚上三个庙的"满堂菩萨"都一起上街，上庙走在最前面，接下来是巷头的菩萨，下庙的菩萨排在最后。游神时，每个庙还要出龙灯、马灯、灯笼，因此这个活动与元宵节的闹花灯有密切关联，当地人也因此把它称作"出灯"。两支王姓和巷头林姓是当地的大姓，只有强宗大族才有实力和资格来举办这种大型的游神活动，而且太原王氏的霸王是大家公认最早的，他们在正月十五日白天打醮时还可以单独抬出来巡游，正好显示他们在濯田所拥有的特殊地位。正月十五日太原王氏抬菩萨出道，据王上沐老人回忆，它的顺序如下①：

(1) 小神旗（两面）

(2) 神铳

(3) 散放小炮

(4) 神旗（六至八面）

(5) 銮架执事：牌板（肃静、回避）、龙头、手掌、拳头、金瓜锤、八角锤、蛇枪、戟子枪、关刀、玉斧

(6) 龙灯、马灯、灯笼

(7) 扛篾

(8) 定光（后面铜锣一面）、观音

(9) 吊炉、执炉、凉伞、香亭（注：里面有五谷仙师）

(10) 敕封牌、签筒、笔架、铜鞭、印令（神马）、福主公王（后面铜锣一面）

这份出巡顺序与我们在前面谈到的下庙"正月半建醮执事人员安排"的内容完全吻合，正月十五日白天上街的除了霸王（即福主公王）之外，还有供奉于西峰寺的定光、观音和五谷仙师。也就是说，所谓满堂菩萨是指该宗族所属寺庙供奉的主要神佛。因此，我们在当地还听到另一种说法，正月十三至十五日连续三个晚上闹花灯，上街的菩萨包括沙篱寺、西峰寺、上庙、下庙和巷头庙的，以定光、伏虎、观音即"三太祖师"为主。其实，这种说法与上述并没有什么不同，均指上王、下王、巷头林氏三个宗族集体性的游神活动。

二月初二抬霸王出巡参与的庙宇更多。据说，这个活动从正月的最后一天开始，直至二月初二共三个晚上和初二整个白天。上街的菩萨包括圣帝庙、上庙（含沙篱寺）、下庙（含回龙寨、西峰寺）、郑坊庙，以及后来加上的上杭庙、连城庙和巷头庙的。上杭庙、连城庙以前并没有参加，这一点我们在调查中反复听说过。据王上沐老人回忆，过去传统的做法是圣帝庙、上庙、下庙、郑坊庙按此顺序先后出宫，每个晚上都要出来；另外，下庙的文武霸王（武霸王在前）于二月初二的白天要单独出巡，上午和下午各一次。现在据说已经一样，所有庙宇的菩萨都是连游三个晚上加上初二整个白天。

---

① 亦参见《正月半、二月花朝两大盛会文艺活动常规次序》（手写本）。

那么，上杭庙、连城庙等庙宇是何时才加入的？我们在上杭庙调查时曾见到庙内墙上贴有一张告示，上书"奉献上杭庙家具用品及锣鼓音响"的信士芳名，落款为"上杭庙理事会1996年二月二日"。可见在1996年的二月初二上杭庙确实参加了花朝节的游神活动，而且他们还为此做了一番准备：共有11人捐款180元用于购置锣鼓器具，另有1人捐献了6桌的"碗筷汤匙"。又据管理上杭庙的老人讲，以前上杭人在濯田不多，没有参加二月二的游神活动，现在参加了，排在巷头庙的后面。

二月初二的游神比正月十五日的规模还要大，不仅有五庙六霸王，而且其他寺庙的关帝、定光、伏虎、观音、普庵、五谷仙师都要抬出来巡游。村民们描述说，关帝走在最前面，定光古佛排在最后，普庵祖师要八个人抬，而且要走得很慢，千万不能摔倒，其他菩萨基本上按照各庙出宫的先后顺序插在队伍当中。其巡游路线是：从街上出发，经坝尾—中坊—下洋—巷头—街上，然后回家。所到之处，家家户户都放鞭炮、摆祭品迎接，有的人家还会给菩萨"挂红包"。据说下洋的菩萨接受的红包最多，一趟下来至少1 000元。二月初二当地人称为花朝节，在长汀还有一些地方这天的迎神赛会也特别热闹。① 但从迎奉的菩萨看，当地人最重视的还是五庙六霸王，下洋的霸王因最老得到的红包也最多。霸王是濯田各姓的保护神，被视为本坊福主，从这个意义上讲，濯田二月初二游霸王的活动表面上是过花朝节，实际上还不如说是在庆祝土地公的生日。

濯田在二月初二过花朝节的同时，圣帝庙内还会上演大戏。一般从正月二十五日或二十六日就开始，连演十天，至二月初五或初六结束。演戏的资金由各商家捐出，主要上演汉剧、楚剧、江西戏、京戏等，许多村民都会前往观看。因此从春节开始，经过元宵至二月初二，濯田至少有一个多月连续处在欢乐愉悦的节日气氛中。

（二）"上十乡"五通公王崇拜

如果说五庙六霸王是濯田地区普遍崇奉的神明，那么在更大范围内，五通公王则成为民众共同崇奉的对象。

五通公王庙就建在车项坝附近的五通街（今属东山村）。那里是濯田最

---

① 如古城二月初二花朝节的规模就很大，参见本书张鸿祥、李积发的《古城镇传统社会调查》。

早的墟场所在地，以前有码头，也有树林，据说是濯田的水口，距现在濯田墟大约2公里。五通庙可能很早就已经存在，但具体建于何时并不清楚。后来这座庙宇破损不堪，清乾隆末年曾予以重建。《琅琊王氏族谱》云：二十二世祖王林，"乾隆五十七年壬子，倡首重建五通街五显庙，捐资铜钱二十千文"①。这里所说的五显庙就是供奉五通公王的庙宇。

濯田五通公王庙属上十乡共同所有。所谓"上十乡"，是与"下十乡"相对应的概念。为了准确理解这两个十乡的地理含义，我们曾询问许多老人，并到水口做了实地考察，现将这两个十乡所指的村落具体列表显示出来：

表6-7　　　　　　　　　　十乡具体村落列表

	具体村落
上十乡	巷头、下洋、中坊、坝尾、李湖、丰口、东山、坡背、山田、刘坑头
下十乡	莲湖村的邓屋、蓝屋、陈屋村的枫树下、乌竹背、丘屋、路潭村，南安村的蓝坊、赖屋（含李屋）、水口坪岭村的塘尾、吴屋（含中门）

注：据张鸿祥文章，下十乡的枫树下、乌竹背合为一乡，赖屋、李屋各为一乡。而笔者的调查刚好相反。何者为是，仍需注意。参见张鸿祥：《长汀县濯田镇南安村民俗田野调查》，见杨彦杰主编：《汀州府的宗族庙会与经济》。

从上表可见，所谓上十乡和下十乡实际上是以濯田河为主干来划分的。东山村以上直至濯田墟这一大片上游地区称作上十乡；而从东山村以下，自莲湖村开始沿着濯田河抵达与汀江交汇处的水口，这一大片地区即是下十乡。据说以前五通公王是由上下两个十乡人共同崇奉的，后来才分开。五通公王分开以后，上十乡仍以东山村的五通庙为中心，而下十乡在南安村另建了一座十乡庵，都以四月初八为五通公王的生日，届时上下两个十乡都会集中在各自的庙里打醮，因此五通公王也被称为"四月八菩萨"。

五通公王是以轮流的方式进行供奉的。每个乡都供奉一年，每年四月初八打完醮就交接，轮给下一个乡去供奉，如此循环反复，周而复始。如今下十乡的五通公王轮祀还在进行②，而上十乡自20世纪50年代就已经停止了，

---

① 《琅琊王氏族谱》卷五。

② 有关下十乡轮祀五通公王的活动，请参阅张鸿祥：《长汀县濯田镇南安村民俗田野调查》，见杨彦杰主编：《汀州府的宗族庙会与经济》。

迄今未再恢复。据当地老人回忆，以前上十乡轮祀五通公王是按照宗族来组织的，轮到祭祀的"乡"再根据内部房族的情况进行分配，轮流祀奉。如五通公王轮到下洋村，太原王氏族人就把神像迎入他们的宗祠内，由五房人轮流供奉一年；每房人又按照自己分配到的期限，用抓阄的方式决定每户人家供奉的先后顺序，以保证五通公王的香火长年不断。由于上十乡轮流祭祀五通公王已经停止很久，因此当地人对当年各乡轮流的顺序记忆相当模糊，只是依稀记得坝尾村轮完以后是下洋村，下洋村轮完以后是巷头村……如此而已。

五通公王的庙宇最早建在车项坝这个商业码头附近，五通信仰显然与早期商人及其商业活动有着密切的关系。以后濯田的商业中心向北转移，郑坊街建起了圣帝庙，商人每年正月都会在庙里演戏，外出的生意人也会到回龙寨向霸王许愿，而原来作为商人崇奉的五通公王则成为上下十乡人共同崇拜的区域性神明。商人势力的影响以及神明角色功能的转移是很值得注意的。

（三）女性崇拜：七圣宫和妈祖庙

濯田还有两座庙宇直接与女神崇拜有关，一座是七圣宫，另一座是妈祖庙（即天后宫）。七圣宫位于下洋村的外侧，至少清朝道光初年就已存在。此庙供奉的七个女神，据说是一种传自江西的厉鬼崇拜。[①] 在长汀许多地方都有这种庙宇，如河田镇的老街上就有两座，庙宇很小，里面供奉的女神被称作七仙女，老年妇女常往朝拜。而濯田的七圣宫据说是由附近陶、谢两姓祀奉的，每年正月、八月都要在庙里打醮，其他姓氏的人很少参加。

濯田的天后宫建于郑坊大桥的桥头，前面说过它是乾隆九年（1744）为了"祈保大桥"而兴建的。该庙正处于郑坊庙的斜对面，庙门朝向濯田河。大门上方的门楣刻着"厚德配天"四个大字，落款为"光绪甲申冬月谷旦建立"，可见在清末光绪十年（1884）还曾经重修过，并且建造了门楼。大门两边的对联云："圣德配天四海咸资保障，母仪称后群生悉乐骈臻"。庙内的一块《天后宫维修碑记》记载，1993年此庙又一次重修，当时各地信众踊跃捐款，共集资2万余元，其中"台湾同乡"捐助3 000元以上。

天后宫是祀奉妈祖的地方，一般认为妈祖信仰是与水运和商人势力联系在一起，然而我们在调查中却发现，濯田天后宫主要是妇女去拜，当地人

[①] 七圣宫供奉的女神亦称作"七姑子"，请参阅劳格文：《长汀庙志》，见杨彦杰主编：《长汀县的宗族、经济与民俗》（下）。

说，男的很少去拜妈祖，外出做生意或者在本地经商的主要是拜关帝或者霸王。为什么会有这种情况？是以前就有还是后来改变的？从建庙初期的情况看，天后宫的兴建是为了"祈保大桥"，可见商人势力是参与的。而且当地人也说，以前这座天后宫属于上十乡共同所有，每年七月十五日都会在庙里打醮，规模很大。但由于濯田的商人更崇拜关帝和霸王，加上郑坊大桥后来也消失了，因此后来这座天后宫逐渐成为祈保小孩平安并且由妇女常去烧香的场所。

我们在庙里参观，见到神龛旁边的大柱上贴有一些红纸条，这些纸条都是祈求妈祖保佑小孩平安的。如其中一张写道："一九九四甲戌年二月十日契立，马（妈）祖娘前取名马炎，长命富贵，沐恩弟子本镇陈屋村陈告化长孙安好。"另一张写着："天上圣母台前，取名李马聪。"这些都是把小孩过契给妈祖，请她庇佑的契文。每个孩子的名字都带有"马"字，如马炎、马聪等。这种习俗在长汀甚至整个闽西地区非常普遍，许多上了年纪的老人都有这种经历，有的人的名字带有"马"字，有的带有"妈"字①，濯田的妈祖信仰显然继承并突显了这种传统。我们在庙里还听说，现在天后宫成立了妈祖会，主要是妇女参加。每月二十三日，这些人就轮流在家里"做会"，每桌十个人，每年有两人做头，并立有会簿等。如有打醮，则在庙里举行。

从1993年开始，濯田天后宫就改为每年十月二十三日打醮。建醮以前要先召开由理事会成员及各村代表参加的会议，讨论并决定建醮事宜。理事会成员共有10人，负责管理庙内日常事务，每隔三年改选一次，主要由坝尾、中坊、街上、巷头、下洋这5个行政村的老人担任（每村2个）。其他村则在打醮前派出代表参加建醮筹备会，据说共有80～90人。筹备会在讨论并决定各项事宜之后，便交由各村代表去分头执行，包括筹款。我们在庙里还见到两张1994年和1995年十月二十三日打醮公布的账目，参加打醮的村落有20多个，每年捐款总数都在7 000元以上，详见表6-8。

---

① 请参阅谢重光：《闽西客家地区的妈祖信仰》，载《客家》，1994（1）；杨彦杰：《福建长汀城关妈祖信仰的变迁》，"妈祖信仰与现代社会国际学术会议"论文，2001年5月26—28日，台湾。

表 6 - 8　　　　　　1994、1995 年天后宫打醮捐款统计表　　　　　单位：元

村名	1994 年捐款	1995 年捐款	村名	1994 年捐款	1995 年捐款
坪埔	120	165	下洋	446	643
中坊	566	649	水头	75	105
石硖	111	135	丰口	260	83
巷头	326	409	小高岭	141	295
街上	1 120	870	山田	125	120
李湖	281	465	元岭下	80	62
东山	435	345	长校	10	20
寺角里	115	125	坝尾	2 077	1 470
谢坊	45	65	刘坑头	15	
罗屋	125	145	升平	234	
巫坑	200	235	下罗	20	
胡岭	126	145	园当		20
安仁	86	82	童屋		20
长岭	41	137	塘角		228
高东	105	90	石溪		230
潭河	131	95	合计	7 421	7 443

按：表上"合计"为张榜公布的数字，实际核算 1994 年为 7 416 元，1995 年为 7 453 元。

从表上的资料看，1994 年打醮共有 27 个村参加，1995 年 28 村，其中 24 村是每年都有参与的。这些村落已经大大超过了以前上十乡的范围，有的来自邻近的其他乡镇，如坪埔村属于四都镇，胡岭、童屋、元岭下等属于红山乡，足见濯田天后宫的信仰范围正在扩大。我们不知道前来参加打醮的男女性别比例各是多少，但可以肯定：打醮的组织者主要是男性，而平时前往烧香的主要是女性，她们还成立妈祖会，是当地妈祖信仰最基础的力量。

濯田天后宫为什么会改为每年十月二十三日打醮而不是三月二十三日？管庙人解释说，三月二十三日是妈祖圣诞，可是那时正值春天，村民们很穷，集资困难，因此改在十月秋收以后补妈祖圣诞。同时还解释说，以前天后宫有庙产 4 亩左右，每年可收租谷 900 多斤，加上施主的捐献，因此打醮并不困难，也不需要更改时日。当问及以前还有七月半打醮，什么时候没有了？在场的老人却都答不上来，有的人干脆表示不知道。可见，濯田的妈祖信仰也是随着社会变迁而在不断发生变化的。

四、结论

综上可见，濯田是长汀南部一个相当重要的商品集散中心，人员交往频繁，大量货物在此集散流通，社会结构复杂，因此形成的民俗宗教传统也富有多样性和明显的区域特征。从濯田的历史文化背景来看，有几点是值得注意的：

（一）濯田由于所处的地理位置和较好自然环境，因而开发较早。至少从宋代开始就有人口移住，南宋时期迁入的琅琊王氏和太原王氏后来成为当地最有影响力的两大宗族，而其他姓氏或在此之前或在此之后相继迁入，但大都难以得到长足的发展。明朝时期濯田已颇为发达，清朝乾隆以后达到兴盛的阶段。在这个发展过程中，濯田两支王姓都有抚养"异姓子为嗣"的传统。尽管在明或者清初两支王氏都已有科举人物出现，但这种显然有悖于儒家宗法原则的习俗却同时存在。因此理学宗法观念在民间的延伸（庶民化或民间化）与儒家知识分子的出现并没有必然的联系。从根本上说，它有赖于社会的发展以及在此基础上建立的宗族制度。而从族谱的草创、编定到建立宗祠、购置祭田，其间往往经历一两百年的过程，濯田两支王姓的宗族实践都说明了这一点。

（二）濯田由于是个重要的商品集散地，人口流动频繁，外来移民与本地居民的互动与融合就因此显得尤为重要。濯田的商业集市上建有上杭庙和连城庙，里面供奉的神明是当地人最为崇拜的霸王。在上杭庙的"公德碑"上，还明确刻着上杭人于二百多年前来此开基立业，共有罗、李、黄、陈、丘、郭等九姓"客家"一起建造了庙宇。"客家"一词现在已广泛使用于所有讲客家话的人群，而从族群主观认同的角度，我们却经常听到另一种说法，认为从长汀南部如上杭、永定、梅县等县出来的人被称为"客家"，本地人却不会有这样的称呼。这种民间的习惯性用法不仅长汀有，在宁化、明溪、清流也同样存在。客家族群认同明显也有一个发展的过程。现在客家的族群认同是大大扩大了，长汀是客家"首府"，宁化是客家"祖居地"，闽粤赣三省交界地是客家的"传统居住区"，然而就在大约十年前，普通百姓对此还不是耳熟能详，他们仍然按照自己的传统认知来区分本地人和"客家人"。

（三）上杭庙和连城庙不仅是濯田的"客家人"祖籍认同的一种标志，而且也是这些外来移民逐渐融入本地社会的一种反映。庙内供奉的神明是本地最主要的"福主公王"，与当地人一样，每年正月、八月都会集中在庙门口打醮。随着濯田正月十五日和二月初二游神活动的不断举行，"五庙六霸王"成为濯田各姓居民共同的文化遗产，原本没有参加的上杭庙和连城庙也在近年加入了二月初二的游神队伍。从族群融合的角度说，这无疑又是一种深化。濯田作为人口流动相对频繁的地区，这种族群关系的演进和深化是很值得注意的。

（四）濯田的神明信仰与当地的商业传统也是紧密联系在一起。作为商品集散地，濯田担负着长汀南半部货物集散的重要角色，从广东运来的盐、百货在此集中，从周围地区汇集而来的米、豆、油、糖也通过墟船运往外地。在繁复多样的商品流通中，濯田与四都、红山乃至江西建立起最重要的陆路交通往来，从濯田挑去的主要是食盐，挑回的则是大米和黄豆。盐和米、豆的交换成为这条交通线的主角。而在这长期的交往活动中，江西的七圣、四都的罗公祖师崇拜都传入濯田，濯田的妈祖信仰也在向四都和红山发展。经济网络往往会影响到区域间的文化互动和交流。从这个意义上说，濯田丰富多样的民俗宗教传统与当地发达的商业背景是息息相关的。

（五）濯田的糖业生产也很有特色。传统的制糖业依靠手工生产和简单工具，而这一切也是一种文化。台湾历史上曾以蔗糖生产闻名，清朝初年成书的《台海使槎录》对当时岛内的糖廊制糖有如下记载："每廊用十二牛，日夜硖蔗；另四牛载蔗到廊，又二牛负蔗尾以饲牛……廊中人工：糖师二人、火工二人（煮蔗汁者）、车工二人（将蔗入石车硖汁）、牛婆二人（鞭牛硖蔗）、剥蔗七人（园中砍蔗，去尾，去箨）、采蔗尾一人（采以饲牛）、看牛一人（看守各牛），工价逐月六七十金。"[①] 可见在清代台湾每个糖廊需要18头牛和17个工人师傅，而我们在濯田听到的是每座糖寮8头牛和12个雇工。在生产工具方面，台湾用的是石头打造的石车，濯田用的是大樟木做的绞机。尽管这些生产工具和使用的人力、畜力不完全一样，但在生产过程中榨蔗制糖的基本原理和过程是相同的。濯田与台湾，一个在山区，一个在海

---

① 黄叔璥：《台海使槎录》卷三。

岛，这两个地方蔗糖生产的比较可以反映出传统社会手工业生产的区域文化特色。

附记：本篇写作前的田野调查，得到濯田父老乡亲的热情接待与帮助，谨将受访者名单登录于下，并向他们致以衷心的感谢！

王用功，52岁，濯田镇文化站站长

王大文，55岁，濯田镇干部

王上沐，70多岁，农民

罗马斋，60多岁，祖籍上杭，原濯田学区校长

李友康，74岁，祖籍上杭，在濯田经商

王树德，50多岁，濯田中学办公室主任

戴国辉，71岁，祖籍三洲，在濯田经商

李嵩本，73岁，以前在濯田开药店，现在汀州医院退休

王马生，53岁，濯田学区支部书记

黄永义，60岁，全福堂药店第四代孙，干部

王冰兹，52岁，干部

河田镇社公醮仪述略[*]

刘劲峰

长汀县河田镇是闽赣边界上较大的一个乡村集镇，距县城约 22 里。从这里出发，步行一天可到达江西瑞金县城及石城县横江等地，故历史上，两地村民经济、文化交往密切。1999 年底，为比较两地民俗文化的异同，笔者来到该镇进行田野调查，并有幸在该镇明光村的沈屋观看了一场以庆社为中心的道教科仪活动，今简述如下。

一、背景资料

明光村位于河田镇的东北部，距镇政府所在地的河田墟约 6 里。河田是汀江上游一块四周被大山包围的河谷盆地，而明光村则坐落于盆地东北角的一片丘陵山冈上。全村共辖 8 个村民小组，连接闽赣两省的 319 国道（南昌至厦门公路）从村子的西南部穿过，国道的东北面为该镇松林村的丘屋，西南面即为明光村的沈屋。

沈屋，含内外两个自然村，共有男女人口约 1 200 人，村民全部姓沈。由于该姓族谱早年被毁，所以现在村民已经说不出开基祖的姓名，只知道祖上从连城县迁到此地，到现在已繁衍了 123 代。这两个自然村地处一片低矮的山冈上，土地资源严重不足，1981 年统计，人均耕地只有 5 分，经过近 20 年的繁衍，现在人均耕地只有 3 分左右。农业劳动力的大量剩余，使得村中

---

[*] 原载杨彦杰主编：《长汀县的宗族、经济与民俗》（下），第 871~888 页。

除老人、妇女及小孩留在家中照管农活之外，其余劳动力几乎长年在外从事土木建筑、收购废旧物资及个体商贩活动，只有农忙、过年过节及迎神赛会的日子，他们才会回到家，过上几天轻轻松松的生活。

沈屋固定的迎神赛会活动，一年中共有3次：

第一次为正月初五开始的启神，当地又称做古醮。是时，要把当地八乡庵里的天上圣母、观音、许真君、五谷真仙、定光、伏虎以及郭、丘、王三将公王等神明都请到沈氏祠堂来，虔诚礼拜，并请当地的香花和尚在祠堂里做两日两晚的醮事，内容主要是诵经拜忏、度孤（当地又称"散孤"）。斋事完后，再敲锣打鼓，把神明送回八乡庵。

所谓八乡庵，是沈屋与丘屋上下村（今属松林村，村民以丘姓为主）、小寒坊（今属寒坊村，村民以罗姓为主）、叶坊（今属游坊村，村民以廖姓为主）、杨梅（今属明光村，村民以王姓为主）、官坊（今属明光村，村民以沈姓为主）、卷头坝（今属朱溪村，村中沈、丘、方、韩四姓杂居）等八个村的村民共同兴建起来的一座区域神庙，其庙不知建于何时，每当八个村有醮事活动时，村民都要把庙里的神明请到村里来接受祀奉，以祈求神明保佑区域内各村吉祥安泰。

第二次为八月十二日开始的真君醮，当地村民也统称为做古醮。是时，需像正月古醮一样，把八乡庵里的神明也请到祠堂来，并请当地香花和尚为之做两天两晚的醮事。同时，合村男女为许真君献供祝寿。

第三次为十月吉日开始的庆社，当地又称做社公醮或做福主公王醮，中心内容是祭祀社公，以驱除邪恶，保障全村的安全。是时，要请间山派道士（当地村民称之为"师公""么公"）做三天一晚的法事，以调动天兵天将前来驱邪斩煞，结界靖安。笔者所见到的仪式便属于这类法事。

除了三次固定的醮事之外，该村每八年（现改为七年）还要打一次禾苗醮，以祈求灾祸远离、禾苗丰熟。它属于区域性的祭祀活动。故仪式在八乡庵属下的丘屋上下村（现合为一村）、沈屋、杨梅、小寒坊、官坊、卷头坝等八个村逐年轮流举行。其轮流次序早在建庵时已经通过抓阄手段排定，故今年是杨梅，明年是官坊，后年就该轮到沈屋做东了。轮到做东的村要选择五月的某个吉日，具鼓乐、仪仗（彩旗、凉伞、装扮古事①等）到八乡庵，

---

① 所谓装扮古事，即挑选若干名儿童，化装成戏剧人物，在一张圆桌上摆出戏剧造型，由成年人抬着游行。

把庵里的天上圣母、观音、许真君、五谷大仙、定光、伏虎都抬了出来，在8个村所属的屋场、田间巡游一遍，接受村民的祀奉。然后抬回本村祠堂（或众厅）。请香花和尚做两天两夜的朝科。是时，未轮到做东的村，均需派代表前来行香祝贺，并在村里与大家共吃一餐素宴。

二、仪式的准备

社公醮，全称为"庆贺社公福主鸿灯礼忏"。仪式目的是要通过请神、上表、朝拜及驱邪赶鬼等一系列宗教人为符号来改变或解除破坏性的空间，重建一个建设性的神圣空间，以满足广大信众期望日后人安事顺、子嗣繁昌的心理需要。

正因为它在人们的生活中具有如此重大的意义，所以深受村民重视，早在当年正月做古醮时，大家就采用抓阄办法确定了这次打醮的工作班子。班子由福首沈福发，科首沈马木生、沈水生、沈能发、沈马金养、沈富名、沈盯水、沈土火、沈富金、沈南火、沈水木生等11人组成。[①] 其中，福首负责打醮的具体筹划，并领导班子工作。科首的工作分前后两阶段，前一阶段负责筹款，后一阶段协助福首处理建醮过程中的各项具体事务，如打扫场地，租借或购买法事用品，安排道士生活，行香点烛，维持醮场秩序，等等。

由于沈屋是单姓村，所有村民都是由同一个老祖宗繁衍下来的，且现在多数以房为单位相对聚居，所以筹款以房为单位进行，房内再向各家各户摊派。这次打醮，每户所摊到的钱款为人民币20元。这些钱主要用于购买纸张、香烛、鸡鸭等法事用品及支付道士工资。道士及福首、科首的日常饮食则由村民们轮流派供，轮不上派供者，可以用钱抵补（每餐抵人民币15元）。

依照法事传统，社公醮均要请当地有名望的闾山派法师主坛。这次打醮也与以往一样，聘请了本县新桥镇余家村的黄永东为主坛师。黄永东，现年80岁，小学文化。据本人所言，他3岁开始跟随祖父黄法上学道，小学毕业后正式入法门，20岁出师，授法号"黄法有"。他所属的坛为家族内坛，从其第6世祖黄子忠开法门以来，现已在族内传了18代，其传代关系为：黄子

---

① 当地习俗，村民取名字喜用契拜名或以五行命名，如：沈马木生，即表示村民已契拜给了妈祖，且命中缺木，故用名字中的五行补足之。

忠→黄法兴、黄法显、黄法传→黄宪一郎→黄松二郎→黄信五郎→黄眷一郎、黄通二郎→黄法茂→黄法旺→黄法应、黄法亮→黄章廷、叶法显、黄元茂→黄法明→黄法日、黄法月→黄法源、黄德时→黄进玉、黄进杨、黄进源→黄法义→黄法彪、黄法椿→黄发书、黄发钎、黄发传、黄发辉、黄法上→黄永珍、黄永泰、黄法高、黄永火、黄法有→黄昌佩、黄昌华、黄昌文、黄昌隆、黄昌意、陈志洪。在其第18代传人中，除黄昌佩之外，其余5名都是黄法有（永东）的徒弟，也是这次打醮道士团的主要成员。其中：

黄昌华，现年56岁，黄法有之长子，初中文化，1981年起从父学道，无法名。

黄昌文，现年52岁，黄法有之次子，小学文化，1981年起从父学道，无法名。

黄昌隆，现年47岁，黄法有之三子，文盲，1992年起从父学道，无法名。

黄昌意，现年42岁，黄法有之四子，小学文化，1990年起从父学道，无法名。

陈志洪，现年37岁，黄法有朋友之子，小学文化，1990年起拜师学道，因武功好，深受器重，现住长汀县大同镇翠峰村九组。

道士团6人除了要负责外场表演之外，还要承担内场鼓乐（该坛一贯不用管弦乐器）。

黄法有接受聘请之后，依照社公醮的传统做法，对三日一晚的科仪活动做了以下安排。

11月27日（十月初三）

上午：装坛。

下午：开坛，祈社。

晚上：请神，下马，和神，安神。

11月28日（十月初四）

清早：开更，早朝。

上午：诵《太上三元妙经》，午朝。

下午：诵《太上北斗经》，发牒，晚朝。

晚上：跳海青，安神。

11月29日（十月初五）

清早：开更，早朝。

上午：申状，午朝。

下午：鸿灯礼忏（做鸿灯），晚朝。

晚上：宴兵，行罡，祭将，断后，送神。

11月30日（十月初六）

清早：谢社。

三、仪式过程

（一）11月27日

1. 装坛

上午，道士团到达现场，随即分头书写疏章，印制符箓，布置坛场。坛场设在沈氏祠堂的上厅（即享堂），厅上方神龛前用高凳及门板搭起一个长约5米、宽约4米的戏台。台的正面，于祖宗神龛前悬挂三坛神图。神图由3幅长1.8米、宽0.6米的条轴组成。正中一轴，从上至下，神明分成8列，自上而下第1列为玉清元始天尊，左右为六曹；第2列为盘古；第3列为观音；第4列为葛、张、许三位仙师；第5列正中为陈氏夫人，两边为左右头陀；第6列为哪吒太子；第7列为托天力士，左右为飞天；第8列为陈、丘、郭三位祖师。左右两轴神明自上而下排成6列。左轴自上而下第1列内侧为上清灵宝天尊，外侧为太阳星君、南斗八星；第2列为王母仙娘；第3列内侧为林氏夫人，外侧为铜马三郎、铁马四郎；第4列为天仙兵、五猖五郎；第5列为城隍土地、花公花母、花林姐妹、平秤仙姑、把笔判官；第6列为道士祭南蛇。右轴自上而下第1列内侧为太清道德天尊，外侧为大阴星君、北斗七星；第2列为闾山法祖；第3列内侧为李氏夫人，外侧为三目将军、四目将军；第4列为地仙兵、麒麟狮子兵；第5列为众仙师锁邪打邪；第6列为道士骑南蛇。神图前设香案、科仪台。香案正中设一个大米斗，正中安本命元辰神位，两边插兵旗。米斗供香炉、烛台、茶、酒以及鱼、猪、鸡（合称三牲）、各色素果、红包。科仪桌正中放水盂、雷令、法尺，两侧放铃刀、锡角（又称龙角，长约1.6米，分前后两节，可伸可缩）、科本等。

2. 开坛，祈社

下午4时许，锣鼓闹台，主坛师更衣、净手登坛，先燃香点烛、化纸、敕符、下令，然后启师告神、通意（即向神明通报科仪意义），接着与福首、科首一起前往上下沈屋所属的两个社公庙燃香告庙，祈请社公、龙神、杨太伯公莅临醮场，最后从社公庙香炉中拈出三炷香，带回坛场，为社公、龙神、杨太伯公安位，献过下马酒后谢师退坛。

3. 请神，下马

晚饭后，主坛师再次净手入坛。先启师告神，然后依照《请神科》逐个请神。先请五营兵将到坛护卫，然后恭请上界万灵教主、三清四帝、三元三宫大帝、李真人、张天师、李天尊、梁天尊、三目仙、四目仙、长眉仙、董仲仙、葛灵仙、黄老仙、畲师主、陈师主、丘师主、郭师主以及龙树大神、镇武将军、哪吒元帅、飞龙飞凤将军、普庵祖师、关赵二将、十大元帅、定光佛、伏虎佛、上宫治邪王太母、中宫斩鬼马五娘、下宫搂邪马五姐、三十六宫花林姐妹、七十二院相女娘娘、左头陀、右头陀、左营天仙兵、右营地仙兵、间山张九郎、横山张七郎、蒙山张十郎、令使洪日昌和洪日光、箓使刘案冬、主簿江凌王、斩鬼师冯罗卿、捕鬼师周文乾、茅山法主、三奶夫人、黄三大仙师、龚刘杨三圣，最后奉请本教各大番师祖、口教师公、传教师爷以及盘古大王、三洞大王与所带五方兵将一一光照来临。

请神后逐一安座，并进献下马酒，祈保（一保合乡清吉、男增百福、女纳千祥，二保祟邪远离、瘟远走外方，三保禾苗丰熟、六畜兴旺，四保口舌埋藏、灾殃永消，五保买卖顺利、财源茂盛），最后宣事意簿（当地又称"黄簿"，即用黄色簿册记载本次醮事目的、前后经过及福首、科首、信士名单的纪念性文本，打醮结束后由福首永久保存），谢师退坛。

4. 和神

又名"和合朝"。据参加这场演出的陈志洪先生介绍，和神是打社公醮第一个晚上的必科节目，原因是当天请来了各方面的神明，其中既有三界仙圣、道教师爷，同时还有各方兵将，驻神的地方又是原先供奉祖宗先灵的祠堂，为了使各方神明与家先、福主之间关系协调，请神后便要通过一场仪式把他们和合到一起，形成一支统一的神明队伍。除此之外，和合还有和天、和地、和人的意思，即通过这种形式，为人们创造一个安详吉泰的神圣空间。

和合朝采用戏剧表演手法进行。由两名道士身穿法衣、头戴夫人箍上场,先启师告神,然后脚踩罡步,祈请五方神明到座。接着,分扮李天尊、张天师,手摇纸扇,用许多调侃的语言、滑稽的动作,相互盘问神仙的来历、身世及与之相关的道教知识(如王母仙娘的报响鸡是如何来的,玉皇大帝的法名是谁封的,等等),并用各种灵验故事来表白神明的道法威力。最后,两人手挽着手,共踩和合罡,以示和合五方神明与兵将,并一起手捧礼盒,向五方神明、兵将及在场信众逐一献和合酒,谢师后退坛。

5. 安神

安神是每天晚上仪式即将结束时的最后一套节目,意思是告知神明,当天的法事已经全部完成,祈请神明安心息宿。安神时需焚化纸钱若干,以答谢神明,同时挽诀敕符,以示封闭关隘,不让邪鬼乘虚而入。

(二) 11月28日

1. 开更,早朝

早上7时许,锣鼓闹坛之后,主持师更衣入坛,先启师、行香、祈水洒净,然后诵心经。并宣化早表,最后谢师退坛。

早朝后,科首们在祠堂门额上张挂花联,贴出大榜。

2. 诵《太上三元妙经》

3. 午朝

早、午、晚三朝是社公醮的重要内容之一,目的在于祀奉神明、祈求安泰。当天的午朝是正式建醮的第一个午朝,法事依照《三朝科》中的小午朝进行,先启师告神,然后请神、行香、上供、祈保、宣黄簿,最后谢师退坛。

4. 诵《太上北斗经》

5. 发牒

全称为"发把界公牒",即敕令五方兵将在村子四周把住关隘,以使"外界邪魔鬼子不能进,内界邪魔鬼子不能出",从而为肃清界内妖氛,建立神圣空间做准备。

仪式之前,先在戏台前设左右头陀神位,主持师在神前行香,并杀雄鸡一只,把鸡血分装在5个酒碗内,兑成血酒(当地称为"小花")。接着于坛前启师告神,并手持卷成筒状的雷部108将神图,在台上不停地跳跃,以祈请东岳五猖张一郎、南岳五猖张二郎、西岳五猖张三郎、北岳五猖张四郎、中岳五猖张五郎以及九州魔王、坛头各大将军、左右二营兵将、前传师公、后教师爷、祖本宗师、发牒童子、五方骑官——到座。

请神后将神图铺在戏台上，就地行罡念咒，招兵支粮，并吹响龙角，号令社令真官、田君土地、杨太伯公速速带兵修整桥梁，铺平道路，准备船只，等候天兵天将驾临；号令五方兵将把断水界，不让邪鬼交通；号令家堂香火、远近祖先打开门户，迎接仙兵来临；号令各大元帅、各路兵将速速带兵起程，剿灭邪鬼。发令后拜牒，化牒，撒米发兵，最后把台前的五碗血酒倒到大门外，将碗倒扣在地上，回坛谢师。

6. 晚朝

内容包括请神、行香、上供、宣黄簿、走朝等。走朝时，3名道士身穿法衣，手持龙角，伴着锣鼓声，在台上不停地穿花行走，据说这样具有媚神、娱神的作用。走完朝，主持师将福首、科首手中的香火收集起来，插到坛前香炉上，谢师退坛。

7. 跳海青

跳海青是闾山教中非常有特色的一个科目，一般安排在夜间进行。全场由两名道士采用戏剧表演手法完成，内容有启师告神、装身行罡、兄弟收妖、兄妹上闾山、学法归来。

（1）启师告神。仪式开始，两名道士于坛前吹响龙角，拜请三坛诸上圣、祖本宗师以及福州古田临水宫大奶陈四姐和二奶林九娘、泉州府三奶李三娘，"祈请三奶夫人到坛前行罡作法收邪精"。

（2）装身行罡。启师告神后，由一名道士扮装为三奶夫人，先坛前借衣、敕衣，然后穿衣、梳头、抹香油、洗脸、照镜、打胭脂和水粉，最后整衣，并脚踩罡步，以示到三清四帝那里为信民祈请恩赐。其间，每项内容的表演都运用了许多戏剧性的动作，并伴随着许多良好的祝愿，如梳头时唱："前转三圈盘富贵，后转三圈盘吉祥。左边盘起麒麟对狮子，右边盘起金鸡对凤凰。梳得前村连后村，梳得家家人丁旺。"洗脸时唱："洗面娘子出坛来，铜盘打水时正当。洗得十指尖尖如削葱，邪神邪鬼走别方。东边倒水西边落，富贵降落太平乡。"

（3）兄弟收妖。夫人行罡后，另一道士以丑角身份装扮陈海青上场，先叙述自己的身份与经历：曾经种过田，砍过柴，学过做碗、打铁、屠宰、教书、做纸……总之三百六十行，行行都学过，但由于怕苦怕累，结果什么也做不成。这时，村中出现了南蛇、乌虎，庙中出现了白蛇精，每年要用一男一妇祭祀蛇精。他出于义愤,与大哥陈法通一起前去降服蛇精,不料大哥被蛇精掳去。为了救出大哥,陈海青听了算命先生的指点,回家来邀请陈四姐一起上闾山学法。

(4) 兄妹上闾山。陈四姐听了陈海青的话,兄妹两人收拾行装,立即上路。途中,他们遇上了林九娘、李三娘,于是,大家结成兄姐妹,一起上闾山学法。闾山王母听说他们要来学法,为了考验他们学法是否有真心,派五郎神变化成大蛇、猛虎、险山、恶川,重重阻挠他们。但他们没有被困难所吓倒,沿途不知吃了多少苦头,终于来到闾山脚下。但突然之间,眼前现出一片汪洋大海,海边仅有一条能容纳3个人的小船。于是,陈海青只好把姐妹三人送走,独自留在海边修炼。

(5) 学法归来。陈、林、李三姐妹到达闾山之后。向王母学到了各种斩妖驱魔、招魂转运的法术,并接收了王母亲自赠送的兵旗、龙角、铃刀等法器。于是,三人高高兴兴地带着法器下了山,与陈海青会面。会面时,他们向陈海青讲述各种法器的作用,并当面施展法术,用铃刀吊起一个数斤重的米斗(当地称"千斤斗"),用龙角、兵旗招来天兵天将,大家同仇敌忾,准备找南蛇、乌虎、白蛇精斗法,为民除害。

8. 安神

跳完海青,主持师于坛前化纸钱安神。当天的法事便告完成。

(三) 11月29日

1. 开更,早朝

当天的早朝除了请神行香、请水洒净、诵经、宣化早表之外,还要参井。

所谓参井,即参拜井神,并解救井下的冤魂。仪式在早朝发表后接着进行,是时,主持师领着福首、科首具鼓乐、香烛、供品前往两村所属的各个水井前,先请神、通意、祈保,接着行罡念咒,最后从供品中取出一个小馒头,敕令后将馒头丢入井中,参井便告结束。

2. 申状

所谓申状,即向太上诸司法院发出文件,以申明此次打醮的目的,祈请太上天府大衙仰差三元唐、葛、周将军及五猖五郎协助土地里城等神一同下赴信众房内追擒邪精,送入土中;祈请大圣北斗七星君解除信众三灾九厄、五苦八难。科演时,主持师身穿法衣,手持铃刀、龙角,先启师、请神、拜状，然后登上一张高台宣化文状，最后谢师退坛。

3. 午朝

当天的午朝是社公醮仪中最隆重的一次祭祀，故福首与所有科首都必须全部到场。仪式之前，先在科仪桌前安置一张供桌，桌上摆满香花、佛珠、手表、银圆、金首饰以及黑木耳、香蕉、苹果、蜜橘等供品。仪式开始，主持师先启师、请神、诵经，然后将供品一一敬献，集体三拜九叩后，主持师宣读黄簿，并把众人手中的香火收集起来，插入香炉，然后谢师退坛。

4. 鸿灯礼忏（做鸿灯）

做鸿灯是社公醮最重要的仪式之一。所谓做鸿灯，就是到社公庙前去演法驱邪、献供礼忏，以确保本社区日后安吉清泰、人丁兴旺，故仪式由两班道士分别在这两个自然村所属的社公庙前同时进行。

仪式之前，先布置场地：在社公庙的门额上张贴一张写有䨻䨻、䨻䨻、䨻䨻、䨻的花联（道士们称之为"雷令"），两边张贴 3 副门联："太上玄科安福主，老君法忏谢社神""千里来求吉庆多，万里灵坛镇三河""地星财六畜多生，天星财人丁兴旺"；社公庙前排满用桃木制作的五方把隘符、耕牛护身符及分别用红、黄、绿纸印刷的保安符、丰熟符、保六畜符；正对社公庙放科仪桌一张；桌子的左边放个圆形米斗，米斗正中竖一柄纸凉伞，伞下安社令神位（神牌正中直书一行"恭请本坊福主社令真官台前神位"，左右分书"文班""武烈"），神位前插七星宝剑一把，左右各插令旗一面（旗上画北斗七星），右边放一个装满白米的长条形礼盒。米斗、礼盒前供雷令、水丞、香炉、烛台。科仪桌下面放竹簸箕一个，簸箕里用白米排出八卦一道，八卦正中点七星灯一盏。另取雄鸡两只、新竹扫帚一把备用。

整场仪式包括请龙、散福、拜忏、敕符、出煞等项内容：

（1）请龙。亦即祈请五方龙神到位。仪式开始，主持师先在科仪桌前启师告神，接着率福首、科首、信士到社公庙背后的龙位上排兵、赞兵，以肃清周围环境。然后拜请天地诸圣、南星北斗、日月星君、五方五德星君、城隍、社令、三太祖师（指陈、丘、郭三位师祖，当地祀奉为福主老爷）、伽蓝、土地、五显灵王、天妃娘娘、福德正神、灶君老爷、招财童子、历代祖师、五方龙神到位，祈保（祈请诸神保佑合村四季瘟神、五瘴时气速走他方），就地呼龙（主持师分别请五方龙神，在场人则随声附和××龙神已到），杀鸡祭龙，行罡念咒，以示调动五方龙神，各归原位。

（2）散福。所谓散福，即主持人代表神明向在场福首、科首及信众播撒福种。是时，主持师回到科仪桌前，手端礼盒，一边唱赞"青帝龙神到东方，合乡清吉保平安；赤帝龙神到南方，金银财宝满千仓；白帝龙神到西方，五瘟都使走别方；黑帝龙神到北方，五色虫蚁土中藏；黄帝龙神到中央，人长千丁粮满仓"，一边向信众撒米。信众则张开衣襟，尽可能多地把米接到衣襟里。据说这些米均沾有福气，所以，仪式结束后须带回家煮成米饭，供全家人共同享用。

（3）拜忏。散福后，主坛师依科诵读"社公忏"，并先后念净心咒、土地神咒、天地神咒、土煞神咒。

（4）敕符。即道士通过一系列人为符号把眼前制作的五方把隘符、耕牛护身符、保安符、丰熟符、保六畜符变成灵物。是时，主持师先在符前行罡念咒，然后杀雄鸡一只，把鸡血滴在符上，并一边挽诀，一边敕符水，口中念念有词："此符一道化作十道，十道化作百道，百道化作千道，千道化作万道，道道有灵，道道有应。前门挂符收邪鬼，后门挂符斩妖魔。凡人看来是道符，魔鬼看见去无踪。"

据说经过这套仪式之后，所有符箓便变成了能够镇邪伏魔的宝物。于是，福首派人将五方把隘符钉到村庄四周的隘口上（其中，东方把隘符钉在了与杨梅村交界的三岔路口，北方把隘符钉在了与松井村交界的319国道上，西方把隘符钉在了与松林村交界的塘坑三岔路口，南方把隘符钉在了与朱溪村交界的三岔路口），耕牛护身符、保安符、丰熟符、保六畜符则分发给各家各户，让他们回家后分别挂在牛脖子上、贴在大门口、谷仓上及猪栏边上。

（5）出煞。出煞是做鸿灯的最后一道程序。是时，主持师先在社公庙前举旗招兵，行罡念咒。然后手持新竹扫帚，点燃后，立即向村外的三岔路口飞跑而去，信众们则燃起爆竹，在后面紧紧追赶。到达目的地后，主持师丢掉扫帚，脱掉外衣，打障诀从另一条路回到科仪桌前，谢师退坛。

5. 晚朝

当天的晚朝是整场法事的最后一个朝科节目，故仪式之前先要在坛前张挂起写有"合众清泰""五谷丰登""六畜兴旺"字样的花联。然后由三名道士身穿法衣，依科在坛前请神、行香、献供、走朝。献供时，还要加演"十劝酒"，以示大摆酒宴，礼谢诸神。

6. 行罡

行罡是社公醮最后一个晚上必不可少的科目。该科目由两名道士采用"杂耍"技法完成，具有很强的娱乐性。

仪式开始，两名道士先坛前启师告神、变身藏魂（即将现身变化为闾山祖师正身、王母仙娘正身，灵魂藏到老君衙内去），接着便依次表演起天竹、十八般武艺、翻三军、耍龙角、做邪魔、跳狮、游肠破肚、哪吒吞火、顶莲碗、打碗花、锁邪打邪等各种杂技节目，以再现闾山王母、三奶夫人随机变化成各种形象为村民驱邪打邪、消灾化厄等内容。

由于该节目在演出过程中既有许多惊险的杂技动作（如倒立、前滚、后翻、跳狮、顶火碗、打碗花），又有不少武术方面的功夫（如耍枪、耍棍）及魔术方面的技巧（如变纸条）和各式各样的滑稽表演（如装邪魔），所以特别能吸引观众，台下不时爆发出阵阵笑声。

7. 断后

所谓断后，就是要把周围的邪鬼全部赶出村，并隔断他们的退路，使他们永远不能再回到村里来作恶。

据说这套节目非常凶险，所以科演时，不仅要把场上所有的灯火都熄灭，而且除了主持师之外，其他人均不得发出一点声响，否则便会有生命危险。

仪式之前，主持师先在祠堂门口摆下五个小碗，接着杀雄鸡一只，把鸡血分别滴在五个小碗中，兑上米酒，然后吹角招请五猖五郎，名之曰"祭将"。

祭完将，主持师回到坛前启师请神，接着手举雷令，用高调分别念王母咒、老君咒、五猖咒、哪吒咒、沙王咒、玉皇咒、心经咒，以指挥五猖五郎带领兵将前去村中收邪锁邪。同时，以自身为圆心，在台上画一个圆圈，然后手端水丞为自己变身藏魂。藏魂之后，再取一床卷成圆筒状的草席，先变化为法棍，就地打邪；再变化成白马，夹在双腿之间。最后，左手拿一块用鸡冠血祭过的小桃符（名之为"断后符"），右手举一把新竹扫帚，点燃后，身骑"白马"（即草席）向村外三岔路口飞奔而去。事先经过挑选的两个青年则提着香烛、纸钱，点燃爆竹，在后面紧紧追赶。到达目的地后，主坛师丢掉扫帚，点燃香烛，杀鸡化钱，并把随身带来的"断后符"打入地下，挽障诀后再骑着"白马"从另一条路回到坛前，谢师退坛。

8. 送神

表演完"断后"，社公醮的任务便告完成。主持师开始逐个送神，并将祠堂内外的花联、榜文统统揭下，与剩余的纸钱、香烛一齐放入天香炉中火化。

（四）11月30日

一大清早，主持师与全体村民前往社公庙礼拜社公。早饭后，道士们起程回坛。

四、小结

（一）河田是闽赣交界上的一个乡村集镇，其自然环境、文化背景与赣南地区大体相同，故其民俗文化与赣南地区有许多相类似的地方。就民间神明崇信而言，这里也与赣南地区一样，在乡村周围存在着许多不同层次的神庙，其中最为普遍的，是以村庄（自然村）为单位建立起来的基础神庙，当地人称之为社公坛或福主公王坛，其主要功能是把守住村庄的人气和财气，确保村庄长久稳定的发展，同时在社会功能上也起到了调节村庄内各户居民相互关系的作用。除了基础神庙之外，在若干个相邻村庄之间，还共同建立起了一种区域性的神庙（如明光等村的八乡庵），这种神庙在客观上起到了把周围村庄联成一体，从而形成一个稳定的社区单元，以保证社区之内各村各姓人的感情交流，起到了维护社会稳定的作用。

除此之外，由于河田镇地处闽赣交界，所以其神明崇拜对象也明显具有多元化的特点。明光村的八乡庵就是一个非常典型的例证。在这个祭祀范围宽达8个自然村的区域性神庙中，作为村民们的共同保护神，除了农业社会普遍具备的龙神、米谷神之外，还有江西城乡人民共同崇信的许真君，福建沿海民众共同崇信的妈祖（当地又称"天上圣母"），闽西民众普遍崇信的定光、伏虎及当地人普遍崇信的郭、丘、王三将公王（当地人又称"三位仙师"），说明其作为边界文化，既有自身的地域性特点，同时又与周边地区的文化有着相互交流与相互间的融合，并使得这种经过长期整合的多元性文化得到社会的普遍认同。

（二）福建河田镇集中性的民间神明崇信活动，多半以打醮的方式进行。仅明光村，每年的醮事便有3～4次之多，其中3次以村庄（自然村）为单位单独举行，1次则在8个村内轮流举行。这几次打醮的时间，与赣南地区一样，多半选择在正月元宵节前后及五、八、十月进行，而这几个月又恰恰是南方农事季节最关键的时刻，由此而体现出南方农业社会祭祀活动的基本规律。有意思的是，明光村的这几次醮仪活动，均固定由两个不同教派的神职人员主持。其中，第一、二次打醮，为单纯的朝拜仪式，当地人称之为做古醮，所以仪式固定由擅长念经拜忏的香花和尚主持。而最后一次打醮（当地人称之为做社公醮或做福主公王醮）则被认为是一年中最重要的一场醮事，原因据说是经过了一年的时光，村民中难免会有人行为不端正，得罪神明，使神明意志涣散，不能恪守岗位，尽职尽力，甚而导致邪魔乘虚而入，危及村庄安全，所以必须聘请具有驱邪赶鬼、斩妖伏魔能力的闾山派道士来主持这场特殊的仪式，以便在礼谢、安顿神明的同时驱魔除邪，恢复与重建起一个新的神圣空间。

正因为如此，所以在两天三晚的社公醮仪中，道士们既安排了诸如请神、发表、念经、拜忏、朝科等一类常规性的礼仪科目，同时又表演了诸如跳海青、行罡、祭将、出煞、断后等一类具有激烈动作的驱邪科目，并以最后一天下午的"做鸿灯"及晚上的"断后"作为整场法事的高潮，从而体现出该仪式先祭后送、先礼后兵、恩威并施、破立并重的宗教行为特点。

（三）由于河田镇明光村属于单姓村，村民均为同一个开基祖繁衍下来的子孙，故村庄内集中性的醮仪活动均在宗祠内举行，经费亦由各房分别向住户筹集。表面上看，似乎宗族祭祀与村庄醮仪活动非常一致。但事实上，这两种祭祀在组织形式上却完全不同。其中，宗族祭祀所采用的是依照辈分与社会地位来分配祭祀权利，而村庄醮仪活动则采用了以抓阄方式来确定福首、科首，以平均方式来分享祭祀成果、分摊祭祀费用，从而体现出"神明面前村民人人平等"的较为公平、公正的原则。

（四）在河田明光村所举行的这场醮事科仪中，最能吸引观众的是那些夹杂着大量调侃语言、诙谐动作的戏剧性节目，如和神、跳海青、行罡等。其中，尤以行罡一科内容最丰富，动作最精彩。节目不仅广泛地运用了徒手倒立、前后翻滚、耍枪弄刀、吞火球、打碗花等杂技技巧，而且还赋予了这些技巧动作以贴切的宗教内容，如起天竺象征竖幡招兵、请将，耍刀枪表示锁邪打邪，耍龙角花象征祖师下坛，做邪魔、舞狮表示请麒麟狮子兵食邪、吞邪，打碗花象征翻坛破庙，变油条（当地又称游肠破肚）表示洗净污浊、脱胎换骨，如此等等，不一而足。这些科目的演出，不仅能使村民加深对宗教内容的理解，而且还可调整整场醮事气氛，体现宗教最原始的艺术魅力，使得以往处于文化贫瘠地带的山区村民也能在祭祀中享受到一点艺术的乐趣。也许正是这样，这类科目大多安排在夜间工余时间演出。

行罡，当地道士又称其为"孙悟空七十二变"。据称，这是闾山派道士独有的表演技巧（在赣南地区闾山派道士中也相传，闾山派道士之所以具有斩妖驱邪的能力，是由于孙悟空送唐僧到西方取经功成之后，观音介绍他向太上老君学法。孙悟空学成之后便把所有法术传给了闾山道士）。但随着时光的流失，这些表演技巧大多数已在闽赣两省的闾山派道士中失传。就这个意义而言，河田镇明光村举行的这场社公醮，无疑为我们进一步认识闾山教派的宗教文化历史提供了一份十分宝贵的活资料。

长汀妇女调查[*]

王园珍

在传统社会中,客家妇女不仅具有中国妇女的共同特点,而且有其独具的客家文化特色。本篇是对传统社会中的长汀妇女问题所做的田野调查报告。

一、长汀童养媳及婚姻形态

旧时长汀童养媳之风十分盛行,但童养媳的人数很难有准确的数字,在乡村的田野调查中,只要访问55岁以上的妇女,她们几乎都是童养媳。童养媳之风在其他地区同样也流行,但是社会上公认,长汀是童养媳之风最盛之地。所谓童养媳,就是抱养别人的亲生幼女扶养长大后,作为自己的儿媳妇。这种习俗一直延续到了20世纪七八十年代,至今乡村还有许多未婚姑娘是20年前抱养的童养媳。四都的琉璃村,全村100多户人家,家家都是童养媳,直到20世纪80年代才第一次从外村娶进一个非童养媳的新媳妇。

(一)童养媳的成因

现年82岁的汤华卿婆婆告诉我们,旧时女儿养大后嫁不起呀,因为陪嫁是一笔非常大的开销。城里嫁女儿要好几匹的绸缎、十几床的棉被,还要金银首饰,大户人家还有陪嫁丫头;农村嫁女儿要牛、绸缎、金银首饰等。有些家庭因嫁女儿而欠下沉重的债务,所以过去只有富裕人家才养大女儿出

---

[*] 原载杨彦杰主编:《长汀县的宗族、经济与民俗》(下),第920~956页。

嫁，一般人家女儿一出生就送给人家了。民国《长汀县志》载："城厢世族富家聘币多皆璧还，且广置妆奁，常有中人之产，因嫁女而罄者。"[①] 所以长汀城乡至今还流传这么一句俗话："娶了三次大亲，不富再无大富。嫁了三回大女，不穷永不会穷。"由于这个原因，"故城厢生女者多于分娩后与人抚养，外乡则多抱新产女孩抚为儿妇，此童养媳之所以独多也"[②]。

由于童养媳从小抱养，许多人家视之为将来的儿媳妇，因而视如己出，多加爱抚，不能一概说童养媳的命运悲惨。长汀县电影公司丘永和先生告诉笔者，她的妹妹一出生就送给农村人当童养媳了，父母马上又抱来一个别人的新生女儿当童养媳。父母认定童养媳是自家的人，于是送童养媳上学念书一直到专科毕业，现在是长汀县汀州医院的医生。而送到乡下的亲妹妹，现在是一个50多岁一字不识的老农妇。这很能说明问题。

（二）婚姻形态

童养媳长大后与儿子成亲，这种婚姻叫童养婚。大多数的童养婚夫妻感情一般，因为他们从小一起长大，没有婚姻自主的幸福感。少数童养婚夫妻是恩爱的，部分以离婚告终，有不少童养婚夫妻虽没离婚，但女的只是生孩子的工具，夫妻间没有任何的感情可言。在田野调查中，我们了解到非常多的这三种婚姻状态的童养婚，现举三例：

其一，南山钟屋村钟某现年61岁，他1岁时家中就为他抱了童养媳。钟某后来上学念书，在长汀一中以优异的成绩考取了上海复旦大学，毕业后分配在上海工作。为了不抛弃童养媳，他从上海回钟屋村结婚，后来又打报告要求调回长汀南山中学，当了一名中学老师。他说童养媳是一字不识的农妇，只会耕田，若调去上海怎么办？只有自己从上海调回来。现在他已退休，孩子都已长大成材，他与60岁的童养媳恩恩爱爱地在山村安度晚年。这是恩爱的童养婚。

其二，刘某自从参加工作后，工作上步步高升，后来当上了校长，于是抛弃了原先农村的童养媳，在城里组建了新的家庭。因他的童养媳一出生就送到刘家当童养媳了，与亲生父母只有道义上的来往而无儿女之情，所以离婚后只能留住在婆婆家，有了儿女又很难再婚，留在身边唯一的亲人只有带

---

①② 民国《长汀县志》卷十七，《礼俗志》。

大自己的婆婆，若婆婆一去世，刘某的童养媳只有孤苦终老一生。

其三，长汀县某乡书记和某局长①几乎是一样的童养婚姻，自结婚以来的 30 多年从没有和老婆讲过话，甚至夫妻间的事也只有用手暗示。老婆和他们说话，要么是不回答，要么就是一巴掌。后来他们的孩子都长大，夫妻也老了，孩子成为他们传话的工具。后来某乡书记得了肺癌（59 岁），某局长得了胃癌（57 岁），他们一直到病逝都拒绝农村的老婆到城里来照顾。

童养媳还有一类叫"等郎妹"。所谓等郎妹就是男孩还未出生，童养媳就抱来了，要等到将来男孩出生长大再配为夫妻。所以等郎妹都比男的大，有的大很多，既不像妻也不像娘，长汀有一首山歌："十八老妹三岁郎，端屎端尿抱上床。等到郎大妹已老，等到花开叶已黄。"② 等郎妹是传统社会特有的婚姻形态，女方常常心怀怨恨："十八老妹嫁的三岁郎，郎细妹大好比母子俩。日里背他上岭斫柴草，暗晡抱他睡目共一床。床上屙屎好比牛栏样，床下屙尿变成养鱼塘。今朝唔是看你爷娘面，一脚踢你见阎王。"③

二、长汀妇女的美德及劳动技能

厦门大学中文系教授郑朝宗先生在《汀州杂忆》一文中写道："我初次到长汀是在一九三八年的秋天……到县城车站时已是薄暮时分，昏黑中看见一种奇异的现象，就是车站上搬运行李的全是妇女。"郑教授在这篇文章中还写道："此地的妇女确实是勤劳的，一出郊区，在公路上熙来攘往、肩挑背负的，尽是娘儿们，在普通人家里，起早迟眠、包揽家务事的也是她们。这种妇女真可算得中华民族的'脊梁'。"勤俭持家、崇尚纯朴、衣食住行不追求华丽是长汀妇女的优良美德。在长汀城乡都流传着妇女的"锅头灶尾""针头线尾""园头地尾"的说法。

"锅头灶尾"是指妇女要承担全家人煮饭烧菜的任务，所谓的"妇女围

---

① 因为是真人真事只好隐其姓名。
② 长汀县民间文学集成编委会：《中国歌谣集成·福建卷·长汀县分卷》，1991。演唱者：宣成农民张道长，时年 84 岁。
③ 同上书。演唱者：三洲乡农民李老太，时年 88 岁。"唔"，方言，即"不"的意思。

着锅台转"就是这个意思。

"针头线尾"是指妇女缝补衣服、纳鞋底做衣帽、缝帐被等针线活计。

"园头地尾"是指种菜和耕田。"园头"是菜园子的意思,"地"是指农田。长汀民间流传着这样一首歌谣,十分形象地歌颂了妇女的美德。

> 勤俭布娘①,鸡啼起床。梳头洗面,先煮茶汤。
> 锅头灶尾,抹得光亮。煮好早饭,刚刚天光。
> 洒水扫地,担满水缸。未食早饭,先洗衣裳。
> 上山打柴,急急忙忙。养猪种菜,熬汁煮浆。
> 纺纱织布,不离间房。针头线尾,收拾柜箱。
> 唔讲是非,唔乱纲常。爱子爱女,如肝如肠。
> 砻谷舂米,冒壳冒糠②。人客来到,细声商量。
> 欢欢喜喜,乐道家常。鸡蛋鸭卵,豆腐酸汤。
> 有米有薯,计划用粮。粗茶淡饭,老实衣裳。
> 越有越省,唔贪排场。米房冒米,甘耐风霜。
> 捡柴去卖,唔留私房。唔偷唔窃,辛苦自当。
> 不怨老公,唔怨爷娘。人人赞誉,客家布娘。③

如上所述,长汀妇女的劳动技能主要有农田耕作技能、家务劳作技能和女红技能。

(一)农田耕作技能

1. 犁、耙、辘、锄

"犁"指犁田,长汀妇女会赶牛犁田是十分普遍的。有的女孩子十几岁就学会了使唤耕牛,犁田成为妇女农田劳动的基本技能。"耙"指耙田,这也是技巧性较强的农活,耙田主要用于灌水后将农田土打烂耙平,留待插秧。"辘"是指压平、压实秧田的专用工具,用一块长约1.5米、宽约0.3米、厚约3寸的硬杂木板,两端用藤或棕绳固定,连接到牛的牛压上,然后

---

① 长汀称妇女为布娘,据说这种称呼源于妇女织布。
② "冒"是长汀话,即没有的意思。
③ 这首民歌谣流传城乡之间,作者不详,载于《汀州客家》1993年第3期。

人站在厚木板上,手拿竹枝赶牛,"辘"过后的农田就可以开始插秧了。"锄"即用山锄挖旱地。旱地主要用于种粟、芋、蕉芋、宝粟(即玉米)等。以上四种劳动技能,是妇女们农田耕作中一定要掌握的功夫。

2. 莳、耘、割、晒

"莳"指莳田,即插秧,还包括拔秧。长汀妇女拔秧讲究秧根要齐,不能使根部七上八下,否则插秧不方便。拔了秧要扎成一小把,这个扎也有讲究,用一根稻草一绕一塞就完成,既要扎牢,又要一抽就能解开,不能扎死。妇女拔秧,每人一条平底秧凳,带上一把稻草。秧凳是拔秧的专用凳,因秧田是稀泥田,容易陷进去,所以秧凳的底部是一块木板,这样就不会陷入泥里了。妇女们坐在秧凳上,两只手左右开弓,一会儿就完成一扎。一个妇女从天一亮到吃早饭时,可以拔满一担(一担秧大约有80斤)。"耘",指的是耘田,长汀的耘田有两种,一种是用耙来耘田,另一种是不用耘田耙,而是用双手耘田。"割"是割禾,这是一种体力消耗极大的农活。"晒"是晒谷子,晒谷子最怕下雨,有时刚晒出去就下雨了,马上就得收起。刚收起来,天又晴了,又马上晒出去。所以长汀话说:"落雨天,累死晒谷嬷。"

3. 菜、瓜、薯、芋

"菜"指的是在菜园子种菜,长汀农村的男人从来不去种菜的。长汀农村主要的菜有白菜、芥菜、芥蓝、荠菜、萝卜、包菜等。"瓜"指种瓜,种瓜和种菜一样,也是妇女的专长。长汀的瓜主要有冬瓜、番瓜、藜瓜、瓠子、节节瓜、丝瓜等。"薯"和"芋"既是菜也是粮,过去长汀的稻米不足,每年只能种一季的水稻,所以要种薯、芋来补充大米的不足,有"薯芋半年粮"之称。种薯、种芋也基本上是妇女的活计。长汀的薯有"番薯""大薯""药薯"等。"芋"是芋子,分为早禾芋和大生芋两种。

(二)家务劳作技能

1. 煮粥捞饭

这是指三餐烧饭煮菜。长汀农村历来是捞饭,即在米将熟未熟时,就用竹制的笊箩将半生不熟的饭捞起,饭捞得太熟,会太烂,捞得太生了,又会太硬,因而捞饭是一门技巧,主妇们只要两个手指一捏就知道生熟。一般早上捞好饭后,留待中午、晚上两餐吃,捞饭剩下的饭汤就是早餐配地瓜最好的米汤了。

2. 洗裙烫衫

指洗刷一家老小的衣服及鞋子。妇女们一般都是在清早完成，即捞好早饭后马上就洗衣服了。

3. 头牲

"头牲"是长汀话对家畜家禽的统称，大多是猪、兔、猫、狗、鸡、鸭、鹅等，特别是喂猪，这是妇女一项十分繁重的劳作。首先是斩地瓜藤，一般全天的劳作都完了，男人们去睡了，妇女们这时就要斩地瓜藤了。斩好的地瓜藤还要煮烂，煮好一大桶，每天用来喂猪。猪是农村的钱罐子，是妇女们的劳动果实，许多家庭的日常开销，就靠妇女养猪来解决。

4. 砍柴斫烧

"斫烧"指割草，长汀乡间盛行烧大灶，大灶烧草非常旺，而且好烧。因此，割草和砍柴同样是少不了的，特别是农忙来临之际，如夏收割稻之前，都要提前割好大量的草晒干。砍柴割草都是妇女们的事，一般都是清晨就上山，午饭后才能回家。无论什么人家，开门七件事"油盐柴米酱醋茶"，其他的可以忍受一两天，唯独烧柴问题一天也省不了，因为不能吃生的。

5. 蒸酒、做豆腐

这两件是农家妇女特殊的本领，长汀农妇几乎人人都是行家里手。

蒸酒。长汀人饮酒是极普遍的，而做酒（即蒸酒）是妇女们的重要工作内容。一般家庭，一年四季都饮米酒。每户每年的酒要数百斤，如果家中有大事，如嫁娶、做寿、盖房，那酒的消耗就更大了，有的每年要上千斤，蒸酒要蒸好几次，才够开销。凡逢年过节、喜庆寿诞、婚丧嫁娶、宾朋唱酬、接风饯行、节日聚餐、盛会招待，都少不了要大量饮酒。"无酒不成席"，长汀人把喜庆筵席叫作酒席，办喜事请客称为"做酒"，可见酒在长汀客家人的日常生活中是多么重要。在各种礼仪交往、人情往来中，酒充当了重要的角色。长汀妇女会酿酒是生活的需要，当然长汀妇女也会喝酒。

长汀人蒸的酒称为米酒，也有人称水酒，蒸水酒的主要原料是糯米。蒸酒的做法是先将糯米放入水中浸泡10多个小时，然后捞起滤干，倒入饭甑内蒸熟，待降温至不烫手时，均匀地拌入酒饼发酵，再把拌好酵母的糯米饭装入酒坛。夏天气温高，发酵快，只要经过两三天即可成酒；冬天气候寒冷，发酵过程较慢，一般要经过十天左右才可成酒。

米酒可浓可淡，水少则浓，水多则淡，可根据各自的需要兑水调节，一般一斤糯米兑一斤左右的水,这种酒的浓度较高。没兑水的称为酒娘。如果一斤糯米兑水二至三斤时,酒的浓度就较低,称为"水酒",因为这种酒淡而甜,喝了可以消暑解渴。收割稻谷时,妇女们吃午饭经常将米酒倒入饭内,连酒带饭一起吃,十分过瘾。冬春季节,由于气候寒冷,人们又喜欢饮用"酒娘",酒娘比较浓烈,也更醇香,饮后可以驱寒暖身。长汀城乡,立冬后几乎家家户户蒸糯米酒,酒娘放入瓮内,待至冬至日兑入所需的水分。据说,冬至日添水,酒质佳,能长久存放。如把"酒娘"封缸保存一周年以上即成了美味醇香的陈年老酒。

做豆腐。长汀农户一年要消耗的豆腐也十分惊人,如遇上节庆、庙会,每户的豆腐都要上百斤,做豆腐也是长汀妇女的主要技能。大豆为长汀主要杂粮之一,以大豆制成的豆腐是长汀人日常生活中离不开的菜肴。对于做豆腐,妇女们颇为精通,且养成习惯,代代相传,几乎人人都会。尤其是每逢年节,一年一度的春节或是民间传统的节日来临,长汀乡村家家做豆腐已成为传统的习俗。做成的各种豆腐食品,如油豆腐、咸豆腐、豆腐线、熏豆腐、豆腐乳,除招待客人外,足足可以吃上几个月。

豆腐的制作方法是选择优质大豆,先用石磨干磨,除去豆皮,再通过水浸、磨浆、开水冲浆、过滤、煮沸、点卤。长汀豆腐的制法与其他地区不同,采用酸浆作媒介,制作时适当控制火候,用大瓢盛酸浆往豆浆中徐徐注入,使豆腐脑缓缓凝结。然后将豆腐脑舀入以白薄棉布垫底的木方格内,四角复包,再经滤压而成。因此,长汀豆腐鲜嫩可口,不酸不苦,用它制作的各种食品,如东坡豆腐、瓢豆腐、银荷包、豆腐饼、生尒满丸、徽州丸等,风味独特,久食不厌。用豆腐再加工的五香豆腐干,闻名中外,排在闽西八大干之首。

(三) 女红技能

这里说的女红技能主要指在传统的社会里,妇女们人人都会的做布鞋、刺绣和剪纸。农村的大人小孩、男女老少夏天大多打赤脚,冬天大多穿布鞋,这布鞋就要靠农妇们一针一线地纳起来。刺绣和剪纸都是长汀妇女们的手艺,具有很高超的艺术水平。女红技能中的缝缝补补这里就不一一介绍了,着重介绍做布鞋、刺绣和剪纸。

1. 做布鞋

从前妇女无论老幼大多擅长做布鞋,有的妇女一年要做十几双布鞋。布鞋分单鞋、棉鞋、水换鞋、布草鞋等。做法是:首先是做鞋底。用手量出脚底的长度,然后剪出纸样,并在上面铺上一层碎布上一层糨糊,层层垫上,用火烤干或太阳晒干,最后用鞋刀割去多余部分。接着用苎绳在上面一针一针地纳起来,称打鞋底。其次是做鞋帮,鞋帮包括面布和衬布二层,有的鞋帮绣有花纹图案或字体,较高档的以灯芯绒布做鞋面料。再次是绱鞋,单鞋将鞋底和鞋帮缝合起来即可。棉鞋则在鞋底上加一层棉花,再蒙上一块布,而鞋帮则在面布和衬布中间加一层棉花,缝合后即成一双棉鞋。最后用木头制成的鞋嵌,一块一块塞紧鞋内,并在鞋帮上喷水,一双布鞋即做成。将布鞋鞋底加厚,浸以桐油称"水换鞋",为雨天穿用。最具长汀特色的要数"布草鞋",对此下文将另作介绍。

2. 刺绣

刺绣是民间的传统工艺。妇女多能按所需花样自描自绣,刺绣品多用于婚娶陪嫁、儿童出生、满月、周岁馈赠,以及城乡妇女日用装饰,如帐眉、门帘、枕套、花鞋、围裙头、童帽、兜肚等。图案有人物、山水、花鸟、虫兽等,形态逼真,技术高超,有独特的地方风格。

刺绣工艺主要有三种:(1)单色绣。将绣品绷在绣花绷上或埋在手里,用单种颜色的绣线绣制。针法主要有包针、扣针、另梗、切针等,它的特点是操作自由,绣品具有清淡、素雅的艺术效果。(2)彩色绣。将绣品绷在绣花绷上,选择五颜六色的绣花线进行绣制,针法主要有散套针、斜针等,它的特点是用针细巧,线线均匀,善于表现图案的层次。(3)贴布绣。将边角布料刮浆、晒干,印上花纹,然后沿着纹边缘剪下,贴在绣品上,烫平再经珠宝针勾勒,并配以扣三针等其他针法绣成,它的特点是有大块面的色彩形象,花型活泼,牢度强,省工易做。

3. 剪纸

长汀的闺秀,六七岁开始学剪纸、绣花,出嫁时必须学会全部的技巧,成为世代沿袭的规矩。所以许多长汀妇女剪纸不用描图,拿起剪刀应手而成,剪纸的题材直接取自现实生活,或花草或鱼鸟,花样繁多。有用于装饰生活的,如门帘花、童帽花、枕头花、窗花、门花;有用于结婚的,如龙凤图、并蒂莲、喜鹊兰花、石榴柿子、高升枣子;有用于庆寿的,如寿桃、寿字、双龙戏珠、松鹤图、福如东海、福禄寿全;有用于升迁的,如财丁兴旺、双钱柿子、兰花石榴、四季平安等。

（四）农妇吴妹子一天的生活记录

地点：长汀县濯田镇南安村蓝星舜家

时间：2000 年 4 月 8 日

对象：吴妹子，女，现年 68 岁。她于 1943 年 11 岁时从广东潮州被人贩子卖到濯田南安，1953 年与南安村蓝元万结为夫妻，育有六子三女。丈夫于 1991 年因患食道癌去世。1997 年最小的儿子结婚以后，她的六个孩子分家。她在六个家庭中轮流供饭，现共有六个孙子、四个孙女、四个外孙子、三个外孙女。所有的孙子、孙女全部是她一手拉扯大，最大的孙子已经 25 岁，结了婚。她现在无论在谁的家中吃饭，背上总是背着最小的孙子，无论谁家的事她都做，无论是谁的衣服脏了，她拿来就洗。家庭中公共场所的卫生清扫总是她包了，她还时时关照已经分家立户的孩子们养的猪、鸡、鸭，有空还帮忙去浇菜、烧饭等。

早上 5 时 30 分左右，吴妹子起床，她轮到在大儿子家吃饭，大儿媳天不亮就到秧田拔秧去了，她一起来就帮儿子烧早饭。起火后，锅里放水、下米，忙碌了一阵（这时大儿子全家人也起床了，因今天要插秧，所以全部在忙着插秧的准备）。

6 时 10 分左右，吴妹子捞起米饭放在饭甑内。

6 时 30 分粥已煮好，舀入大钵内。将饭甑放入锅内蒸。

7 时左右，她收拾昨天大儿子全家的衣服放在木盆内，汲了水以后就开始洗衣服，并大声招呼大儿子全家去吃饭，吃好饭后好早些去插秧。

衣服洗了一半左右，她起身将鸡笼内的鸡放到屋前空坪上，并舀了一碗谷子撒到地上，鸡争抢着。随后又将一把昨天拔好的青草丢进木桶内，木桶内养着两只母兔。

约 7 时 30 分，她来到小儿子的房间，将小儿子的孩子（她最小的孙子）背在背上，又叮嘱小儿子一些什么话，听不清。接着开始扫地，从老屋的大厅、下厅、过道到门前的大坪，然后将垃圾倒到门外的垃圾堆里。

8 时左右，大儿子全家已吃过早饭去田里插秧了，全家只剩下她了，这时她提着半桶猪食去帮大儿子喂猪。之后，她才洗脸、刷牙、吃饭、洗碗，收拾好桌上的东西。解下背上的小孩，给小孩喂稀饭，然后又将小孙子背在背上。

9 时左右继续洗衣服，然后将衣服晒在大坪的竹竿上。晒过衣服后到各个儿子的猪栏里去瞧了一下，给猪盆内添了一些猪食。然后去菜园内摘了一些芥菜回来。洗好后的菜，放进厨房里。

这时已近 10 点了。她挑着尿桶去菜园里施肥、松土。随后到村里的小街上去买了 2 元的豆腐干回家，这是大儿子给她的钱，交代她买的。这时她解下背上的孩子，放在笼内（用竹子编成，专门给还不会走路的小孩站立的），撕了半块豆腐干塞在小孩的手上。

约 11 时，她将半脸盆的马铃薯仔细洗干净，这是中午要吃的。随后将饭甑从前锅端到后锅，并在后锅内放了一瓢水。开始生火、烧菜。中午的菜是马铃薯、猪肉片炒豆腐干、炒芥菜。饭做完后，已近 12 点钟了。插秧的已回来。她招呼全家去吃饭，并将小孙子送回小儿子处，交代小媳妇喂奶。

全家吃完后，她才吃饭。边吃饭边问秧田的情况，并对大儿子说，猪栏里的猪可以出栏了，再不出栏，就要亏本了。吃完饭后，她接着洗碗、收拾，这时已是下午 1 点多钟了。大儿子全家稍休息后又立即到田里插秧去了，而她则提了猪食帮儿子喂猪，又看了看其他儿子的猪栏。

下午 2 点左右，她坐下闭目休息了约半个小时。休息后她又到小儿子处将小孙子抱来，背在背上，拿了土箕到菜园旁边拔兔子吃的青草。回来后，早上洗的衣服已全部晒干。她收回、折好，放入大儿子的房间内。

下午 4 时半左右，她先后将大儿子和小儿子的猪栏冲洗干净，将猪关好并到其他儿子的猪栏去看了看。

将近下午 6 时，开始烧晚饭，将中午的捞饭蒸熟，又炒了一碗芥菜。大儿子全家插秧回来，秧田任务全部完成了。7 时左右全家吃晚饭，然后各自洗澡看电视。

晚上 8 时左右老人家最后洗澡，洗完后就去睡觉了。

三、长汀妇女的服装和发式

长汀妇女是很讲究"打扮"的。"打扮"是长汀客家话，就是服装、发式的装扮。长汀妇女在服装和发式上都有很明显的特点。过去大多以浅白、士林蓝、深蓝、黑色的服装为主，只有在走亲戚、赴墟、赶庙会的情况下才会刻意装扮自己。

（一）服装

1. 常穿服

大襟衫。长汀人称为侧襟衫，因为这种衣服是从侧旁上扣的。侧襟衫是旧时长汀妇女最常穿的上衣。从七八岁的小姑娘开始一直到辞世，侧襟衫几乎伴随了妇女的一生。衣服的颜色多以黑色、蓝色、士林蓝、宝蓝色为主。年轻女孩子特别是较富有的家庭或城里的，有青白蓝、粉红等颜色的侧襟衫。中老年妇女穿的大多为黑色和深蓝色，受清朝服饰的影响，在衣袖的袖口和袖中段配有条纹装饰，袖口较宽。年轻女子则袖口较窄。这种服饰一直沿袭到20世纪60年代中期。

妇女侧襟衫还有一种短袖的，以蓝色和浅白色为主。夏天时，年轻女子特别钟爱，因为比较凉爽。

内衣。都是用白棉布做成对襟布扣的无袖、无领的样式。和男子夏天穿的短褂相似，这种内衣显得轻松，方便，在家庭内穿无伤大雅。

裤。长汀妇女穿的裤是沿袭千百年的裹腰裤，长汀话称为裹裤头。这种裤较宽，裤头为宽约5寸的白布。穿的时候，将裤头拉紧，将宽余部分抓紧后反塞进裤头内，裤子就穿紧了。这种裤子旧时几乎男女都一样，因为不用裤带（过去没有皮带），所以世世代代受到欢迎，一直沿袭到现在许多老年人仍喜欢穿这种裤子。这种裤子宽大，穿和脱都极为方便。

还流行穿水裤，所谓的水裤，是用一块方形布对折成三角形，然后将三角形的角对准鞋尖，裹紧脚踝上，三角形的布边还锈有纹饰图案，这块方形布裹在脚踝，称为水裤。水裤的三角形露在裤脚边的外面，显得别具特色，这也是受了清代服饰的影响所形成的风尚。在长汀的边远山区，一直到20世纪70年代还有这种穿着的老年妇女。

2. 嫁衣

嫁衣分为红衫和红裙。红衫和侧襟衫的样式一样，只不过是用大红棉布做成（有钱人家也有用红绸布做），嫁女的衣边和襟边有绣花装饰，有的用另一颜色的布滚边，使得嫁衣别具风格。

嫁裙就是用红绸布做的红裙子，为窄腰宽摆的长裙。嫁裙的做法有特别的讲究，不能随意做，否则东家会不高兴。这特别的要求是，裙子的前片要折九道褶，后片也要折九道褶，寓意为"九九长"（"久久长"的谐音）。裙头一定要用白布做成，代表白头到老。

红衫和嫁裙，妇女一生只穿两次。第一次，出嫁那天穿红衫、嫁裙到夫家为人妇，然后就将嫁衣收起。第二次穿，是年老去世时穿。所以长汀许多老年妇女，在夏天翻晒嫁衣时，会特别交代儿孙，在她死后千万要记得为她穿嫁衣。

3. 尸衣

尸衣，长汀话称为"装死（人）的"，即死人服。长汀的死人服，男女一样都是上六下四，即上衣要六件，裤子要四件，共计10件。死人服用棉布做成，一律用布扣子或用布带子。上六下四之外最外一层男的是蓝色的长袍马褂，而女的则是出嫁时的嫁衣。

4. 长汀妇女三件宝

长汀妇女三件宝指的是凉笠、围裙、布草鞋。

凉笠。是用麦秆编成圆形，在正中间留有一个小圆洞，这个小圆洞是留来用竹签挑进头发里，使凉笠固定在头发上。凉笠的四周用四块长方形的各色绸布缝上，可以随风飘扬。这种凉笠成为客家妇女特殊的装扮。广东客家妇女的凉笠与长汀不同，它的周围围上一圈黑布，不如长汀的美丽飘逸。

围裙。长汀妇女的围裙也十分有特点，由裙头和裙摆组成。裙头为白底布绣花，花样大多为菊花、荷花、梅花等，有些还绣上"永结同心"的字样。裙摆大多为蓝布或天蓝色布。整个裙子稍短，裙摆约1尺长。裙的系脖绳和腰绳是银链子，脖围用4根银链子，腰围用4~6根银链子。长汀妇女系上这种围裙显得特别俊秀，同时又有一种豪华的感觉。这是长汀妇女特有的，其他各县均用布带子做绳。围裙伴随长汀妇女一生，成为其十分重要的物品。长汀的女孩出嫁，在众多的嫁妆中，一定有这种银链子的围裙。由于围裙别具一格的装饰效果，长汀妇女们不仅在劳动生产时系围裙，在赶墟、进城里时也爱系上一条新围裙，以展现自己的美。

布草鞋。顾名思义，布草鞋是用布做成的草鞋。鞋底是布纳的千层底，鞋后跟用两层夹布做成，鞋头是用一寸宽的布带，做成五瓣，然后用布带串起来扎紧。布草鞋相对于麻绳草鞋就显得豪华多了，所以平常串门、赶墟、回娘家等穿上布草鞋是很常见的打扮。这种布草鞋既可包住脚后跟和脚掌五个脚趾，又通风凉快。

凉笠、围裙、布草鞋成了长汀妇女典型的装饰，只要看见这种装扮的女人，便可以断定她是长汀的客家妇女。

(二) 发式

长汀妇女的发式很有特点，具有闽西山区浓郁的地方特征。

十六岁以前的女孩，即未婚妹子，一般梳的称为妹子头，是留长发。一种是编成一根长辫子在脑后，另一种是用一根红头绳扎起。前面留有刘海，长汀人称为洒发子。结婚以后就要盘髻了，在长汀流行的有船形髻、螺髻、长髻和圆髻。

船形髻。从脑后跟向上盘起，长 20 余公分，髻中间是红头绳扎的一根髻芯，两头微翘，形状像一只小船，故而得名。梳船形髻的大多为新婚的女子和少妇，这种髻特别美观大方，使人显得很精神。这种髻形多流行于城关、大同、新桥一带。

螺髻。也是从脑后跟梳起，下面较大且圆实，上面为尖形，螺髻中间还扎着一根红绳，形成一道凹坎，和田螺极为相似，因而称为螺髻。螺髻主要流行于三洲、河田、濯田、南山等乡村。

长髻。长汀话称为梳长头。髻子长约 40 公分，从后脑中间梳起，一直搭到后背。因这种髻较长，妇女挑担时，为了不被扁担压坏，必须将髻拨到扁担之外。这种髻子一般用黑色纱罗布包裹，有些妇女为了省事，就直接用长筒袜子的上半截套起来。梳长髻的大多为农村妇女，馆前、庵杰、涂坊、宣成、古城等乡镇的妇女特别盛行。

圆髻。亦称菊花髻，长汀话称为梳圆头。因为是圆形的，盘在脑后，所以称为圆髻。凡是梳髻子，都要用五根银簪，有些人用五根叉子叉住。五根簪子插上后，形态像一朵菊花，因而得名菊花髻。菊花髻在城乡都流行，而汀东、童坊、四堡的妇女，五根银簪比别处都长，特别显眼。

以上四种长汀妇女的发式为通行的主要发式，但无论是梳船形髻还是圆髻，一律都要在头发上抹油。这种油不是食用油，而是将一种称为油皮树的树刨花放在碗中用清水浸泡，便会产生一种黏液。妇女们就将这种黏液用手均匀地抹在头发上，使头发显得乌黑发亮，同时又不粘灰尘，配上各种的髻形，显得十分精神。

长汀中老年妇女还盛行包头，所谓包头，就是用黑罗帕从前额开始，包到后脑根，头顶部的头发不包住。涂坊、宣成一带的老年妇女通常是戴帽，所谓的帽是没有帽顶只有帽檐，像一个箍，要留出头顶的头发。而红山一带农村妇女，却包尖顶头帕，将整个头发包住，头顶为尖形，在头帕的两角挂上红球作为装饰。

长汀城 80 多岁的毛星老先生，特意写了一首《汀州客家发髻歌》①，写得传神、逼真，现全文抄录如下：

荜路桃弧辗转迁，客家南来逾千年，
发髻足证中原俗，古风犹留建国前。
螺形美髻是唐装，盛行河田三洲乡，
髻尖高耸凤首上，发梢绾在后颈旁。
螺髻长卷不裹头，唐宋诗人多赞扬②，
时人不识真学问，误将古俗当奇装。
四堡发髻似菊花，锃亮银簪满髻插。
发型传是畲民俗，也是客家一枝葩。
闺女出阁有新装，梳头开面有宾娘，
凤冠霞帔暂时扮，髻形平日不流传。
时代前进改习尚，妇女不坐深闺房，
梳装绾发求简便，劳动自有新样装。
城乡梳头喜长形，发根先绾长髻芯，
发尾绕成小船样，嫌少假发添两根。
长头发网将髻罩，露出中间长髻芯，
髻顶钗名桨杯子③，髻尾簪像如意形。
中间钗子调羹样④，金银有别见富贫，
各色发绳分礼制，寡妇不扎红头绳。
青年妇女爱圆头，发根先扎短髻芯，
发梢盘成满月状，网上横插长调羹。
老妇发少难打扮，将就梳个鲍鱼型，
特制发网将髻笼，上插一根髻钗银。
菊花圆头后来兴，简便雅致赶时新，

---

① 载《汀州客家》，1993（6）。
② 唐诗人白居易、皮日休，宋代苏轼，均有《螺髻》诗。
③ "桨杯子"，长汀话，即划船的桨，形容髻钗的形状。
④ "调羹"，长汀客家话，即汤匙。

既无髻芯长调羹，亦无畲髻满头银。
只将发根绳绾住，长发盘成正圆形，
秀发全在髻网内，中间一颗菊花芯。
四周珠哩针四枚，代替髻芯保髻形，
许是清末新式样，民国时期最通行。
乡村农民劳动忙，哪有功夫讲排场，
随手扎个蝌蚪髻，人前行走亦风光。
满清改革剪辫子，革命军兴剪髻忙，
抗战初期赶潮流，来城妇女亦新装。

四、长汀传统的生育习俗

长汀妇女生育有许多习俗，大致有怀孕、催生、生孩子、坐月子、报喜、出愈、满月酒、开荤、剃头、安名、百日、过际等。长汀人十分重视添丁，生育是人生大事，因而有许多的禁忌和烦琐的礼节。

（一）怀孕

妇女怀孕，俗称有喜，长汀话称有身妊、有哩子等。儿媳妇身上有喜，做公婆因期望早抱孙子，特别欢喜。做丈夫的也是同样的心情。一般都注意保护，尽量不让她做过重过累的活，在饮食上给予营养品滋补。

婴儿出生前，家中要事先做好几项必要的准备工作。一是先酿好糯米酒，把酒倒入陶瓮中，再将陶瓮埋入谷壳火堆中慢慢将酒炙得沸腾；二要准备好相当数量的姜，先把姜洗净晒干，再用花生油将晒干的姜块炸透后，碾成姜末，装入陶罐中备用；三是要多养一些鸡。以上是供产妇坐月子时，煮姜酒鸡、姜酒蛋吃，也是长汀妇女坐月子时最重要的传统营养品。当然这些都要视家境而定。

怀孕的妇女被称为四眼布娘，接亲时新娘忌撞见四眼布娘。[①] 孕妇也不能随便去抱或抚摸别家的孩子，这叫撞四眼，会使小孩夜卧不安宁，认为会争花。

---

① 布娘是长汀对已婚育妇女的贬称呼。因为怀孕妇女体内的胎儿也有两只眼睛，故称四眼布娘。当地人认为四眼布娘是很凶邪的，接亲时忌遇见四眼布娘，否则会带来是非、夫妻不和。

家有孕妇，还有诸多忌讳，如不宜在墙上打钉子，意在会"损丁"，因"钉"与"丁"同音。孕妇忌在夜间外出，夜间鬼煞出没，怕胎儿之神抵挡不住鬼煞的邪气，触犯则会导致胎儿流产或难产。

孕妇如果过分劳作或行动失慎跌倒动了胎气，或感到身体不适时，应该及时设法安胎，其方法有如下几种：一是买来安胎符放在身上、床上或棉被下，二是把安胎符烧了撒在蚊帐上，三是黄昏采附子煎蛋服用。

(二) 催生

顾名思义就是催孕妇生产。这个习俗在许多地区并不存在，长汀却十分盛行，是娘家为怀孕后的女儿生育所不可少的礼节。出嫁了的女儿怀孕后，母亲就会探问女儿是哪月怀孕的，这样就可推算出临产的月份。孕妇临产的那个月叫足月，母亲及亲朋好友就要在足月的那个月为孕妇催生。长汀话的"生"与"三"同音，因此催生的时间便是该月份（足月）的初三（长汀习俗正月不催生，如孕妇在正月生孩子，则提前一个月即十二月催生）。到了这一天，母亲为女儿送去鸡蛋、毛芋子、地瓜粉、方形猪肉一块、孩子衫裤，亲戚朋友送蛋（一般为19个或29个）、粉干，一起到孕妇家，这就叫催生。煮熟的鸡蛋和毛芋子很容易剥皮，母亲希望女儿生孩子就像剥鸡蛋和毛芋子一样便当顺利，不要难产。孕妇家于当天中午设宴招待，以表谢意，称催生酒。催生体现了对产妇的关怀和所寄托的美好善良的祝愿。有趣的是，如果初三催生了，产妇还未生，那么十三日那天娘家备办礼物第二次去催生，又还未生，二十三日还要再催，这两次礼物从简，仅备猪心、蛋、米粉即可，一直到产妇生下孩子为止。

(三) 生孩子

长汀形容妇女生孩子是"锅沿上跑马"，是极险峻的人生大事，尤其在封建社会由于医疗技术落后，许多产妇因难产而死亡，所以生孩子是妇女人生的一大关口。从前妇女生产是请接生婆到产妇家里接生孩子。一般在床上生产，也有的是在床前的踏脚板上。忌产妇在娘家生产，也忌在其他人家生产，怕婴儿带走福气。长汀话称刚生下的孩子为"赤孩子"，即赤条条的孩子。孩子生下后，家里即用三牲、香、烛、喜炮供奉祖先，左右邻居听到喜炮声就知道某某家的媳妇生了儿子。长汀人称胎盘为胞衣，胎盘用纸包好，装入小瓦罐内，长汀人将这个小瓦罐称为胞衣坛子，埋在家宅旁边的土里，要埋得深，避免让狗吃掉。长汀人称自己的出生地为"胞衣迹"，即是这个意思。

生产时如遇难产，家里人就将装有水和杀猪刀的脸盆置于产床下，也有的是朝床下打铳，用以辟邪。

以前由于卫生医疗条件落后，许多妇女因难产而母子双亡或月内死亡，此种情况俗称落月。死后不能开孝，用白木棺材（即没有油漆的白木板棺木，俗称火板子）殓好即抬上山埋葬。葬后还要在坟前用竹木钉十字架，坟边撒了棉籽，以示这是"落月鬼"，不准再超生。认为这种死者冥冥九泉之下还要坐血盆受罪，同时要在本屋内寻找一孕妇做替身，她才能投胎出世。如此循环，使人害怕。如果是母死子生的情况，加用稻草捆扎成小孩状，并穿上小孩衣裤，随死者入棺同埋，也有的在其坟边放一块长条的石块，意为有一个孩子已伴其阴间，不要再思念自己的孩子，更不要将婴儿带走。

（四）坐月子

也叫做月日。妇女产后一个月称做月日，房间称月日间，又称恣间，一般人不轻易进入，做丈夫的从生孩子到满月都不进入月日间。为避免婴儿患七招风病，在月日间门上挂渔网、男人的裤子、通书辟邪。婆婆为照顾产妇和婴儿，晚上往往与媳妇同睡，日夜照顾她。做月日期间，产妇要扎头帕，贴头风膏药，要保暖，即使炎夏之季，也不能打扇子。切忌洗头发，认为洗发会得头风。也不刷牙，只漱口。不得洗生冷水，洗澡要用草药煮开水，放凉后再洗，以防受风。要将煮过水的草药渣抛到自己屋上去，不得乱抛在垃圾堆里。产妇未满月前，不得吃青菜和生冷及酸的食物。早上和中、午二餐主要食糖姜米骨饭（用红糖、姜末、猪油、酒娘炒米饭、炒线面等食物，家庭境况好的还吃糖姜蛋、糖姜鸡等），以滋补身体。

用米酒炒糖姜米骨、糖姜鸡或糖姜蛋滋补身体，这是长汀的一大特色。这大概与水土有关，需要此种饮食疗法，故代代相传至今。

（五）洗三朝

婴孩生下第三天，由祖母或请有经验的妇女替婴孩洗澡，将遍身胎垢擦洗干净，名曰洗三朝。洗时浴盆内放红蛋2个，猪胆1个，用浴水轻轻地抹在婴儿头上、背上。洗浴时还要念洗浴童谣："洗浴洗滂滂，滂水大，滂水长，滂水大了做官长""洗浴先洗头，洗到老妹（指婴儿）白须并白头；洗浴先洗背，将来老妹得人爱"，这些洗浴童谣至今许多老年妇女还记得。

三朝命名，即婴儿出生三日为之安名。婴儿出生，父母一般都要替他（她）请算命先生查八字，看看婴儿的五行、财星、文星、官星、犯忌等。

命名原则有三：一是根据姓氏中房系的排列字辈。二是根据婴儿出生年月日时五行情况。缺哪一行，则须在名字中补足，如缺水，则须考虑取带水的名字。三是贱称或祈求神灵的保佑。长汀有为孩子取贱名的习俗，孩子起名越贱越好带。

(六) 安名

传说古树都能成精，故有樟树精、柏树精、柳树精的说法。一些人生的孩子，契树帮子，故取柏生、松生、樟树等名，女孩取樟树妹之类的名字也很多，认为这样可以让孩子顺利地长大成人。

人们称妈祖为"妈子娭娌"。旧时许多家长给孩子取名要契一个"马"字，还有取名观音妹的，等等，意即请妈祖、观音庇佑，孩子快长大。名字取好之后，用红纸写好贴在神龛旁"天子壁上"，文曰："×××得（长、次、三）×男（女），敬告天地祖宗取名×××。祝曰：(写吉兆语，如'长命富贵')。"长汀为孩子取名大多取两个名字，一是三朝名，这是查八字得的名，一般在家中使用；二是读书名，是按辈分取的名，这是正式场合中使用的名字。

(七) 报喜

又称报婆婆，即报外婆，长汀称外婆为婆婆，这是必不可少的礼节。产妇生了孩子半个月之后，就要向娘家报喜了！报喜时用大扁篮挑着活公鸡一只、煮熟的糖姜鸡一只、糖姜蛋、三牲、香烛、喜炮、红蛋以及用地瓜粉做成的大肉圆。三牲、香烛供飨神明祖宗，红蛋及地瓜粉肉圆由娘家再分给亲戚们，亲戚们收到了红蛋及肉圆自然也就知道某某家添了公子或千金。外公外婆家回送活鸡和三牲的一半。

(八) 送姜酒

一般亲友在婴孩出生半个月后，开始送礼物，通常是布三尺（乡间二尺）、线面、鸡媛或鸡蛋，以前还有送酒，长汀将这个礼节俗称"送姜酒"。生孩子家要煎三个糖姜蛋款待每个前来送礼的亲友。

(九) 出愆

长汀习俗认为，产妇身上会有愆（愆即罪过、过失），所以产妇的房间称愆间，满月那天为产妇出愆日，比较讲究者选一个好日子出愆。那日由婆婆或妯娌将月日间的被子、蚊帐清洗一番。做母亲的挑竹篮（为竹编长形篮，三层，每层可放各种东西）担礼物送给女儿。一头的底层是69个鸡蛋，中层内放的是猪肉，上层有婴儿的衣帽鞋袜、裹衣子、背带；另一头的下层是一只活公鸡，中层是一把酒壶（用陶制成，口较大），酒壶内放有煮熟的鸡媛，上层放有女儿的衣、裤、鞋、袜，称出愆衫。产妇和婴儿在那天洗过澡后换上母亲送来的出愆衫即为出愆。出愆后丈夫可以和妻子同住一个房间。

（十）满月酒

这是诞生礼仪中最为隆重的一节。婴儿出生满月了，外婆要送风衣、毛衣、棉袄、银手镯、铃铛、项圈以及长命富贵银锁（玉锁）、衣服等。较疏的亲朋则送红包，红包上写"弥敬"或"弄璋之喜"、"弄瓦之喜"、"麟趾呈祥"、"金相玉质"、"长命富贵"等吉利话，作为与婴儿见面的见辈礼。这天，亲戚朋友都要前来祝贺。宴席上推外公外婆首席和第二席，第一壶酒是配上红糖、姜末的糖姜酒，所以也称请姜酒，酒席菜肴的丰盛数量除与其他喜酒相同外，还增加了糖姜鸡、细面，给每位赴宴者三个红蛋，称三样点心。长汀习俗，在这一天要让一位半大孩子背着婴儿撑起一把雨伞从后门出前门进，大人跟在后边用柴刀在其脚后比画，边比画边说"老鹰拉稀屎，老妹子（指婴儿）拉硬屎"，祈求小孩身体健康。

（十一）开荤

婴孩长到一百天时，长辈要为他（她）开荤，开荤的食物因男女性别不同而异，一般是"男子开荤阔嘴巴"，指的是鱼；"女子开荤鸡羽巴"，指的是鸡翅膀。将鱼或鸡蒸汤，将蒸好的汤给孩子服下，这样就算开了荤了。

（十二）过际

长汀称孩子周岁为过际，亲友要送鞋帽、衣服给小孩。鞋子多自己用布制作，叫软底鞋。孩子家中则要办酒席宴请亲友，叫作过际酒。这天上午会在婴儿面前摆放很多东西，婴儿抓什么就预示婴儿将来从事什么职业。如抓到笔，说明孩子将来会读书；抓到算盘，说明孩子会算数；抓到秤，说明孩子会做生意。

（十三）换牙

小孩长到六七岁时乳牙掉落换新牙，脱落的下牙要丢到屋顶上去，丢时双脚靠拢整齐，说道："乌哩公，乌哩嬷，金牙搭你换银牙。"若是上牙，便要丢到床下，丢时双脚靠拢整齐，说道："老鼠公，老鼠嬷，金牙搭你换银牙。"认为这样处理了，再长的牙齿才会雪白整齐。

五、长汀客家妇女与客家山歌

长汀是著名的客家山歌之乡，在福建省享有极高的声誉。长汀的客家山歌《风吹竹叶》《韭菜开花》早已流传全国，甚至在国外也有影响。作为百姓表达喜怒哀乐、抒发感情的一种重要方式，这些客家山歌反映了长汀传统社会的社会生活、思想感情和劳动情景，诉说了长汀百姓在传统社会中的痛苦生活，抒发了对美好生活的追求和向往。

长汀有一个很特别的现象，就是演唱山歌的大多数是妇女，虽然有的男人也会唱山歌，但在唱山歌的人中只占少数。我们采访过程中所接触到山歌手中，如陈长长（女，四都镇同仁村农民，67岁）、曾炳莲（女，童坊镇大埔村农民，50岁）、钟桂英（女，古城镇上街村农民，77岁）、胡菊英（女，童坊村农民，50岁）、李元元（女，馆前汀东村农民，44岁）、董三金（女，馆前汀东村农民，50岁）等都是女性。男的山歌手少得多，而且即使找到男山歌手，也不像女山歌手可以连续唱几十首、上百首。

为什么会形成这种现象呢？笔者经历过一件事，觉得很能说明问题。1993年长汀县举行汀州建州千年庆典，在大型的文艺晚会中要安排一个唱客家山歌的节目，因找不到男歌手，只好找中学的男音乐教师来学，因为他们有音乐基础很快就学会了。结果发生事情了，长汀二中某音乐教师的妻子（农村人）听到丈夫要唱山歌，说什么也不让丈夫唱。县里的有关领导到她家做思想工作，想说服她，并说明山歌的内容是好的、健康的，谁知她说："唱山歌的男人都不是正经的男人，正派男人是从不唱山歌的。"她还说，如果要她丈夫上台唱山歌，她会冲上舞台把丈夫拖下来。为了表明她的决心，她说："我说到做到，你敢去唱，我就敢冲进去闹。"

从这个小插曲中我们似乎可以了解到，男子汉唱山歌是不成体统的。长汀男子唱山歌的少，很可能这是原因之一。当然还有是男人外出多、唱山歌的机会少等原因。上山割草、砍柴也几乎全是女人的活计，男人不上山割草、砍柴，所以男人唱山歌机会要少得多。

正因为长汀客家山歌大多数是由妇女们唱的，所以长汀流传的山歌也大多是妇女们的苦情歌、媳妇歌、怨娘歌、劝郎歌、十二怀胎歌、送郎歌等，并成为长汀客家山歌中的精品。

（一）长汀客家山歌的特点

第一个特点，就是长汀客家山歌具有天放的特点。所谓天放，即不受约束、无所不放。

第二个特点，长汀客家山歌具有浓郁的地方色彩，它用长汀客家方言演唱，押韵顺口，言简意赅，富有生活情趣和乡土气息。长汀山歌大量运用比、兴的手法，从极为普通的事物引申出深刻的道理，如"米筛筛米谷在心，有心恋郎心要真""红米煮粥满锅红，两人合意不怕穷"，等等。此外，还大量运用比喻、夸张的手法，使许多抽象的事物变得具体，把看不见摸不着的虚的东西变成了具体形象的东西。例如，男女两个准时来约会，女方会用山歌唱"老妹好比量天尺，哥哥好比时辰钟"，尺和钟都是准确的计量、计时的工具。再如，女方夸张形容男方"牙齿好比高山雪，眉毛边比两只龙"。

第三个特点，长汀山歌都属于随口唱来，用身边接触的事物如劳动工具、爱情信物、家庭生活用品、田野植物、天上地下动物作为创作的材料，随手拈来，妙趣天成，十分自然贴切，于朴实无华中展现出千姿百态的形象。在采访中接触的那些女山歌手都不识字，她们完全凭记忆，而且张嘴就唱，一口气可以唱几十首，令人佩服。当问到有无歌本时，她们说："从来没有山歌本。"在采访中，我们也从没有见过她们有什么祖传的歌本。有时在文化站见到一些手抄本，那也是解放后文艺工作者下乡采访记录下来的。

（二）长汀客家山歌的种类

第一类是情歌。情歌是长汀客家山歌中数量最多、特色最鲜明、最大胆泼辣直抒情怀的山歌。我们十分佩服长汀客家妇女在情歌中表现出来的对爱情的敬慕、向往。长汀山歌中的情歌有初识的，有盘问的，有赞慕的，有相思的，有结婚的，有送郎的，有思恋的，有逃婚的，可以说爱情的各种状态都可以在长汀山歌中找到。举例如下：

新买凉笠一个窝，戴起凉笠探亲哥。
亲郎探妹十八岁，老妹探郎二十多[①]。
——演唱者：胡菊英

---

① 老妹，即妹妹。

砍柴要砍向阳山,贪它燥来贪它轻。
恋郎要恋读书子,贪他有才贪他精。
　　　　——演唱者:胡菊英

十八亲哥笑融融,肉色笑起石榴红。
牙齿赛过高山雪,眉毛赛过两只龙。
　　　　——演唱者:钟桂英

竹篙晒衫一展平,郎打官司妹做呈。
郎坐班房妹送饭,官司了哩哥妹又来行。
　　　　——演唱者:陈长长

行路要行路中心,两边大树好遮荫。
保佑千年树唔倒,哥哥万年唔断情。
　　　　——演唱者:陈长长

讲哩要恋就要恋,唔怕大人在面前。
杀头好比风吹帽,坐牢好比玩花园。
　　　　——演唱者:胡菊英

有心恋郎我敢当,不怕颈上架刀枪。
做哩锅头不怕烧大火,做了笊箩唔怕滚粥汤。
　　　　——演唱者:胡菊英

周二三月种豆角,五黄六月才有着。
百样事情妹不想,只想同郎配公婆。
　　　　——演唱者:李元元

吃唔愁来着不愁,只有情哥挂在妹心头。
好比拿个锁扣子,下下扣在心肝头。
　　　　——演唱者:朱义哩

清明到哩谷雨边，百样种子落了田。
深山鸟雀来配对，哥妹两个结姻缘。
　　　　——演唱者：陈秀金

第二类是苦情歌。"苦情歌"实际上是生活歌里的一部分，但由于苦情歌大多是表现旧时妇女的凄苦生活，而且很有特点，经常引人落泪，因而单独作为一类。现在农村还有些老妇相聚一起，无事可做时，就会极力动员会唱山歌的妇女："快！快！唱一个苦情歌来听！"所以"苦情歌"和"情歌"一样，是千百年来客家妇女给它归类，并且给它定名的。而其他的如生活歌、时政歌、劳动歌等是专家、学者给它分类并定名的。

苦情歌的内容非常广泛，有生活不平等歌，有童养媳歌，有等郎妹歌，有寡妇歌等。这些山歌集中反映了旧时男女不平等、女人无地位以及封建礼教给妇女带来的苦难。旧时妇女有苦无处诉，她们就只好在山头劳动时，姐妹互相吐出自己的苦水。因此苦情歌历来受到妇女的欢迎。举例如下：

石上割草石下坐，做人新婢受气多。
三餐冒个好面目，目汁淘饭食得多。①
　　　　——演唱者：陈长长

柑橘子，柑盘篮，做人新婢好为难。
三餐吃饭三餐骂，目汁淘饭吃到完。
　　　　——演唱者：刘桂秀

果子好吃岭难上，锁匙好带家难当。
留得油盐米又冒，样般喊妹有风光②。
　　　　——演唱者：陈长长

第三类为反映日常生活的歌。这类歌反映了生活中的方方面面，富有生

---

① 新婢，即童养媳。目汁淘饭，即用眼泪配饭吃。
② 样般，长汀客家话，即"怎样"。

活情趣，如《绣荷包》《绣香包》《怀胎歌》《女儿闹嫁》《十二月花》《后悔歌》等，都是生活中的好山歌。例如：

　　石子砌路一展平，哥哥唱歌出了名。
　　南京唱到北京转，上上下下唱出名。
　　　　　　　　　　——演唱者：赖七七

　　一绣香包初起头，十人见了九人谋，
　　看我香包绣得好，几多情意在上头。
　　二绣香包姐在房，一心绣起送情郎，
　　绣起麒麟对狮子，绣得金鸡配凤凰。
　　　　　　　　　　——演唱者：刘祥美

六、妇女在家庭中的特殊作用

　　长汀有一句老话："没了布娘散哩家"，意思是说家中若失去了女人，这个家庭就会散掉。长汀还有一句老话："赚钱靠爹哩，扶家靠布娘。"这句话的意思是钱靠男人去赚，扶持整个家庭要靠女人。长汀的这两句老话充分说明了妇女在家庭中的重要作用。

（一）第一个例子：家族传承中的爱情牺牲

　　这里说的家族传承并不是单指妇女为家族生儿育女所承担的天职，而是指在许多非正常的情况下，特别是家族面临消亡绝代的紧要关头，妇女以极大的牺牲和勇气，挽救了家族濒临消亡的危险。这一类的例子在长汀县比比皆是。尽管在旧时代并没有计划生育这一说，但总有些家庭只生了女孩，没有男孩，在通常情况下这些家庭会去买一个男孩来传宗接代。但也有不少的人家并不去买男孩，而是等女儿长大后招一个男的进家门，北方人称为入赘，长汀人称为撑门棍。这些招赘的家庭就是靠女的来传承家族。在田野调查中，我们了解到一位女性李氏，她逝世于1995年，时年83岁。她刚出生就送给长汀策武乡南坑袁家当了童养媳，17岁时还未圆房，袁家18岁的独生儿子得病死亡。后来她的公公、婆婆也相继去世。李氏只身来到长汀城帮人洗衣服为生，20岁时抱养了一个才出生五天的女婴，取名袁妹子。拉扯到

18岁，招赘了一个河北保定籍在汀当兵的青年魏××，结婚时李氏申明，凡生男孩一定要姓袁，生女儿可以姓魏，魏××无异议。随后袁妹子与魏××共育了三男一女，三个男孩全姓袁。现在三个男孩早已成家，组建了三个袁氏家庭，又育了三个袁氏孙辈。李氏逝世时，送葬的有魏××夫妇、三对孙子孙媳夫妇，又有3个重孙。一个濒临消亡的袁氏房系，竟靠一个从未生育的李姓童养媳延续传承，并得以壮大。

(二) 第二个例子：感天动地的母爱

三洲乡现年95岁的戴丘氏老婆婆，现有儿、孙、重孙共计18人。她是三洲乡丘姓人的女儿，生下后就送给戴姓人家做童养媳，长大后成了亲，因此她得名戴丘氏。结婚后生下了三个儿子，又抱养了三个童养媳，共有6个小孩。1945年秋天，30多个土匪抢劫三洲乡，三洲的男女老少都逃到山上躲避。戴丘氏的丈夫重病在床奄奄一息，最大的儿子才12岁，二儿子9岁，三儿子才5岁，三个童养媳年纪更小。戴丘氏知道自己跑不过别人，她更不能丢下丈夫和孩子去逃命。于是她煮了满满一饭甑的米饭，大锅内蒸了一锅的地瓜和芋头，她把6个小孩叫在身边，坐在大厅内等土匪进来。不久一伙土匪果然冲进了她家，土匪很奇怪，家家户户全都逃命去了，唯独她带了小孩不逃。戴丘氏对土匪说：各位大叔大伯，你们一定饿了，我煮了一锅饭，你们尽管吃，要的东西你们尽管拿，我的丈夫病在床上，我的孩子还小走不动，你们千万不要惊吓了我的孩子。这一伙土匪果然在她家吃了饭，拿了干粮，其他东西丝毫未动，临走时还留下10多个毫子给戴丘氏。

(三) 第三个例子：家族企业的轴心

汀城著名的印刷实业碧香楼廖老板，夫人于20世纪30年代去世，当时老板已是年逾六旬的老翁，由于长年的辛劳而染上肺痨，并且日渐沉重。家人请来算命先生，说必须续弦填房冲喜，只有这样病才能好转。他的三个儿子都已20多岁并成家了，三个儿子张罗着为父亲冲喜的事宜。媒人介绍了一位18岁的姑娘蓝氏，大家一看对方人品端庄，立即同意。蓝氏过门冲喜后第三天老头子就病逝了。送葬以后，三个儿子要分家，蓝氏什么话也没有说。一日她叫来房亲叔伯及三个儿子，她对大家说："我进了廖家就是廖家的人，虽然三个儿子年龄比我大，但我总算是后娘，既有这个名分就要说几句话。你们若不分家，我为你们洗衣煮饭，带儿带女。你们若要把家业分开，我立即跳下水东桥跟了你们父亲一块去。"三个儿子都不敢分家了，碧香楼印刷厂办得红红火火,成为汀城最大的印刷行业。蓝氏一直活到80多岁,虽终生未育,但满屋几十口人,个个都叫她奶奶!后无疾而终。

附:对一位世纪老婆婆的访谈

郑如玉,女,1905年生,现年96岁。祖籍长汀县城郊草鞋岭人,但从她的祖父开始就搬到县城居住,做小生意。郑如玉是在长汀城出生的。郑如玉老婆婆虽然经过近一个世纪的风霜雨雪,经受了丧夫、失子等许许多多的人生苦难,但老太太至今近百岁的高龄仍然耳不聋,眼不花,口齿清晰,头脑清楚,对往事的记忆仍然历历在目,这不能不说是个奇迹。去年因不慎摔了一跤,跌断了腿骨,至今仍未痊愈。她是扶着椅子,蹭着脚步来到厅堂。我赶忙上前去扶她,她却谢绝了我的帮忙。坐下后,我说明了来意,她打开了话匣子,以清晰的话语,向我们讲述了她那坎坷的一生。下面是经整理的口述记录①:

我叫郑如玉,我的公爹(即祖父)从草鞋岭到城里做小生意,我的父亲就出生在城里,后来我也在城里出生。祖家草鞋岭没有什么亲人了,我从来没有去过,所以我也算是城里人。

我17岁嫁到陈家,我的老公叫陈启元。陈家是个大家庭,我的公公、婆婆生了四个儿子,我的老公排行第二。我今年96岁,明年就是我嫁到陈家八十年了。我的老公是做小生意的,开了个店铺卖各种色纸,主要有红纸、白纸、黄纸、青纸。过去红白喜事,扎纸马、送人情,按不同的事情用不同颜色的纸,小小生意还可以维持。而且纸行的老板信任我老公,先赊销后再付钱。没有想到我的小郎(即丈夫的弟弟)染上了赌瘾,整天整夜地赌钱,结果输得精光。小郎将纸店的钱都拿去还赌债了,我老公的店也开不下去了。没办法,我老公只好去税务局做临时工,帮助收税,薪水很少,仅够维持生活。

我和我的老公一共生育了四男一女五个孩子,大儿子今年77岁,二儿子今年74岁,三儿子今年68岁,四儿子64岁,最小的女儿今年

---

① 在以下对郑玉如老人的访谈记录中,作者的问话已经删去,括号内为作者注释。

61岁。我和老公感情很好，因为我很孝敬公婆，他感激我，很放心在税务局做临时工。

谁知天有不测风云，大祸临头。我的老公被调到七古树下去收烟税。七古树下在郑坊哩，离城10多里，那时江西过来的烟叶都要从七古树下经过，所以就在那里设了一个收税站。过去原先有个收税的，因将税款挪用，被税务局开除了，就派了我的老公去收税。我老公工作很认真，笔笔税都清楚，一分不少。

我的老公有一个同年朋友，两人很要好，因此结拜为同年兄弟，并认我的婆婆为母亲。于是我的公公、婆婆准备了酒菜，请老公的同年兄弟吃酒，吃了酒就算正式结拜了兄弟。我的老公吃了酒，如果休息一晚再回七古树下就没事的，但他工作很负责，一定要当天下午回去。因七古树下风很大，他中了酒风，浑身高烧。后来是由别人扶他回到家来医病，回家后仅七天就去世了。那年我才34岁，肚子里怀着两个月的身孕，八个月后生下了我的最小的女儿，她一出世就没有见过父亲。我到今年守寡已经整整62年了，我的小女儿今年61岁。我老公死的时候，大儿子才15岁，二儿子12岁，三儿子6岁，四儿子2岁。那个日子真是没法过啊！后来公公、婆婆去世，老公的兄弟们分家，我一个人带着四男一女五个孩子，那个苦日子现在一想起来就掉泪。那时日本人派飞机炸水东街，我的家就在水东街，整条街都起了火。我又要顾孩子，又怕屋子炸掉，天天心惊肉跳。

大儿子15岁就送去做学徒，是学做纸花边。纸花边是烧给死人的。每天要做两份，一份是4000个花边，一份是8000个花边，做一天才一个毫子。一个毫子就是现在的一角钱，但那时钱比较大（值钱）。我会做布鞋，过去的妇女从小就开始学做布鞋，因此天天去帮鞋老板做鞋，做三天才一个毫子。后来我自己也做一些布鞋去卖，每双布鞋可卖2～3个毫子。我每天从早到晚不停地做鞋，双手都磨烂了。家中天天吃米茶，就是将米擂碎后，加入一些菜叶煮成稀糊一样，根本没有米饭吃。天天吃咸菜，有时咸菜也吃不上，就用盐配米茶。那个日子真比吃黄连还苦。但是为了这个家，为了陈姓的后代，我再苦也要熬下去。

等到我的大儿子、二儿子20多岁了，他们可以挑起家庭的重担了，谁想到又一灾难降到我的头上。1946年，大儿子被抓了壮丁去了台湾，不久后在县政府见习书写的二儿子也随政府的人去了台湾。原以为三五个月就可以回来，谁晓得他们一去就没有音讯。我一下子头发就愁白了，两个儿子一去无音讯，家中剩下才14岁的三儿子、10岁的四儿子和6岁的小女儿，怎么办啊？我天天想儿子，天天哭。真是叫天不应，喊地不灵。没办法，为了活下去，我将14岁的三儿子送去学徒，学做油纸雨伞，刚去时没有工钱，只有饭吃，这样也算减轻了一个人的负担。我自己拼命地做鞋，帮人洗衣服，那个苦日子真不是人过的。好在这个家没有散掉，孩子个个都保住了，我算对得住陈家了。

郑如玉老太太的大儿子和二儿子于1988年首次从台湾回长汀探亲，这是她们母子分别41年后的重逢。当天深夜1点多，小汽车从厦门到长汀，大儿子、大儿媳、二儿子、二儿媳、孙子、孙女一进家门，倒地便拜，儿子哭道："妈妈，40多年我们没有尽孝，你受的苦太多了！"老太太说："你们回来了，我什么苦也忘记了。"现在郑如玉老太太的四男一女已繁衍了孙子、孙女、外孙、重孙、外重孙，全家共计64人。

七、长汀妇女的神明崇拜及问觋、伏花信仰

长汀妇女的神明崇拜具有鲜明的女性特点，所崇拜的神明也都是观音、妈祖、婆太等母性神明，尤以崇拜观音为最甚。问觋及伏花是长汀妇女十分热衷的巫术信仰活动，千百年来长盛不衰，具有长汀的独特性。

（一）神明崇拜

长汀城乡处处有观音庙，光县城就有六座以观音为主神的庙宇，以其他神为主神但也供奉观音的庙宇就更多了。平日里长汀妇女到庙里大多也是去拜观音，许多家庭主妇在家中供奉观音，每天早上都要在观音前上香叩拜。在每年二月十九日、六月十九日、九月十九日这三次观音圣诞日的前后，路上来来往往的带了香烛、果品的妇女几乎全是去拜观音的。长汀妇女对观音的崇拜主要表现在以下几个方面：

1. 求子

观音送子是人们心目中最具体化的观音形象，在长汀朝斗岩观音阁上塑的就是怀抱婴孩的观音。在观音像的前面通常有一个小男孩模样的铜铸菩萨,高约 60 公分,长汀人称为吉祥子。吉祥子大多全身赤裸,只在肚脐上围一个小兜肚,下身露出男孩的生殖器。妇女们拜过观音后,就会去摸一摸、捏一捏吉祥子的阳器,口中还要念:"吉祥子,吉祥子,请你到我肚中坐。"据说这样就可以生男孩,所以吉祥子的阳器被千万人摸得锃光发亮。有些庙宇吉祥子的阳器索性用胶泥做成,妇女们捏下点泥巴冲茶喝。吉祥子的阳器全被捏掉以后,庙里又用胶泥做一个。

2. 求平安

观音普度众生、救苦救难、大慈大悲。家中若有人生重病或发生重大事故,特别是孩子生病,妇女们也求助于观音。长汀妇女有一句口头禅:"观世音救命"。遭丈夫打骂时会叫出这句话,家人生重病在祈祷时也会说这句话。可以说观音的信仰在妇女界无处不在。

长汀妇女神明信仰最主要的组织形式是莲社,城乡都有,十分普遍。莲社是自愿结合,人数有多有少,少的只有二十余人,多的有六七十人。每个莲社都确定一座庙宇为拜佛活动的地点,每月一次。莲社成员在活动日都自动带一些油、米、面、水果之类的到庙里。上午在庙里念经拜佛,中午吃一顿素餐,下午就结束回家。现在为每人每次交纳 5 元钱。由于每个莲社活动的时间不同,所以有的妇女参加了两三个莲社,每个月要参加两三次莲社活动。

(二) 问觋、伏花信仰

1. 问觋

"觋"字长汀话读同"扇"。问觋在长汀极为流行,而且都是女性们参与①,从 30 多岁至 60 多岁不等。问觋主要问死去亲人在阴间的情况,巫婆可以和阴间的人对话,并将这些话传达给还活着的亲人,这其实是一种巫术。问觋时,巫婆的手和头伏在桌上,好像伏案而睡一般,当进入状态以后,会双手发抖,嘴里念出一连串人的名字,当念到你要问的人的名字时,就可以和她对话了,你问一句,她答一句,会将阴间的情况讲出来。笔者详细询问过一位问过觋的女士,她说了问觋的全过程。这位女士是长汀县城人,丈夫因出差死于贵阳。这个巫婆住在长汀策武乡,和死者全家从不相

---

① 在长汀,从事算命的是男性,但从事问觋的几乎都是女性,据说在一些村落中有极个别会问觋的男性。

识。这位女士去了之后。巫婆让她点燃一炷香，巫婆就伏在桌上，一会儿巫婆的双手激烈地抖动起来，嘴里开始念出一些人的名字，巫婆突然说："金海来了，金海来了！"（女士的丈夫叫金海）这位女士吃惊不小，不知她怎么会叫出丈夫的名字，女士问："金海，他在哪里？"巫婆说："好远呀，我在大西南。"女士又问："你现在怎么样了？"巫婆说："客死他乡，现在终于回家了。"（女士在丈夫死后把骨灰接回了长汀。）女士又问："是谁接你回家的？"巫婆答："是心肝哥哥、心肝舅舅。"（到贵阳接骨灰的正是死者的哥哥和舅舅。）女士问："你有什么事要交代？"巫婆答："都写在信上了。"（死者临死前写了信回家交代后事。）这位女士说，过去我从不信问觋，但怎么这么奇怪，句句都说准了。

2. 伏花

伏花是长汀中秋节很特别的一项活动，也全部是女性参加。伏花类似于问觋，但并不问死人的事，而是问活人的花期，即婚姻的桃花运。伏花仅限于八月十四日、十五日、十六日三天。晚饭后的八九点钟就是伏花的时间。这时许多女性便伏案而睡，其余的人围在旁边等待她们伏进去后，向她们询问花期。有些人可以伏进去，有些人却睡着了，伏不成功。伏桌20~30分钟，伏在桌上的人嘴巴哼哼发声，过了一会儿大声唱歌，过去这些人从来不唱歌。突然大声说："看见了，看见了，好大一片桃花林。"旁边人问："桃花开得好不好？"伏花的答道："很好哟，开得很旺盛。"说明问话人今年要交桃花运了。如果伏花的说："哎呀，今年桃花开得不旺，要明年才开得旺。"说明问话人今年不交桃花运。问话人问完以后，伏花人伏在桌上又哭又笑，双手发抖，这时旁边观看的人要在她的脚下烧一张纸，在她背上连拍三下，说："快转来，快转来。"这时伏花的人才停止唱歌，慢慢抬起头来，好像什么事也没有发生一样。有许多伏花的人平时非常内向，不善言辞也不会唱歌，伏进去以后判若两人，那种疯狂的样子，让人百思不得其解。

附记：

被访谈人员名单如下：

郑如玉，女，96岁，长汀城水东街居民

汤华卿，女，80岁，长汀城南门街居民

戴丘氏，女，95岁，三洲乡村民

吴妹子，女，68岁，长汀濯田镇南安村农民
胡菊英，女，50岁，长汀童坊镇童坊村农民
陈长长，女，67岁，长汀四都镇同仁村农民
李元元，女，44岁，长汀馆前镇汀东村农民
曾炳莲，女，50岁，长汀童坊镇大埔村农民
赖婆婆，女，79岁，长汀城南门街居民
刘富玉，女，81岁，长汀大同镇南寨村居民

附录一

"中国客家地方社会研究"作者简介

主编（兼作者）

劳格文（John Lagerwey），法国巴黎高等研究实验学院宗教学荣休教授。现为香港中文大学中国研究中心讲座教授。1975年获美国哈佛大学中国文学博士学位，后随施舟人（K. M. Schipper）教授于法国巴黎索邦大学从事博士后研究，专攻中国道教。四十年前与中国同人一起开展客家传统社会调查研究。近年专注于徽州传统地方社会与民俗的研究。已出版中、英、法文著作多种，主要中文著作有"客家传统社会丛书"（主编，全30卷）、"徽州传统社会丛书"（与王振忠主编，全5卷）、"中国地方社会与民俗丛书"（与谭伟伦主编，全5卷），主要英文近著有《中国宗教史》（全8卷，荷兰博睿［Brill］学术出版社出版，"东方学手册"系列）。

谭伟伦，香港中文大学文化及宗教研究系教授、系主任，香港特别行政区大学教育资助委员会卓越学科领域计划（中国社会的历史人类学研究）共同研究员。加拿大麦克马斯特大学硕士、博士。主修中国佛教。曾多次获香港特别行政区研究资助局优配研究金支持计划资助。用田野调查方法研究中国东南部的地方社会与民俗，研究成果发表于劳格文主编的"客家传统社会丛书"中。发表论文《粤北地区老坪石镇老街的小区结构、商业与宗教文化》等65篇，会议论文68篇。

第一册《闽西客家社会——长汀》[①]

张鸿祥，厦门大学中文系毕业。曾任福建汀州客家研究会副会长、长汀县人大常委会教科文卫工作委员会主任、国际客家学会理事。长期从事文化工作，参加客家传统社会田野调查。已出版客家历史文化著作多种，在海内外发表文章多篇，参加国际学术研讨会多次。

李积发，福建省长汀县人。曾任古城县文化站站长。长期从事农村文化活动，组织开展农村文化艺术活动。

赖光耀，福建省长汀县人。曾任职于长汀县四都文化站，今在中国农业银行福建长汀县支行工作，兼从事客家传统文化艺术研究。

杨彦杰，福建省龙海市人。厦门大学历史系毕业。现任福建社会科学院研究员兼客家研究中心主任。长期从事台湾史及客家研究。自 1992 年起，与劳格文教授合作，在闽西地区从事客家传统文化的田野研究。出版专著《闽西客家宗族社会研究》等，主编《闽西的城乡庙会与村落文化》《汀州府的宗族庙会与经济》《闽西北的民俗宗教与社会》等，在历届国际客家学研讨会及两岸学术会议上发表论文多篇。

刘劲峰，江西省宁都县人。江西省赣州市博物馆研究馆员。长期从事文物与地方史研究。出版专著《赣南宗族社会与道教文化研究》等 5 部，在省级以上学术刊物发表论文 80 余篇。

王园珍，浙江省嵊县人。福建省长汀县博物馆干部，长期从事文博工作和文物讲解工作。

[①] 各册的作者（不含主编）介绍，按各册作者的文章出现的先后顺序排列。如同册中收录同一作者的多篇文章，则在作者第一次出现时介绍，以后不再重复介绍。

第二册《闽西客家社会——宁化》

伊启烈，福建省宁化县河龙乡人，宁化县河龙乡中心小学二级教师。

谢云吐，福建省宁化县河龙乡下伊村村民。

钟晋兰，福建省上杭县人，畲族。中南民族大学民族学系本科，福建师范大学人类学硕士。现为嘉应学院客家研究院文化人类学与民俗学研究员。主要研究领域为客家民俗、民间宗教、客家妇女等。发表论文多篇。

廖仕耀，福建省宁化县方田乡岭下村小湖西人。福建省广播电视大学三明分校法律专业大专毕业。曾任方田乡政府、横锁乡政府和安乐乡政府的团委书记、副乡长等职。1997年从副乡长岗位退下来后，先后担任安乐乡关心下一代工作委员会主任、安乐乡老龄委主任等职。利用业余时间调查客家民俗，撰写文章。

罗华荣，福建省宁化县石壁镇立新村内石坑人。高中毕业。曾任宁化县隆陂水库管理处副主任，2003年内退。著有《宁化客家民俗》（与李根水合著）。

宁秀峰，福建省宁化县水茜乡沿溪村人。退休干部。曾任泉州地区德化县人民政府科员、永春县供销合作总社业务秘书。

第三册《江西客家与非客的社会》

胡循荣，江西省宁都县蔡江乡人。

曾材，江西省宁都县梅江镇人。

邓文钦，江西省宁都县长胜镇人。

张长生，江西省宁都县长胜镇人。宁都县县委宣传部主任科员。已发表论文《客家传统村落的保护与更新的对策研究》和《加快宁都农业科技的转化与推广》等多篇。

邓诗墅，江西省宁都县长胜镇人。

刘宗彬，江西省吉安市青原区人。吉安市文广新局调研员、副研究馆员。已出版著作 16 部，发表论文 20 余篇。

梁必炫，江西省吉安市青原区人。吉安市文陂乡文化站站长。

谢芳桂，江西省万安县涧田人。初中毕业。1949 年起下河驾船，曾任万安县水上木帆船运输合作社出纳、保管，并在万安县航运站分管港航监督管理工作。1992 年在万安县公路运输管理所副所长职位上退休。

林文修，江西省铜鼓县排埠镇人。铜鼓县排埠镇正科级调研员。家住排埠镇三溪村檀岭村民小组。

胡敦桃，江西省安义县人。铜鼓县文化局主任科员（副科级），做过演员、编导、编辑、记者。《铜鼓客家山歌》执行编辑。

第四册《粤东粤北社会》

刘天一，广东省揭西县人。历任汕头、梅县地区山歌剧团团长，梅州市文联常务副主席等职。广东省戏剧家协会、音乐家协会、文博馆协会、民间文艺家协会会员。已出版著作《山歌·山歌剧与客家》和《艺文点滴》等，主持编撰《粤东客家山歌》。

萧文评，江西省泰和县人。历史学博士、教授，广东省普通高校人文社会科学重点研究基地嘉应学院客家研究院副主任、副院长。主要从事客家地区历史、社会与文化研究。主要著作有《白堠乡的故事——地域史脉络下的乡村社会建构》《民间文化与乡土社会——粤东民俗文化与地方社会》《罗香林研究》等。

邱风，广东省连州市人。广西大学历史系大专毕业，广东教育行政学院大专毕业。曾任中学教师，连县星江中学、连州中学校长，中共连县县委党校校长、县委宣传部部长、县人大常委会副主任等职。

胡祖贤，广东省连州市人。会计师。曾任连县财政局、税务局、各商业公司主管会计。在《南海文史资料》《清远文史资料》《连州文史资料》等刊物上发表论文30余篇。

黄远奇，广东省阳山县黎埠镇同冠村人。广东省警校毕业。阳山县公安局助理工程师。摄录《番禺1500万元特大劫钞案纪实》，获公安厅《南粤警视》开播十周年"真实·感动"荣誉证书，被中国刑事警察学院列为教参资料。曾两次立个人三等功。业余研究地方文史，编有《连江三峡诗文录》《晚唐贤相刘瞻》等书稿。

莫自省，广东省连山壮族瑶族自治县福堂镇人。壮族。曾任广东省政协第七、八届常务委员，连山壮族瑶族自治县政协副主席、县志办公室主任等职。发表学术论文和文学作品多篇。

许文清，广东省连南瑶族自治县人。瑶族。毕业于中央民族大学汉语言文学系。曾任连南县文化馆馆长、文化局局长、文联主席、宣传部副部长、《连南县志》副主编、县志办主任等职。社会兼职有瑶族研究国际协会会员、中国民间文艺家协会会员、广东省民间文艺家协会理事、广东省民族研究学会理事和广西瑶学学会理事。主要著作有《甘基王》（合辑）、《神奇的千年瑶寨》（主编）、《粤北瑶族研究》（专著），发表学术论文60余篇、文学作品100余篇。出席国际和国内学术研讨会并宣读论文10余次。个人作品先后获广东省鲁迅文艺奖和全国民间文学三等奖。

附录二

"客家传统社会丛书"
总书目[*]

一、[法]劳格文（John Lagerwey）主编，"客家传统社会丛书"，全30卷，香港，国际客家学会，海外华人资料研究中心，法国远东学院，1996—2006。

第1卷，房学嘉主编：《梅州地区的庙会与宗族》，1996。

第2卷，杨彦杰：《闽西客家宗族社会研究》，1996。

第3卷，罗勇、劳格文主编：《赣南地区的庙会与宗族》，1997。

第4卷，杨彦杰主编：《闽西的城乡庙会与村落文化》，1997。

第5卷，房学嘉主编：《梅州河源地区的村落文化》，1997。

第6卷，杨彦杰主编：《汀州府的宗族庙会与经济》，1998。

第7卷，罗勇、林晓平主编：《赣南庙会与民俗》，1998。

第8卷，刘劲峰：《赣南宗族社会与道教文化研究》，2000。

第9卷，曾汉祥、谭伟伦主编：《韶州府的宗教、社会与经济》（上），2000。

第10卷，曾汉祥、谭伟伦主编：《韶州府的宗教、社会与经济》（下），2000。

第11卷，杨彦杰主编：《闽西北的民俗宗教与社会》，2000。

第12卷，谭伟伦主编：《乐昌县的传统经济、宗族与宗教文化》，2002。

---

[*] 此处的"客家传统社会丛书"系从广义而言，包括由劳格文主编的、在香港出版的30卷"客家传统社会丛书"，以及由劳格文和谭伟伦主编的、在内地出版的5卷"中国地方社会与民俗丛书"，这两套丛书在内容上都与客家传统社会有关。

第 13 卷，谭伟伦主编：《粤东三州的地方社会之宗族、民间信仰与民俗》（上），2002。

第 14 卷，谭伟伦主编《粤东三州的地方社会之宗族、民间信仰与民俗》（下），2002。

第 15 卷，杨彦杰主编：《长汀县的宗族、经济与民俗》（上），2002。

第 16 卷，杨彦杰主编：《长汀县的宗族、经济与民俗》（下），2002。

第 17 卷，刘大可：《闽西武北的村落文化》，2002。

第 18 卷，刘劲峰主编：《宁都县的宗族、庙会与经济》，2002。

第 19 卷，曾汉祥主编：《始兴县的传统经济、宗族与宗教文化》，2003。

第 20 卷，张鸿祥：《长汀城关传统社会研究》，2003。

第 21 卷，刘劲峰、耿艳鹏主编：《吉安市的宗族、经济与文化》（上），2005。

第 22 卷，刘劲峰、耿艳鹏主编：《吉安市的宗族、经济与文化》（下），2005。

第 23 卷，杨彦杰主编：《宁化县的宗族、经济与民俗》（上），2005。

第 24 卷，杨彦杰主编：《宁化县的宗族、经济与民俗》（下），2005。

第 25 卷，谭伟伦、曾汉祥主编：《连州的传统经济、宗教与民俗》（上），2005。

第 26 卷，谭伟伦、曾汉祥主编：《连州的传统经济、宗教与民俗》（下），2005。

第 27 卷，谭伟伦、曾汉祥主编：《阳山、连山、连南的传统社会与民俗》（上），2006。

第 28 卷，谭伟伦、曾汉祥主编：《阳山、连山、连南的传统社会与民俗》（下），2006。

第 29 卷，刘劲峰、赖文峰主编：《铜鼓县的传统经济与民俗文化》（上），2006。

第 30 卷，刘劲峰、赖文峰主编：《铜鼓县的传统经济与民俗文化》（下），2006。

二、[法] 劳格文（John Lagerwey）、谭伟伦主编，"中国地方社会与民俗丛书"，全 5 卷，2000—2015。

谭伟伦、曾汉祥主编：《英德的传统地方社会与民俗》，成都，四川大学出版社，2010。

杨彦杰主编：《闽客交界的诏安》（上），北京，社会科学文献出版社，2014。

杨彦杰主编：《闽客交界的诏安》（下），北京，社会科学文献出版社，2014。

谭伟伦、曾汉祥主编：《河源的传统社会与地方民俗》（上），北京，社会科学文献出版社，2015。

谭伟伦、曾汉祥主编：《河源的传统社会与地方民俗》（下），北京，社会科学文献出版社，2015。

图书在版编目（CIP）数据

中国客家地方社会研究. 一，闽西客家社会. 长汀／（法）劳格文（John Lagerwey），谭伟伦主编. —北京：中国人民大学出版社，2017.8
（跨文化研究丛书. 第二辑）
ISBN 978-7-300-24781-6

Ⅰ.①中… Ⅱ.①劳…②谭… Ⅲ.①客家人-民族文化-文化研究-长汀 Ⅳ.①K281.1

中国版本图书馆 CIP 数据核字（2017）第 193354 号

"跨文化研究"丛书（第二辑）
［法］金丝燕　董晓萍　总主编
中国客家地方社会研究（一）·闽西客家社会——长汀
［法］劳格文（John Lagerwey）　谭伟伦　主编
Zhongguo Kejia Difang Shehui Yanjiu（Yi）· Min-xi Kejia Shehui——Changting

出版发行	中国人民大学出版社			
社　　址	北京中关村大街 31 号	邮政编码	100080	
电　　话	010-62511242（总编室）	010-62511770（质管部）		
	010-82501766（邮购部）	010-62514148（门市部）		
	010-62515195（发行公司）	010-62515275（盗版举报）		
网　　址	http://www.crup.com.cn			
	http://www.ttrnet.com（人大教研网）			
经　　销	新华书店			
印　　刷	北京联兴盛业印刷股份有限公司			
规　　格	160 mm×230 mm　16 开本	版　次	2017 年 8 月第 1 版	
印　　张	17.75 插页 3	印　次	2017 年 8 月第 1 次印刷	
字　　数	281 000	定　价	68.00 元	

版权所有　侵权必究　　印装差错　负责调换